SEIN UND ZEITENWENDE

Nils Heisterhagen

SEIN UND ZEITENWENDE

Warum Deutschland nicht mehr
so weitermachen kann

DIETZ

Über den Autor:

Dr. Nils Heisterhagen ist Ökonom und Philosoph. Zuletzt bei Dietz erschienen: Verantwortung. Für einen neuen politischen Gemeinsinn in Zeiten des Wandels (2020), Das Streben nach Freiheit. Essays gegen die Orientierungslosigkeit (2019), Die liberale Illusion. Warum wir einen linken Realismus brauchen (2018).

Bibliografische Information der Deutschen Nationalbibliothek

Die Deutsche Nationalbibliothek verzeichnet diese Publikation in der Deutschen Nationalbibliografie; detaillierte bibliografische Daten sind im Internet über *http://dnb.dnb.de* abrufbar.

ISBN 978-3-8012-0667-3

Satz und Gestaltung: Rohtext, Bonn
Druck und Verarbeitung: Bookpress, Olsztyn

Inhalt

Vorwort

»*Sagen, was ist.*« Diese Leitformel machte den Journalismus der Nachkriegszeit groß. *Spiegel*-Gründer Rudolf Augstein verlangte genau das von seinen Redakteuren. Schonungslos, akribisch, genau, unsentimental, selten parteiergreifend, neutral, aber bestimmt. Das war die Devise. So neutral und realitätsbezogen geht es hingegen heute weniger zu. Oft wird Stellung und Haltung bezogen – und mehr über Meinung als Fakten debattiert.

Der Wirtschaftskorrespondent der *Zeit*, Mark Schieritz, twitterte zuletzt beobachtend, dass positiver Bezug zu Wasserstoff mittlerweile rechts sei, während positiver Bezug auf Strom links sei. Selbst Physik wird so politisiert.

Kulturkampf ist ein schönes und ein richtiges Wort dafür, was auch in Deutschland in sehr vielen politischen Debatten immer wieder stattfindet. Egal wer oder was dafür der Auslöser war. Im Grunde findet ein retardierendes Copy-Paste von Meinungen statt, welches Debatten nie beendet, sondern nur endlos fortsetzt. Es gibt ein ständiges Reagieren aufeinander. Und es endet nie.

Dazwischen verschwindet der Diskurs. Bestes Beispiel war die Silvester-Debatte 2023. Es werden nur noch die Diskursstellungnahmen zur Kenntnis genommen und dann kommentiert, anstatt die Probleme zu lösen.

»Sagen, was ist« – das ist aber vor allem mit Bezug auf Wirtschaft und Industrie nötiger denn je. Die identitätspolitischen und gesellschaftspolitischen Debatten sind zwar emotional, ein Aufreger, ein Thema, mit dem man sich leidenschaftlich auseinandersetzen und »Stellung beziehen« kann. Aber diese Kulturkämpfe sollten nicht mehr so viel Raum einnehmen, und zumindest die klugen Politiker und Journalisten nicht mehr beschäftigen. Deutschland hat dazu zu viele Probleme beim wirklich Wesentlichen: der wirtschaftlichen Entwicklung und der Zukunftsfähigkeit des Landes.

Die dramatisch steigenden Energiepreise haben offengelegt, wie schwer es um die Wettbewerbsfähigkeit des Standortes Deutschland und das Geschäftsmodell Deutschland steht. Alle Indikatoren des Standortes haben sich im Grunde auf rot gestellt. Und diese Entwicklung konnte man schon vor dem 24. Februar 2022 absehen. Auch das spiegeln viele Texte in diesem Band wieder. Aber eine echte Debatte um die Zukunftsfähigkeit des Landes gibt es bis heute nicht. *Deindustrialisierung* ist keine Drohung, keine einfache Meinung im politischen Wettstreit. Sie wird geschehen, wenn man nicht Wirtschaft und Industrie und deren wirkliche Lage ins Zentrum aller Debatten rückt.

Warnen und »sagen, was ist« darf in der wirtschaftspolitischen Debatte nicht als eine Einzelmeinung verhallen. Schönreden der Lage, nur weil man gerade regiert, darf auch nicht passieren. Es gibt zu viele Baustellen: Preisentwicklung, zu langsame Genehmigungen, zu viel Bürokratie, dramatischer Fachkräfteengpass, Baukosten- und Neubauentwicklung, Engstirnigkeit und Ideologie in der Energiepolitik, staatliche Investitionen, die nicht auf das Niveau der Wettbewerber in den USA und China erhöht werden, fehlende klare Technologie- und Innovationspolitik, überbordende EU-Regulierung, bei der Berlin einfach zusieht statt Widerstand zu leisten. Und das Allerwichtigste: keine Idee, wie Produktion in Deutschland bei den Standortbedingungen gehalten und sogar Reindustrialisierung angereizt werden soll.

Taktisches Regieren auf Sicht ergänzt mit sehr schlechter Kommunikation. Das prägt die *Zeitenwende* momentan. Und diese mutiert so zur Leerformel oder besser gesagt: Zum Symbol für das Abfinden mit dem Niedergang als weltweit prägende Industriegesellschaft. Schweigend die viertgrößte Industrienation der Welt zu verwalten, kann und darf aber nicht der Anspruch sein. Es geht nicht länger um mehr oder weniger ordentliches Verwalten, wie das schon der Anspruch fast der kompletten Amtszeit von Angela Merkel war. Die Aufgaben sind nun einfach zu groß. Der Wind der Veränderung schon auf Orkanstärke.

Zeitenwende muss jetzt endlich auch eine *ökonomische Zeitenwende* sein. Es wird Zeit, dass das jeder versteht. *Sein und Zeitenwende* oder *Sein und Wendezeiten* ist daher das Symbol dafür, dass eigentlich schon seit Jahren klar ist, dass sich in Deutschland etwas fundamental verändern muss. Es ist aber bisher nicht passiert. Das Sein wird immer noch überdeckt von einem Moralbewusstsein absoluter Größe. Deutschland kennt seine Realität nicht. Der moralische Übereifer der letzten Jahre überscheint medial immer noch die wirtschaftlichen Kennzahlen und Perspektiven des Landes. Warum das Land nicht zu einer realistischen Inventur im Stande ist? Ich kann es nicht sagen. Ich kann es nur kritisieren.

Es braucht einen Weckruf. Die in diesem Band versammelten Texte sind der Ruf an das deutsche Gewissen. Veränderung oder Niedergang …

Nils Heisterhagen, im Februar 2023

Begreift die politische Elite eigentlich, was gerade vor sich geht?

Es ist Anfang April und der deutsche Wähler hat von Europawahlkampf noch kaum etwas mitbekommen. Fast alle reden von der Krise Europas und sind doch erstaunlich still und ideenlos. Nur einer nicht. Aber eben einer aus Frankreich.

Emmanuel Macron hatte abermals Anfang März mit Vorschlägen zur Krise Europas aufhorchen lassen. Diese Vorschläge muss man nicht gut finden. Sein Aufruf für einen »Neubeginn in Europa« enthielt auch viel Schwammiges und suggerierte, dass man die überbürokratisierte EU doch am Besten mit der Schaffung von noch mehr Institutionen wieder auf Kurs bringen könne. Das ist eine naive Hoffnung. Institutionen können helfen, aber entscheidend ist, was sie tun. Immerhin deutet Macrons neues Papier darauf hin, dass er seine schlimmste neoliberale Phase überwunden zu haben scheint. Ein großer Wurf ist Macrons Papier aber nicht.

Annegret Kramp-Karrenbauers Antwort auf Macrons Aufruf in der WELT ist allerdings auch nicht mehr als eine Ansammlung von Nebensächlichkeiten. Ihr ganzes Papier wirkt wie einer PR-Maschinerie entkrochen, die jedes einzelne Wort auf die Goldwaage legt. Die dadurch entstandene Aneinanderreihung von Muss-Sätzen und Behauptungen lässt das Papier als Kopfgeburt aus dem Elfenbeinturm erscheinen.

Ihre pauschale Ablehnung von europäischen Mindestlöhnen und der Vergemeinschaftung der Schulden (Euro-Bonds) kann man wohl auch nur so erklären, dass sie dem Friedrich-Merz-Lager in ihrer Partei Tribut zollen will, um einen parteiinternen Frieden zu gewährleisten, der verhindern soll, dass die »Wirtschaftsliberalen« der Union ihr bei nächster Gelegenheit aufs Dach steigen.

Ein Helmut Kohl in jugendlicher Blüte hingegen hätte zwar europäische Mindestlöhne abgelehnt, aber die Vor- und Nachteile von Euro-Bonds sicherlich nüchtern diskutiert, um seine europäische Idee zu forcieren. Und wer hat Frau Kramp-Karrenbauer bloß eingeredet, dass ein »europäischer Flugzeugträger« eine gute Idee wäre? Dass sie so einen milliardenschweren Unsinn in ihr Papier übernahm, nur um anzudeuten, dass Europa endlich mal wieder geostrategische Überlegungen anstellen solle, ist eigentlich ein Affront gegen jeden außenpolitischen Realismus.

Gewiss muss Europa sehr schnell zu einer europäischen Selbstbehauptung kommen. In Europa gibt es noch keine Antworten auf die neue weltpolitische Lage, die immer mehr durch eine »G2«-Situation geprägt ist – also den Kampf zwischen China und den USA um die Hegemonie.

Aber die Antwort auf diese neue Lage ist doch kein Flugzeugträger!

Und was ist mit der SPD? Wo sind ihre Ideen? Insbesondere die industriepolitischen Ideen für eine europäische Selbstbehauptung? Da kommt nichts. Stattdessen wird man in der SPD gerade nicht müde, unter dem Hashtag #StattFlugzeugträger zu twittern, was man alles Besseres mit den Milliarden tun könnte, die so ein Flugzeugträger kosten würde. Das ist zwar alles vollkommen richtig. Aber eine Antwort auf die Probleme Europas und die neue weltpolitische Lage ist es nicht. Eine postdemokratische Kommunikationslinke, die ideenlos nur Hashtags produziert, braucht es nicht. Der Wahlkampf-Hashtag der SPD #EuropaistdieAntwort würde so etwa nur dann sinnvoll sein, wenn sie auch sagen kann »wie« Europa die Antwort ist. Damit sie aber überhaupt antworten könnte, bräuchte es eine politische Linke, die von einer schonungslosen Analyse ausgeht und sich dann nicht zu fein ist, dahin zu gehen, »wo es brodelt, riecht und stinkt« (Sigmar Gabriel). So eine SPD gibt es gerade nicht.

Die erschütternde europapolitische Ideenlosigkeit des politischen Berlins muss Sorge machen, ob unsere politische Elite noch begreift, was eigentlich gerade vor sich geht. Man kann nur hoffen, dass der deutsche Journalismus beginnt, der politischen Elite ihre Illusionen und ihre scheinbare Selbstzufriedenheit auszutreiben. Selten in unserer bundesrepublikanischen Geschichte war die Verantwortung deutscher Journalisten größer.

Studiengebühren für Reiche wagen[1]

Die deutsche Gesellschaft ist seit dem Beginn der Zweitausender Jahre deutlich ungleicher geworden. Die Vermögensschere geht immer weiter auseinander. Der Spitzensteuersatz wurde unter der Regierung Schröder von 53 Prozent auf 42 Prozent gesenkt. Die Vermögenssteuer wird nicht mehr erhoben. Kapitalerträge werden nur mit 25 Prozent besteuert. Die Erbschaftssteuer bringt dem Staat jedes Jahr nur einen einstelligen Milliardenbetrag. In 2017 lag das Steueraufkommen der Erbschaftssteuer laut Bundesfinanzministerium bei rund 6.1 Milliarden Euro. Die Tabaksteuer hingegen lag bei rund 14.4 Milliarden Euro. Dabei werden jährlich rund 250 bis 300 Milliarden Euro vererbt und verschenkt, wie eine Untersuchung des DIW zeigt.

Seit Jahren fordern die linken Parteien im Bundestag, den Spitzensteuersatz anzuheben. Auch die Erbschaftssteuer ist immer wieder im Gespräch und gilt als reformbedürftig. Von der Vermögenssteuer ist auch immer wieder die Rede. Die richtige Besteuerung und damit die faire Finanzierung des Gemeinwesens ist eines der am härtesten umkämpften Politikfelder. Bisher konnte kaum etwas erreicht werden. Gleichzeitig floriert die Steuervermeidung. Und in Nordrhein-Westfalen streicht die CDU-FDP-Landesregierung der erfolgreichsten Steuerfahndung Deutschlands in Wuppertal die Stellen zusammen.

Um eine faire Besteuerung von Einkommen und Vermögen über die genannten Steuern herzustellen, ist noch ein langer Weg zu gehen. Aber Steuern, Steuerfluchtbekämpfung oder der Mindestlohn sind nicht die einzigen Wege mehr soziale Gerechtigkeit herzustellen. Ein weiterer Vorschlag: Studiengebühren für Reiche.

Wie kaum ein anderes System schafft und betoniert das deutsche Universitätssystem soziale Ungleichheit. Von 100 Nicht-Akademikerkindern beginnen 21 ein Studium. Bei Akademikerkindern sind es 74.

Der Studienabschluss ist dabei in der Regel ein Garant für zukünftigen gesellschaftlichen Erfolg. Gerade einmal 2,5 Prozent der Akademiker waren im Jahr der letzten großen Auswertung 2017 arbeitslos. Dafür aber 5,3 Prozent aller Erwerbspersonen – einschließlich der Akademiker. Auch die Durchschnittseinkommen von Akademikern liegen 19.000 Euro höher, wie eine Auswertung des Online-Arbeitsmarktes StepStone zeigt. Der Weg in deutsche Führungsetagen in Wirtschaft, Verwaltung und Politik führt in der Regel ebenfalls über einen Studienabschluss. Selbst im offenen System des letzten Bundestages verfügten laut einer Auswertung des Politikwissenschaftlers Armin Schäfer mehr als 80 Prozent der Abgeordneten über einen akademischen Grad. Dabei haben nur 17,6 Prozent der Gesamtbevölkerung einen Hochschulabschluss.

Zur Finanzierung der Hochschulen werden allerdings alle Arbeitnehmer zur Kasse gebeten – egal ob studiert oder nicht. Dabei können viele das Gut »akademische Bildung« gar nicht konsumieren, selbst wenn sie wollten. Hierzu ist in der Regel eine Hochschulreife notwendig – auch wenn die Zahl derjenigen Studenten ohne Hochschulreife steigt. Dadurch finanzieren sie ein System mit, das es einer bereits privilegierten Bevölkerungsgruppe ermöglicht, sich durch akademische Titel noch mehr Privilegien zu sichern. Der Arbeiter oder die Friseurin, deren Sohn nie zur Uni gehen wird, finanziert also möglicherweise die akademische Ausbildung der Tochter des Arztes mit. Die Folge ist jährlich ein gigantischer Transfer von Geld, Status, Privilegien und Teilhabechancen in die höheren Gesellschaftsschichten.

In der Vergangenheit wurde oft kritisiert, dass Studiengebühren Bildung individualisieren würden, da der Einzelne dafür zahlen müsste. Bildung sei aber ein öffentliches Gut und Menschenrecht. Der Staat müsse deshalb die Finanzierung übernehmen. Besonders links-liberale Studentengruppen nutzten dieses Argument, um gegen die Einführung von Studiengebühren zu kämpfen.

Die Folge war, dass viele Bundesländer die Studiengebühren wieder zurücknahmen, statt sie sinnvoll und sozial gerecht zu strukturieren. Sozial gerechte Studiengebühren gelten dann, wenn sie progressiv sind. Wer aus einem armen Haushalt kommt, Bafög bezieht und dessen Eltern sonst durch besondere Belastungen getroffen sind, zahlt keine Studiengebühren. Diese Personen werden positiv im Sinne einer »affirmative action« diskriminiert. Ab einem gewissen Haushaltseinkommen der Eltern steigen die Studiengebühren dann sukzessiv wie bei der Einkommenssteuer an.

Die Steuerdebatten sollten zwar von den Studiengebühren für Reiche nicht vom Tisch gefegt werden. Aber die Gebühren wären wohlmöglich schneller zu verwirklichen. Erstens wurden zur Mitte des letzten Jahrzehnts schon einmal Studiengebühren eingeführt. Zweitens sind sie Ländersache und brauchen keine Mehrheit im Bundestag. Drittens sind die Universitäten chronisch unterfinanziert und benötigen Geld. Von dieser Seite sollte eine starke Lobby für die Neuregelung der Studienfinanzierung erwartet werden. Im Fall der Studiengebühren sollten die Länder nicht erst auf den Bund warten, sondern selbst für mehr soziale Gerechtigkeit kämpfen!

Die Klimadebatte – Eine Diskurskritik

Es geht schon längst nicht mehr um das »ob« der Klimapolitik, sondern um das »wie«. Aber so läuft der Diskurs in Deutschland über Umwelt und Klima keineswegs. Er läuft vielmehr ideologisch und kategorisch.

Die »Fridays for future«-Protagonistin Luisa Neubauer etwa, ist im Grunde in der Wiederholungsschleife ihrer Erweckungsansprache an die Politik: Ihr müsst, ihr müsst, ihr müsst endlich euren Hintern hochbekommen. Dafür wird ihr vor allem aus den linksliberalen Medien sanft über den Kopf gestreichelt: Die junge Frau hat ja Recht.

So läuft die Debatte: Wir müssen, wir müssen. Aus der rechtskonservativen Ecke kommt nur die Gegenparole: Wir müssen nicht. Eine Diskussion über das »Wie« kommt so kaum in Gang. Entweder hält man Ökologie für das Thema aller Themen und twittert anständig, dass es 5 vor 12 sei, oder man begibt sich wie Don Alphonso, ein rechtskonservativer Blogger der *Welt* in den reaktionären Backlash und ruft: Guckt euch nur die alberne Öko-Bourgeoisie an, die widersprechen sich ja nur selbst diese »#langstreckenluisas«. Luisa Neubauer hat in ihrem jungen Leben schon etliche Fern-Flugreisen unternommen, was aus Sicht von Don Alphonso nicht ökorein ist und er die junge Frau so mit Hashtags an den Pranger stellt. Rechtskonservative Identitätspolitik ist das.

Aber der linksliberale Teil der Publizistik ist nicht sehr viel besser. Dieser Teil und durchaus ebenfalls der in der Politik – vor allem bei den Grünen – scheint sich im Wesentlichen auf Stimmungspolitik verlegt zu haben. Im Sinne von: Wir verbreiten gute Laune, Optimismus, reden davon die Welt zu retten und sagen den Leuten, warum die AfD unwählbar ist. Vor allem die Grünen unter dem Ästheten Robert Habeck und der scheinbar stets gut gelaunten Annalena Baerbock sind gut in Sonntagsreden und im sich selber gut finden. Die Grünen-Chefs sind gut in PR, aber inhaltlich Gehaltvolles haben sie bislang nicht geliefert. Vor allem widersprechen sie sich im Wochentakt und geben dem jeweiligen Publikum nach dem es verlangt. In der *Frankfurter Allgemeinen Sonntagszeitung* ein bisschen Lob für Ludwig Erhard und Marktoptimismus und kurze Zeit darauf sind Umwelt-Regulierungen und mehr Klimanationalismus wieder im Repertoire, selbst Enteignungen von großen Wohnungsfirmen kann man sich dann vorstellen.

Was diese Grünen wollen, weiß keiner so richtig. Trotzdem werden sie heiß und innig von Teilen der Presse geliebt, wie zuletzt ein völlig distanzloses Stück Groupie-Journalismus im *Stern* demonstrierte, welches voll von Liebesbrief-Prosa über das Spitzenduo der Grünen war. Die »Geschmeidigkeit der Grünen« bleibe »im Moment komplett unter dem öffentlichen Radar«, urteilte *taz*-Journalist Ulrich Schulte folglich gerade. Damit hat er Recht. Man darf aber auch etwas härter nicht nur von »Geschmeidigkeit« reden, sondern schon von Vielspurigkeit, Opportunismus und Jargon des Ungefähren. Aber der grüne Sonnenscheinliberalismus überstrahlt das noch alles. Vielleicht blendet er auch. So genau kann man das nicht sagen.

Auf der Seite des CDU-Konservatismus hingegen gibt es keine gute Laune. Da gibt es vor allem eins: Müdigkeit. Die CDU ist so intellektuell ausgelaugt und verstörend behäbig, dass schon längst nicht mehr von einer Krise des Konservatismus gesprochen werden sollte, sondern nur noch von einem Zombie-Konservatismus, der durch das politische Berlin torkelt. Annegret Kramp-Karrenbauer ist dabei nur das TV-Gesicht der konservativen Sprachlosigkeit. Die konservative Publizistik ist auch eher am Rumnörgeln und Kritisieren. Sie kann eher nur sagen, was sie nicht will, anstatt was eigentlich konservative Klimapolitik ist.

Und auf Seiten der politischen Linke, insbesondere der SPD? Eine Konzeptionslinke, eine Verantwortungslinke gibt es hier gerade nicht. Ich frage mich warum von der SPD kein elaborierter »Green New Deal« kommt. Die SPD hatte genug Zeit mit anzusehen, wie das Thema der Ökologie hochgeschrieben wurde und medial durch »Fridays for Future« wichtiger wurde. Franz Müntefering oder Oskar Lafontaine hätten da schon vor Wochen, wenn nicht vor Monaten ein Konzept in Auftrag gegeben. Die SPD-Referenten hätten unter Schweiß und langen Abenden innerhalb kürzester Zeit liefern müssen. Es wirft ein Schlaglicht auf die SPD-Spitze der Stunde und die Arbeitsfähigkeit des Willy-Brandt-Hauses, dass die einstige progressive Partei Deutschlands ebenso müde erscheint wie die Kanzlerpartei CDU.

Die deutsche Öko-Debatte ist nahezu beschämend und das eigentlich von fast allen Seiten. Insbesondere der eigene Bias in Lektüre und Kommentierung wird oft gar nicht mehr begriffen. Die »Vernunft« wohnt jeweils nur auf einer Seite und niemals auf der anderen. So teilen sich *SZ*-Leser und *Welt*-Leser immer mehr in Parallelwelten. Und vor allem: Die politischen Lager reden kaum über die Sache und Konzepte, sie sind vielmehr orientiert die Deutungshoheit für eine Seite herbeizureden. Sie sind wie diese Kinder, die ihre Finger in die Ohren stecken und laut »la la la« rufen, wenn sie nicht machen wollen, was ihre Eltern von ihnen wollen. Die »Don-Alphonsorisierung« der medialen Debatte links, rechts und in der angeblich so »liberal-abwägenden« Mitte ist die Schattenseite einer Überforderung mit der Komplexität. Es gibt ja so viele Studien und Meinungen. Wir müssen uns einfach für eine Seite und Haltung entscheiden.

Wissen Sie was: Das ist Unsinn. Wer die Komplexität nicht meistern will, der hat es weder verdient, als Politiker ein Ministerium zu leiten noch als Journalist einen Journalistenpreis zu bekommen. Die Wirklichkeit ist nicht dehnbar. Noch fallen die besten Lösungen Ihnen einfach so vor die Füße. Meist sind die besten Lösungen auch nicht die Naheliegendesten. Die Klimadebatte braucht eine realistische Diskussion von Instrumenten. Und nicht diesen Popanz des »Wir müssen« und »Wir müssen nicht«.

Klimarealismus also. Was ist darunter aber zu verstehen? Der Politik-Chef der Wochenzeitung *Die Zeit*, Bernd Ulrich, veröffentlichte im letzten Jahr ein Monstrum von einem Essay, in dem er im globalgalaktischen Überflug nahezu den Status Quo komplett beschreiben und für Journalismus und Politik den – progressiven – Ausweg liefern wollte. »Wie radikal ist realistisch?« hieß das Stück. Wer Bernd Ulrich kennt und regelmäßig von ihm liest, weiß, dass er es schafft, in beinahe jeden dritten Text das Thema »Ökologie« hineinzubekommen. So war auch in diesem Text Ökologie wieder ein dominierendes Thema. Die »Schere zwischen ökologisch Gebotenem und ökologischem Tun« ging, so Ulrich, in den vergangenen Jahrzehnten »immer weiter auseinander«, sodass es nun endlich an der Zeit sei das »sehende Verdrängen« zu beenden und die »existenziellen Oberthemen Ökologie, Ernährung, Natur, Landwirtschaft« mal härter anzugehen.

Es ist etwa genau dieser Klimarealismus, den auch die Grünen Chefs denken. Wahrscheinlich ist Ulrich mittlerweile auch nicht weniger als der Spiritus Rector der neuen Realo-Grünen. Man könnte bissig sogar behaupten, dass Baerbock und Habeck Bernd Ulrich nur nacherzählen. »Radikal ist das neue realistisch« heißt es nämlich seit jüngstem bei den Grünen. Was »radikal« und »realistisch« ist, bleibt zwar im Dunkeln. Aber es ist schon eine neue Agenda – das kann man schon sagen. Ulrich ist dabei ein Vordenker dieses neuen Klimarealismus.

Bernd Ulrich hat diese heideggerianische Schwere und auch jene Missionarswut, die in der DNA der Grünen liegt. Das macht ihn zu einem Versteher der grünen Seele. Die Grünen kann man im Grunde nur verstehen, wenn man den deutschen Philosophen Martin Heidegger versteht. Beide eint dieses irrationale Sorgenmachen mit Blick auf einen Verlust der Heimlichkeit und einer geborgenen Behausung in der Welt. Die Sorge wird dabei zugleich als optimistisches Entwerfen umgedeutet. So kommt es auch, dass die Grünen zwar viel von »Mut« und »Optimismus« reden, aber im Grunde eine sehr ängstliche Partei sind. Der Mut dient ihnen, um sich ihre Angst auszureden. Er ist also ihre Therapie, aber nicht ihr Charakter. Die Ökologie ist für die Grünen der Weg zur »Eigentlich keit«. Darunter geht es bei den Grünen nicht.

Die Grünen gerieten in ihrer Rhetorik und ihrem Utopieüberschuss aber bislang eigentlich immer in jenen Spalt zwischen ernsthaftem Wollen und Therapiesitzung. Mit dem »Klimarealismus« haben sie nun aber zum ersten Mal in ihrer Parteigeschichte einen Begriff gefunden, der verdeckt, dass ihr Wirken auch immer Therapiesitzung ist, und der im Gegensatz ihnen nun vielmehr die Freiheit gibt, ihren Ökologismus als rational begreifen zu können und nicht heimlich als irrational begreifen zu müssen. Die erstmals reine »Realo«-Führung unter Baerbock und Habeck ist da nur das letzte Zeichen dieser Wendung und folglich auch Zeichen ihrer eigenen Befreiung.

Die Grünen-Chefin Annalena Baerbock schrieb im vergangenen Jahr jedenfalls konsequenterweise in der *Frankfurter Rundschau* ein Plädoyer für einen »Klimarealismus«. Klimarealismus heißt für Baerbock eher, dass man genau hinsehen müsse, weil es eben 5 vor 12 sei und daher nun sehr viel mehr Klimapolitik nötig sei. Ihr Klimarealismus verbleibt so auch nur weitgehend auf der Ebene des »Wir müssen« – und zwar jetzt: »Um dieser Krise zu begegnen, brauchen wir einen neuen Klimarealismus. Das heißt: Wir müssen den Klimaschutz jetzt konkret umsetzen und nicht mehr nur behaupten – wir müssen die Klimaanpassung verstärken.«

Unter »Klimarealismus« stelle ich mir, ehrlich gesagt, aber etwas Anderes vor, als nur ein neues Wort für die eigenen Erweckungsreden und Muss-Sätze zu haben. In Baerbocks Sinne meint der Begriff nur, dass wir unsere Anstrengungen verstärken müssen. Über das »Wie« ist da allerdings noch nicht umfassend gesprochen. Vor allem eine Deutung des »Klimarealismus« würde ihr aber wohl nicht in den Sinn kommen: Nämlich in einem Hype nicht den Verstand zu verlieren. Realismus heißt auch nüchtern zu bleiben – so selbst im größten Hype »down-to-earth« zu sein. Politik ist nicht nur Definition von Zielen und Zwecken, sondern auch Diskussion und Erfindung von Mitteln und Wegen. Wer das nicht versteht, soll keine Politik betreiben.

In der Klimadebatte ist jetzt über Mittel und Wege zu reden. Instrumente gilt es zu diskutieren. Und den unsäglichen Kulturkampf in der Klimadebatte endlich zu beenden.

Man wünscht sich in diesen Tagen Leute wie Hermann Scheer zurück. Klimarealisten halt. Vielleicht finden sich da demnächst ein paar mehr. Vor allem in der Sozialdemokratie sollten sich welche finden. Denn wenn eine Partei die Widersprüche dieser Zeit – auch in der Klimadebatte – zu einem sinnvollen Ganzen zusammenfügen könnte, dann diese SPD. Dafür braucht es aber eine neue SPD. Diese aktuelle SPD schafft es jedenfalls nicht. Diese Grünen aber auch nicht. Man wünscht sich neue Leute. Klimarealisten, die auch welche sind und sich nicht nur so nennen.

Vor allem wünscht man sich wirtschaftspolitisch fundierte Personen, die den Diskurs der Klimapolitik weglenken können von Moral zu politischer Ökonomie. Klimaökonomen und grüne Industriepolitiker sind gesucht. Klimamoralisten braucht es hingegen nicht.

Als rationaler Mensch verzweifelt man dieser Tage an der deutschen Politik. Man kann sich nur wünschen, dass sich das ändert und Debatten über das »Wie« zurück ins Zentrum jeder Debatte kommen. Deutschland ist das Land der Denker. Warum ist Rationalität eigentlich gerade in diesem Land so schwer?

Die Leerstelle des Fortschritts

Wir leben in einer Gegenwart, die zur Utopie geworden ist. Denn die Angst davor, dass es nicht mehr vorangeht, sondern schlechter wird, ist allgegenwärtig. Der Status Quo wird zur Sehnsucht. Die Angst vor dem Abstieg ist größer als die Lust auf das Neue und Unbekannte.

Der Glaube daran, dass alles besser wird, ist weg. Links wie rechts wachsen extreme Kräfte. Politische Debatten und die Stimmung in den westlichen Demokratien werden zusehends ungemütlicher. Aber die politische Elite lässt sich davon nicht beirren. Sie ist immer noch beseelt von der Idee, dass alles schon seinen richtigen Weg nimmt. Daher dominiert dort eine Rhetorik des Ausredens der Sorgen und Ängste. Vor allem linksliberale Parteien haben sich auf eine Art Stimmungspolitik verlegt. Sie wollen Mut machen und dafür sensibilisieren, dass eigentlich alles doch gar nicht so schlecht sei, wie es scheint. Die grünen Parteien in Europa sind hierbei ein Nutznießer. Sie plakatieren zum Beispiel gerne »Mut«. Damit sind sie so etwas wie die Marktschreier eines postmodernen Sonnenscheinliberalismus: Alles ist doch ganz gut, und alles wird besser.

Seltsamerweise wird die immer wieder beschworene Klimakatastrophe, die ja andeutet, dass gerade nicht alles gut ist, nur selten makroökonomisch adressiert. Stattdessen käme es vor allem auf den individuellen Lebenswandel an. Im Sinne von: Lebt alle richtig, dann wird alles gut. Auch in der Klimadebatte kann man die Ausprägungen eines Sonnenscheinliberalismus beobachten, der aber zunehmend mit Moralisierung – wie Lebenswandelaufrufen und politischen Erweckungsreden – einhergeht und damit so liberal gar nicht mehr ist. So sind selbst die scheinbaren grünen Mutmacher am Ende doch eigentlich eine ziemlich brave Partei. Einen wirklichen neuen Aufbruch verkörpern sie so jedenfalls nicht.

Das Versprechen der konservativen Parteien besteht hingegen darin, den Status Quo erhalten zu wollen. Damit unterscheiden sie sich gar nicht so sehr von den Grünen. Denn auch die wollen ja die Welt erhalten wie sie ist. So können sich auch die konservativen Kräfte grün anpinseln und als progressiv gelten. Aber beide Lager erliegen der liberalen Illusion, dass der Status Quo ohne große Konflikte bestehen bleiben kann. Diese Gemütlichkeit schweißt sie zusammen und hätte mit einer Achse Angela Merkel und Katrin Göring-Eckardt auch politisch auswachsen können – wäre da nicht Christian Lindner gewesen.

Was bleibt da für die Sozialdemokratie? Sie taumelt irgendwo sprachlos zwischen Bewahrung und Fortschrittsoptimismus. Heraus kommt dann nur ein zartes Lüftchen des Technokratismus. Die Sozialdemokratie ist eine Verwaltungspartei und ein behäbiger Regierungsautomat geworden. Damit ist sie den beiden christlich-konservativen Parteien mittlerweile ziemlich ähnlich geworden. Beide Parteifamilien betreiben einerseits im Grunde unterschiedliche Formen des Sozialkonservatismus – böse Zungen würden hier von Rentenpolitik für unterschiedliche Klientele reden – und forcieren andererseits finanzpolitische Bescheidenheit. Große Unterschiede gibt es eigentlich nur noch in der politischen Kommunikation nach außen.

Mit Kommunikation wird aber natürlich der Status Quo nicht aus den Angeln gehoben. Das ginge nur mit Reformen. Einen wahren Fortschritt wagt also keine der ehemaligen Volksparteien mehr. Denn dazu müsste man erst einmal anerkennen, dass es viele Risse in dem gemeinsam getragenen Weltbild gibt, dass im Großen und Ganzen eigentlich doch alles ganz gut sei. Jedoch: Ohne eine schonungslose Analyse der Realitäten findet man keine realistischen Wege und Antworten. Stattdessen beherrscht politische Romantik die Politik und weite Teile der veröffentlichten Meinung.

So geraten aber nicht nur soziale Ungleichgewichte aus dem Blick, die 30 Jahre neoliberale Hegemonie mittlerweile erzeugt haben. Für Europa bedeuten diese Selbstzufriedenheit und Sorglosigkeit, dass der Kontinent und insbesondere Deutschland als seine größte Industrienation immer mehr ins Abseits geraten könnten. In der neuen geopolitischen Bipolarität der G2-Welt, in der China und die USA um die Vorherrschaft kämpfen, ist der europäische Kontinent mittlerweile nicht nur vom politischen, sondern auch vom wirtschaftlichen Abstieg bedroht. Der schludrige Umgang mit Zukunftstechnologien wie Künstlicher Intelligenz oder alternativen Antrieben und deren Wertschöpfungsketten verdeutlichen, dass Europa und insbesondere Deutschland offenbar den Anspruch an sich selbst aufgegeben haben.

Es gibt also berechtigte Sorgen darüber, dass der aktuelle Wohlstand Deutschlands und Europas nicht nur ungerecht verteilt ist, sondern man sich auch in Illusionen wiegt, dass dieser Wohlstand künftig weiterhin wie von unsichtbarer Hand vom Himmel fallen wird. Eigentlich wäre diese Zeit wie gemacht, für eine sozialdemokratische Formation, die politische Ökonomie zu ihrem Fixpunkt macht, große sozial- und wirtschaftspolitische Reformen anschiebt und somit von Umverteilung bis kluger Industriepolitik im klassischen sozialdemokratischen Sinne »Ordnungspolitik« betreibt. Im guten Sinne also technischen und sozialen Fortschritt miteinander produktiv verbindet.

Aber die Sozialdemokratie ist dazu heute kaum in der Lage. Sie könnte die Leerstelle des Fortschritts herausragend besetzen. Aber sie tut es nicht. Deswegen bleibt die Leerstelle des Fortschritts gänzlich unbesetzt. Denn auch die grünen Parteien können es nicht. Selbst unter der Realo-Führung von Robert Habeck und Annalena Baerbock wird es ihnen kaum gelingen, von einer wesentlich diskurspolitischen Formation zu einer reformorientierten Kraft zu wachsen.

Es braucht für diese Einsicht nur ein kurzes Rückerinnern daran, wer unter der rot-grünen Regierung eigentlich den Atom-Ausstieg organisiert hat: Es waren nicht die Grünen.

Die Grünen sind gute PR-Manager der Politik. Sie haben die Fähigkeit zur Zuspitzung und zum ökologischen Agenda-Setting. Dabei werden sie auch weitestgehend wohlwollend von linksliberalen Medien begleitet. Aber sobald es zu Reformen kommen muss, und diese stehen vor der Tür, werden sich die Grünen als politische Kraft des Zauderns und der organisatorischen Amateurhaftigkeit erweisen. Allenfalls dem grünen Ministerpräsidenten Winfried Kretschmann wäre in einer Koalition der linken Mitte noch zuzutrauen, das Ruder zu führen. Aber auch dies würde nur gelingen durch eine exekutive Unterstützung versierter Sozialdemokraten in Arbeitsministerium, Wirtschaftsministerium und Finanzministerium. Besser noch, natürlich, im Kanzleramt.

Deswegen brauchen wir eine Reformlinke. Eine politische Kraft eines linken Realismus, die ihr politisches Handwerk versteht und die Fähigkeit besitzt, die wesentlichen verbändeorganisierten Stakeholder des Landes – von Gewerkschaften bis BDI und Bitkom – für eine Reformagenda mitzunehmen. Die weiß, dass Reformen harter Aufwand sind, mit unvermeidbaren Konflikten, dass es dann auch einmal krachen und wehtun kann. Die aber trotzdem in der Lage ist, Sicherheit im Wandel zu versprechen und zu organisieren. Es ist eigentlich die Zeit zur Rückkehr der Sozialdemokratie.

Leider ist die aktuelle SPD weder durch ihre Führung noch durch die Organisation der Parteizentrale gerade befähigt, die für sie nötige radikale Erneuerung zu bewältigen. Deswegen braucht die SPD neue Köpfe vom Schlage eines Oskar Lafontaine, eines Peter Glotz, eines Otto Schily und eines Sigmar Gabriel. Tatsächlich gibt es junge Lafontaines und Schilys in der SPD. Die Parteiführung muss sie nur endlich in die breite Öffentlichkeit hieven.

Die Parteizentrale müsste zudem radikal entkernt und erneuert werden, um wieder arbeitsfähig zu werden. Momentan ist sie einfach kaputt. Zudem muss es gelingen kluge Ökonomen im Land für die SPD einzuspannen und mit ihnen in einem gemeinsamen Akt Reformen zu entwerfen. Aber ohne Führung wird das nicht gelingen. Wie schon Helmut Schmidt wusste: »Auch Demokratie braucht Führung.« Die SPD braucht jetzt mehr linke Realisten auf oberster Ebene. Es geht nun um das Überleben der SPD. Das muss die Partei nun begreifen.

Gesucht: eine grüne Industriepolitik

Europa hat gewählt. Laut Analyse von Infratest Dimap sei in Deutschland dabei der Klima- und Umweltschutz (48 Prozent) neben der sozialen Sicherheit (43 Prozent) das wahlentscheidende Thema gewesen. Die Bedeutung des Klimaschutzes ist im Vergleich zu 2014 um ganze 28 Prozentpunkte angestiegen, während die von sozialer Sicherheit um 5 Prozentpunkte sank. Das kann an der Jugendbewegung Fridays for Future liegen, an relativ aktivistischer Berichterstattung zu dem Thema oder einfach daran, dass die Menschen merken, dass es von Jahr zu Jahr anscheinend heißer wird. Und dass der Klimawandel eine ziemlich reale Sache ist.

Das Klima hat also Bedeutung. Aber für Klimapolitik zu sein, ist ja noch keine Klimapolitik. Die Frage steht im Raum, was eigentlich gute Klimapolitik ist und welche Instrumente und Wege dafür zentral sind. Meine Überzeugung: Wir brauchen eine grüne Industriepolitik.

In Deutschland streiten wir aber bislang nicht richtig über konkrete Wege der Klimapolitik. Wir machen eher einen großen Grundsatzpopanz. Wir laden das Thema auf, ignorieren oder bekämpfen es. Je nach politischem Lager. Vor allem denken wir hierzulande meist Ökologie und Ökonomie nicht zusammen, sondern in einer befremdlichen Weise gegeneinander.

Und wenn wir nun mit ökologischer Industriepolitik beginnen, dann sind wir bei Sigmar Gabriel, der nämlich einst als Umweltminister zusammen mit seinem damaligen Staatssekretär Matthias Machnig eine »ökologische Industriepolitik« zu entwickeln versuchte. Diese ökologische Industriepolitik und ein primär technisches Herangehen an Klimalösungen müssen im Fokus stehen.

Erschreckend ist nämlich, dass laut einer Allensbach-Analyse für die *FAZ* der Fortschrittsoptimismus auf den niedrigsten Wert seit fünf Jahrzehnten gesunken ist. Viele Deutsche haben Angst. Vor Digitalisierung und vor Jobverlust, vor sterbenden Industrien und dem bedrohlichen Klimawandel. Es schreit so eigentlich nach einer Partei und einer Formation, die technischen, ökonomischen, ökologischen, und sozialen Fortschritt zusammenbringen will.

Es ist also Zeit, Umwelt- und Energiepolitik endlich makroökonomisch zu denken. Matthias Machnig hatte dazu schon 2011 in einem Positionspapier der Friedrich-Ebert-Stiftung zwei epochale Sätze geschrieben: »Die Ökologie wird zur Ökonomie des 21. Jahrhunderts und die ökologische Industriepolitik zieht daraus die Konsequenzen. Sie gibt eine ökonomische Antwort auf die ökologische Frage.« Also wie geht das mit grüner Ökonomie?

Eine CO^2-Steuer wird gerade heiß diskutiert. Die Bewegung Fridays for Future fordert sie. Die Höhe der Abgabe soll bei 180 Euro pro Tonne CO^2 liegen. Jan Hauser von der *FAZ* hat ausgerechnet, was das kosten würde. Jeder müsste im Schnitt 2.090 Euro im Jahr mehr zahlen. Läge die Höhe der Abgabe zunächst bei 20 Euro pro Tonne, wie es etwa der Wirtschaftsweise Christoph Schmidt vorschlägt, käme man anfangs auf 232 Euro Mehrbelastung.

Damit diese Abgabe soziale Akzeptanz findet, hat die Umweltministerin aber schon verkündet, dass sie, wenn sie käme, kleine und mittlere Einkommen nicht stärker belasten dürfte. Das dürfte das Gelbwestenpotenzial in Deutschland zunächst verringern. Denn die Bürger bekommen die Steuer zurück. Der Fiskus soll davon ja nicht reicher werden, sondern es soll damit etwas für Klimaschutz getan werden. Aber hilft die Steuer eigentlich wirklich? Wäre sie ein industriepolitischer Anreiz, sich stärker neuen Techniken und Ideen zu widmen? Vor allem hätte die CO^2-Steuer bei dem Preis von 20 Euro pro Tonne keine Lenkungswirkung auf den privaten Konsum. Denn die Preise würden kaum steigen. Die 180 Euro pro Tonne würden zwar Lenkungswirkung erzielen, aber die meisten deutschen Kohlekraftwerke müssten dann wohl sofort dichtmachen. Sollen dann die klammen Kommunen im Ruhrgebiet RWE und Eon mit Steuergeld retten? Ist das eine gute Lösung?

Die Kohlekraftwerke gehen ohnehin irgendwann zeitnah vom Netz. Die Konzerne müssen sich darauf einstellen. Aber von heute auf morgen? Die Energiewende muss endlich von »Ad-hoc-Entscheidungen«, getriebener Emotionalität und ständigen Wendungen befreit werden.

Es bleiben also Bedenken gegen die CO^2-Steuer. Eine CO^2-Steuer ist wahrscheinlich besser als die Erweiterung des europäischen Emissionshandels und könnte so eine gute Maßnahme unter vielen sein. Weiter über die Steuer nachdenken, sollte man jedenfalls – vor allem über ihre konkreten Gestaltungsmöglichkeiten. Man muss eine CO^2-Steuer zwar nicht als Gegensatz zu einer grünen Industriepolitik sehen, sondern kann sich sie auch grundsätzlich als Anreiz für Unternehmen zu Investitionsveränderungen vorstellen. Aber im Kern ist eine Grundidee für eine grüne Industriepolitik wichtiger als eine CO^2-Steuer.

Grüne Industriepolitik ist dabei gar nicht so schwer. Und es wird ja bereits auch etwas getan. Der Bund will gerade eine Agentur nach dem Vorbild der Darpa, einer staatlichen Innovationsagentur aus den USA, gründen und zunächst mit rund einer Milliarde Fördermitteln ausstatten, um »Sprunginnovationen« zu ermöglichen. Nun ist aber eine Milliarde viel zu wenig, und zudem könnte man darüber nachdenken, nach dem Vorbild der Arpa-E – ebenfalls aus der USA – gleich noch eine zweite Agentur für Innovationen in der Umwelt- und Energietechnik zu gründen.

Außerdem sollte dringend darüber nachgedacht werden, wie eine industriepolitische Nutzung der staatlichen Bank KfW aussehen könnte. Man hat mit der KfW einen ungehobenen Schatz in staatlicher Hand. Die KfW könnte und sollte in weiteren industriepolitischen Plänen jeder Art eine große Rolle spielen. So auch bei der Entwicklung einer prosperierenden deutschen Green-Tech-Industrie. Zu guter Industriepolitik gehört aber auch eine intensivere Forschungspolitik. Was muss da passieren?

Die Braunkohle-Bundesländer sollen ja bekanntlich 40 Milliarden Euro für den Strukturwandel bekommen. 14 Milliarden davon sollen direkte Finanzhilfen sein. Laut eines Zeitungsberichts sollen etwa 3,6 Milliarden Euro direkt an Brandenburg gehen, das in der Lausitz einen Strukturwandel durchführen muss. Brandenburg wäre hier angeraten, nahezu all sein Geld in die Technische Universität Cottbus-Senftenberg zu stecken und diese zu einer »Energieuniversität« auszubauen, die am Ende sogar so heißen könnte.

Zudem sollte es – wer auch immer es finanziert – zur Gründung eines Fraunhofer-Instituts für Batteriezellenfertigung in Cottbus kommen, und dafür müsste mindestens eine Milliarde Euro investiert werden. Wenn in der Lausitz eine Region prosperieren kann, dann Cottbus. Auf den Dörfern in der Lausitz wird es eher schwer. Cottbus müsste aber auch endlich durch eine ICE-Verbindung Berlin–Cottbus–Breslau besser angebunden werden. Es ist ein Trauerspiel, dass der Bund dieses Vorhaben erst Anfang dieses Jahres abgewinkt hat.

Nordrhein-Westfalen sollte mit seinen 5,2 Milliarden Euro ein Brennstoffzellen-Kompetenzzentrum einrichten, vielleicht unter Federführung der Helmholtz-Gemeinschaft, und dafür mindestens die Hälfte des Geldes verwenden. Deutschland ist gut beraten, bei den Antrieben der Zukunft nicht eingleisig auf die Elektrobatterie zu setzen. Die Autonation Japan etwa setzt fast komplett auf das Wasserstoffauto. Das sollte uns Deutschen eine Mahnung sein.

Zu guter Letzt sollte es zu einer besseren Grundlagenerforschung der »Kernfusion« kommen, die vielleicht die Energiequelle der Zukunft sein könnte. Kernfusion erforscht das Max-Planck-Institut für Plasmaphysik in Greifswald und Garching. Diesem Institut sollten Milliarden Euro an neuen Forschungsgeldern zukommen. Die Atomenergie wurde auch durch staatliche Förderung entwickelt. Anders geht es nicht. Um Greifswald und Garching herum könnten Siemens, Eon oder RWE aber dann auch kleine unternehmenseigene Innovationshubs bilden, die die Grundlagenforschung irgendwann betriebswirtschaftlich nutzen. In der Forschungspolitik, um das abschließend zu sagen, liegt wohl das größte Potenzial für den Kampf gegen den Klimawandel.

Und jetzt macht! Damit ist in erster Linie die SPD gemeint. Die SPD kann die Grünen sogar bei ihrem Kernthema Klimaschutz stellen, weil die Grünen eher viel Poesie und Klimaemotionalität und weniger konkrete Vorschläge bieten. Zeit also für einen SPD-Aufschlag für einen Green New Deal. In diesem Text wurden Ideen dazu entwickelt. Man kann der Parteiführung der SPD da nur raten: Kopiert die Ideen, setzt euer SPD-Logo drunter und verabschiedet es dann. Sozialdemokratische Klimapolitik ist echt nicht so schwer.

Deutschland hat den Anspruch an sich selbst verloren

Der *Spiegel* titelte zuletzt »Die fetten Jahre sind vorbei«. Da fragt man als Sozialdemokrat zwar zunächst: Welche »fetten Jahre« eigentlich? Sozialpolitisch betrachtet, allen Behauptungen zum Trotz, dass Deutschland die sozialpolitischen Spendierhosen anhabe, waren es keine fetten Jahre.

Nur ein Beispiel dafür: Der Ökonom Thomas Fricke hat gerade aufgelistet, was wir seit Ende der 90er-Jahre für eine Entwicklung bei den Einkommen haben. Kurz zusammengefasst: Fast durchgehend immer ungerechter. Die Liste der weiteren sozialen Probleme ist lang.

Aber der *Spiegel* nahm in seiner Titelstory die makroökonomische Großwetterlage in den Blick. Und das Ergebnis für den Leser war eigentlich: Wenn Deutschland jetzt nichts macht, dann steigt das Land mittelfristig in die zweite Liga der Industrienationen ab.

Einer der wenigen Politiker, die das verstanden haben, ist Sigmar Gabriel. Der *Augsburger Allgemeinen* sagte er gerade: »Wir investieren Milliarden ins Heute und fast nichts in das Morgen.« Und ergänzte: »Wir präsentieren uns, als seien wir viel zu satt. In einer Welt voller hungriger Völker, die aus dem Elend heraus wollen, wirkt das durchaus abstoßend. Daran müssen wir etwas ändern.« Gabriel hat recht.

Das Land hat ein wenig den Anspruch an sich selbst verloren. Unsere digitale Infrastruktur ist teilweise auf Entwicklungslandniveau, was uns anscheinend nicht sonderlich stört. Öffentliche Bauprojekte geraten regelmäßig zur Farce.

Unsere Automobilbranche ist heimlich in Panik, aber ist das öffentlich ein großes Thema? Eher wird noch auf die Autoindustrie eingehauen. Die politische Romantik, die durch einen grünen Zeitgeist das Land gerade prägt, malt sich unsere Zukunft hingegen schön: als werde alles so weitergehen und diese Konjunktur nie mehr abebben.

Die Verweigerung zu sehen, was Trumps Protektionismus und Handelspolitik und die »Made in China 2025«-Strategie der chinesischen Führung für uns in Deutschland und Europa bedeuten, ist schon ein starkes Stück Realitätsflucht.

Dabei müsste es gerade jetzt auch zu einer bewussten politischen Ökonomie, im Fachjargon darf man von »aktiver Industriepolitik« sprechen, kommen, die Wachstumsimpulse setzt. Etwa durch einen klugen Plan zur Förderung von Künstlicher Intelligenz oder dem Aufbau von Wertschöpfungsketten für alternative Antriebe. Da kann und da muss der Staat eine Rolle spielen.

Wirtschaftsminister Peter Altmaier hat zwar zarte Pflänzchen in diese Richtung wachsen lassen, aber durch seine ungelenke und ungeschickte Art hat er kaum damit reüssieren können. Dabei ist das »Ökonomiethema« wohl das Wichtigste, gerade für unsere Industrienation, die von allen Seiten in die Mangel genommen zu werden scheint.

Einerseits entsteht eine neue Plattformökonomie, die den Bereich der physischen Produktion, wo Deutschland als Meister des Maschinen- und Anlagenbaus traditionell gut ist, überwindet. Diese Plattformökonomie wird von den USA dominiert, gefolgt von China.

Und auf der anderen Seite holen China und Südkorea im Bereich der physischen Produktion auf. An nichts sind die Chinesen mehr interessiert als an Industrie 4.0 und Digitalisierung – auch und gerade in der Produktion, wie es nicht zuletzt die Übernahme des deutschen Roboterherstellers Kuka durch den chinesischen Midea-Konzern verdeutlicht.

Das sind alles deutliche Warnzeichen, um nun die Frage nach der Reform unserer Ökonomie nicht zu vergessen. Vielmehr: Wir müssten viel intensiver darüber diskutieren.

SPD – Wach doch mal auf, Mensch!

Es läuft nicht für die SPD. Und das liegt zentral an der fehlenden klaren Programmatik. Für wen will man eigentlich Politik machen? Und mit was? Das kriegt die SPD gerade nicht mehr geklärt. Und statt sich nun nach erneut verlorenen Wahlen mit den politischen Notwendigkeiten zu beschäftigen, verliert die Partei sich gerade in vermeintlich notwendigen internen Partei- und Verfahrenslogiken. Außerhalb der SPD interessiert sich aber keiner für Verfahren von Wahlen für Spitzenämter. Man will wissen, was die SPD will.

Meine These ist: Die SPD erlebt gerade einen neuen Mannheim-Moment. Damals im November 1995 putschte Oskar Lafontaine gegen Rudolf Scharping auf einem Parteitag der SPD in Mannheim. Scharping hielt sich für einen Integrationskandidaten, der es allen recht machen wollte. Aber er begeisterte nicht und er gab keine Orientierung. Oskar Lafontaine trat gegen Scharping an und gewann eine Kampfabstimmung. Lafontaine gab der Partei neuen Wind und endlich wieder eine Richtung.

Es gilt jetzt wieder den Kurs klar zu entscheiden und das auch mit Personen. Integrationskandidaten braucht die SPD nicht. Sie braucht eine Richtung. Sie braucht einen neuen Oskar Lafontaine, der den Weg vorgibt.

Je länger die SPD intern Ungeklärtes mit Verfahrenslogiken übertüncht, desto mehr wird sie taumeln und beim Wähler verlieren. Wer glaubt, er könnte sich mit Mitgliederbefragungen und Regionalkonferenzen ruhig bis in den Winter retten, der irrt. Ungeklärte Personal- und Programmatikfragen bis in den Dezember, werden eine politische Selbstzerfleischung der SPD über die kommenden Monate implizieren, an deren Ende im Herbst der Wähler der SPD bei den anstehenden Wahlen den Blattschuss verpassen wird.

Der neue oder die neuen Parteivorsitzenden dürfen dann einen gedemütigten und handlungsunfähigen Tanker übernehmen, wo sie nur noch das zerbrochene Porzellan zusammenkehren können, um sich dann wohl als bald die nächste elektorale Ohrfeige zu holen, weil auch sie in so einer politischen Lage nicht fähig wären, harte Kursentscheidungen in der Partei zu exekutieren.

Die obersten Porzellan-Kehrer der SPD müssten nämlich als Geste der innerparteilichen Befriedung erst einmal allen ein Friede-Freude-Eierkuchen-Gefühl geben, und in der Folge würde natürlich nichts geklärt. Insofern: Jetzt müssen Entscheidungen her.

Aber welche? Überall wird doch zurzeit die Zerrissenheit und Spaltung der Partei politisch wie publizistisch dokumentiert. Die SPD, so das fast einhellige mediale Übereinstimmen, leide doch mit am meisten unter einer neuen politisch-gesellschaftlichen Wirklichkeit.

Denn die Gesellschaft sei schließlich nicht mehr jene »nivellierte Mittelstandsgesellschaft« (Helmut Schelsky) und vielmehr sei sie nun durch mehr Diversität geprägt, wodurch in der Folge Kleinstgruppen weniger Interesse an einer großen Gesellschaftspolitik hätten und die aus ihrer Lebensweltrealität entspringenden Wünsche und Vorstellungen viel stärker gewichten. Die Volksparteien als Einheitstreiber würden dabei erodieren und gruppenidentitätspolitische Formationen an Zuspruch gewinnen. Vor allem die SPD schaue folglich ins Leere und verliere ihre Bedeutung auf dem Wählermarkt.

Der Soziologe Andreas Reckwitz sprach hierzu korrespondierend in seinem Buch »Die Gesellschaft der Singularitäten« von einer Abkehr von der »Logik des Allgemeinen« zu einer »Logik des Besonderen«. Dieses Besondere steht in der heutigen immer wieder als »vielfältig« beschriebenen Gesellschaft aber auch für eine Entfremdung und impliziert Widerstreit.

Dieser Widerstreit sei nicht mehr aufzulösen, argumentieren zumeist nun jene, die ein strukturelles Dilemma für die SPD aufgrund der neuen politisch-gesellschaftlichen Wirklichkeit diagnostizieren. Allerdings sind jene, die für die Akzeptanz der Vielfalt werben, oft so eindimensional, dass sie schon deutlich normativ werden und implizit andeuten: Nur die Vielfalt, die wir meinen. Aber Vielfalt, das heißt eben nicht nur arm und reich, akademisch gebildet und Hauptschulabschluss, Atheist und Kirchengänger, sondern es heißt auch: Refugees Welcome und Migrationskritiker, Elektroauto-Enthusiast und Dieselliebhaber, Veganer und Fleischesser, feministische Männer und Machos, Feministinnen und konservative Hausfrauen.

Jedenfalls ist ein strukturelles Dilemma, ja ein Riss des früheren Bandes, welches die aufstiegshungrige nivellierte Mittelstandsgesellschaft der jungen Nachkriegsrepublik zusammenhielt und auf Ausgleich und Integration fokussierte, keine reine Erfindung. Einer der jüngeren Beiträge, indem über dieses strukturelle Dilemma der Sozialdemokratie zu lesen war, ist ein Interview mit der Politikwissenschaftlerin Silja Häusermann im Berliner Tagesspiegel. Da sagte sie: »Wir müssen das strukturelle Fundament verstehen. Die Themen, die heute Wählerschaften spalten, haben sich grundlegend verändert.«

Ist es aber nun die Aufgabe von Politikwissenschaft und Politik die angeblich neue Zeit und ihr Denken einfach anzunehmen? Sollen wir nun einfach ein neues Vielfaltsmanagement entwerfen und akzeptieren, dass jenes zuletzt immer wieder beschworene strukturelle Dilemma nicht auflösbar ist, sondern sich die Gesellschaft immer weiter ausdifferenziert?

An dieser Stelle dürfen und müssen zwei Dinge gefragt werden: Erstens: Ist diese »grundlegende Veränderung« einfach nur eine Behauptung und allenfalls eine vage empirisch belegbare These? Zweitens: Grundlegende Veränderungen entstehen nicht über Nacht. Sie wurden in der Vergangenheit bewirkt und zwar durch aktive Handlungen von Personen und Formationen. Es wäre nämlich ein Märchen zu behaupten, dass »grundlegende Veränderungen« irgendwie durch unsichtbare Hand sich so ergeben hätten, und keiner etwas dafürkonnte.

Jeder, der mal etwas über die Idee der »kulturellen Hegemonie« gehört hat, weiß, dass die Jungfrau nicht einfach so zum Kinde kommt. Jeder, der etwas Anderes behauptet, erzählt Ihnen Quatsch. Geschichte wird gemacht. Sie fällt nicht vom Himmel und »unsichtbar« passiert Veränderung schon gar nicht. Insofern lautet die zweite Frage: Warum kann sich eine »grundlegende Veränderung«, wenn es sie denn wirklich gibt, nicht auch einfach aktiv wieder verändern lassen?

Um die erste Frage zu beantworten, könnte man nun ein paar theoretische Argumente und ein paar Statistiken austauschen, um sich gegenseitig davon zu überzeugen, dass diese Behauptung von »grundlegenden Veränderungen« entweder wahr oder falsch ist. Das wäre aber sehr müßig und würde wohl kaum zu einem Ergebnis führen. Denn im Zweifel winkt man mit unterschiedlichen Statistiken, empirischen Befunden und Interpretationen und wundert sich dann über den Gegenüber, warum der nur so verbohrt nicht sehen will, was man ihm gerade doch eigentlich glasklar und rational ersichtlich präsentiert hat.

Insofern lohnt die zweite Frage mehr Beachtung. Und hier könnte man mit einer Idee des Ökonomen Jean-Baptiste Say beginnen, die auch nach ihm benannt ist: Dem sayschen Theorem. Es sagt aus, dass jedes Angebot sich seine Nachfrage selbst schafft. Dieser Kernsatz der neoklassischen Wirtschaftstheorie ist zwar in der Wirtschaftswissenschaft weitgehend widerlegt worden – vor allem durch Arbeiten von John Maynard Keynes und seinen Nachfolgern. Aber der Gedanke lohnt, ihn einmal in die Politik zu übertragen. Danach schafft ein neues politisches Angebot seine Nachfrage selbst.

Aber wie sollten die SPD und die Union nun etwas konkret verändern und ein »neues« Angebot schaffen? Im Grunde ist es einfacher als viele meinen. Es gilt mit Thesen, Ideen und Konzepten viel stärker über wirtschaftliche und soziale Themen zu streiten, und damit die Debatten zu bestimmen, anstatt – vormals – Kleinstparteien das Feld zu überlassen und sich in dem Kulturkampf aufzureiben, den diese Kleinstparteien dominieren.

Der Ökonom Heiner Flassbeck bringt diese notwendige Wiederentdeckung der politischen Ökonomie auf den Punkt: »Ist es nicht komisch? Seit die ›Parteien links und rechts der Mitte‹ aufgehört haben, über Wirtschaft zu streiten, sind zuerst die Sozialdemokraten und dann die Christdemokraten abgeschmiert. Wo es scheinbar keine Alternative gibt, wählen die Bürger plötzlich Alternativen – selbst wenn sie sich nur so nennen wie die Grünen oder die AfD.« Zeit also für neue und gleichsam »die alten« Konflikte.

So könnten die neuen Konflikte etwa heißen: »Mehr Sozialstaat« gegen »Weniger Sozialstaat«. »Höherer Mindestlohn« gegen »keine Veränderung«. »Mehr und höhere Steuern auf Kapital« gegen »keine neuen und höheren Steuern auf das Kapital«. »Mehr Industriepolitik« gegen »Keine Staatsintervention«. »Sehr viel mehr Geld in Bildung, Grundlagenforschung und staatliche Infrastruktur« gegen »Ein bisschen mehr Geld«. »Milliardenschwere staatliche Investitionen in Künstliche Intelligenz und neue Umwelt- und Energietechniken« gegen »der Markt macht das schon«. Die Liste polit-ökonomischer Konflikte, die man führen könnte, wenn man denn wollte, wäre aber noch weit länger.

Grundsätzlich geht es um eine Rückkehr der früher primären Konfliktlinie, die sich orientiert an der Frage: Wie erreicht man sozio-ökonomischen Fortschritt für möglichst alle und nicht für wenige?

Nun stehen neue Prozesse des Wandels wie Digitalisierung, Migration und Klimawandel zu dem auch schon längst vor der Tür. Sollen wir hier aber weiter wie in Proseminaren über die kommenden – vor allem wirtschaftlichen – Veränderungen reden? Oder fangen wir endlich an darüber ernsthaft zu reden und leidenschaftlich zu streiten, was die besten Wege sind damit fertig zu werden und zwar so, dass es dabei möglichst viele Gewinner und möglichst wenig Verlierer gibt? Momentan zaudern das Land und ihre politische Elite noch.

Woran es auch immer liegt, dass die Parteien der Mitte aufgehört haben, miteinander sinnvoll über die Zukunft zu streiten. Es muss jetzt ein Ende haben. Der Konflikt kommt zurück. Ja, er ist es längst. Es stellt sich nur die Frage, wer die bestimmenden Konfliktparteien sind und mit was sie das sind. Das sollten die beiden großen Volksparteien, allen voran die Sozialdemokratie, die momentan am stärksten leidet, nun begreifen.

Sie wären jedenfalls verdutzt, wie schnell nur noch über die SPD und die FDP und die Union geredet würde, und man sich für Grüne und AfD erstmal weniger interessieren würde, wenn auf einmal wieder politische Ökonomie zum Zentrum des politischen Streits avancierte.

Der richtige Kurs für die SPD liegt somit auf der Hand. Findet zurück zur politischen Ökonomie und dekliniert das aus: Von der Sozialpolitik, über die Wirtschaftspolitik bis hin zur Migrationspolitik und Umweltpolitik.

Durch die SPD muss jetzt ein Ruck gehen. Es gilt eine politische Kursentscheidung zu treffen und sie dann handwerklich zu unterlegen.

Linker Realismus ist der Weg für die Sozialdemokratie

Was hat die SPD und das Land nicht zuletzt an überhitzten Diskussionen erlebt. Sozialismus, Migration, Groko, Klima. »Überhitzt« ist eine gute Umschreibung. Es fehlt unserer politisch-medialen Kultur gerade an Sachlichkeit und kühlem Kopf. Wir haben zu viel Empörung und Reizungen im öffentlichen Diskurs.

Bei keinem anderen Thema wird das deutlicher als beim Thema Migration. Aber wie kommt man hier beispielgebend aus der Erregung heraus? In dem man weniger darüber redet, ob man Migration für gut oder schlecht hält, sondern darüber spricht, wie man sie besser steuert und welche Einwanderung man will. Das ist eigentlich selbstverständlich. Nur anno 2019 nicht in Deutschland.

Was ist da in unserer medial-politischen Öffentlichkeit eigentlich schief gelaufen? Ist es wirklich so schwer, politische Debatten auf die Ebene konkreter Vorschläge zu bringen und dann darüber zu diskutieren – ja auch leidenschaftlich zu streiten? Warum soll die Leidenschaft nur für Moral und Anti-Moral, nur für Ja oder Nein gelten? Wo sind wir als aufgeklärte Nation eigentlich hingekommen? Sind unsere Politiker nicht fähig genug oder die mediale Öffentlichkeit im Sinne des Politikwissenschaftlers Colin Crouch eine postdemokratische PR-Show geworden, wo Politikdarstellung wichtiger wurde als Politikherstellung – und damit Kommunikation wichtiger als konkrete Ergebnisse? Warum dominiert Weltbildpolitik so stark?

Die neue Weltbildpolitik des »Wir hier« und »Die da«, dieses Einteilen in Lager, diese schwarz-weiß Wertepolarisierung, dieses Emotionalisieren und Empören, dieses Vereinfachen und schablonenartige Produzieren von Stereotypen, das Angstmachen und das Beleidigen, diese Weltbildpolitik aus vielen politischen Richtungen polarisiert jedenfalls mehr als alles andere. Das ist gar keine Politik. Für sie bräuchte es auch gar keine Politiker. Wir könnten als Bürger einfach bestimmten Publizisten folgen und alles liken, was diese so schreiben. Die Publizisten tragen den Weltbilderkonflikt dann aus. Politiker bräuchte es dafür nicht.

Es gibt aber grundsätzliche Probleme mit dieser Art von Politik. Sie konstruiert fundamentale Gegensätze statt sich um Integration von Werten und Ideen zu bemühen. Diese Gegensatzkonstruktion ist ein Fehler. Täte man das nicht, so könnte man auch sehen, dass so eine Arbeit der Integration auch Früchte tragen kann. Die Vergeblichkeit von gesellschaftspolitischer Einheit zu verkünden und in der Polarisierung dann nur noch die Entscheidung für eine Seite zu fordern, ist halt auch eine ziemlich leichte Sache. Man könnte auch von intellektueller Faulheit reden.

Bei einem schwierigen Medienmarkt sind die besten Werte-Polarisierer zwar die Klick-Weltmeister. Empörung und Echauffieren funktioniert heute ziemlich gut. Aber das ist eher ein Spiel der Meinungselite mit sich selbst. Dem durchschnittlichen Wähler ist dieser Meinungskampf um Deutungshoheit nämlich weitgehend egal – mit Ideologen und Dogmatikern kann er ohnehin selten etwas anfangen.

In der Regel sieht der durchschnittliche Wähler Probleme und spürt Entwicklungen und Trends, auf die er gerne Antworten will. Der durchschnittliche Wähler begeistert sich nicht für irgendwelche Meta-Debatten. Oder in Anlehnung an Karl Marx gesprochen: Die Probleme liegen ihm vor den Füßen und sollen da weg. Der durchschnittliche Wähler spürt weltpolitische und wirtschaftliche Trends und Entwicklungen und verlangt dazu kluge Lösungen. Natürlich wäre es sehr wünschenswert und für das Land besser, wenn der »normale Bürger« mehr dem Ideal eines Citoyens entsprechen würde, der leidenschaftlich für Politik brennt und für das Gemeinwohl kämpft. In der Regel würde dieser Citoyen aber selbst dann keine Meta-Debatten führen, sondern anhand konkreter Fragen und Herausforderungen sich politisch engagieren.

Jedenfalls ist es so, dass der normale Familienvater und die alleinerziehende Mutter in der Regel weder von irgendwelchen Angstgefühlen befallen sind, dass sich der Diskurs nach rechts dreht, noch verkämpfen sie sich, so wie rechtspopulistische Akteure es tun, gegen eine linksliberale Meinungshegemonie. Es ist auch nicht so, dass das Feuilleton das alltägliche Bewusstsein des deutschen Durchschnittsbürgers umtreibt.

Das Motto des Ex-Kanzlers Gerhard Schröder »Zum Regieren brauche ich BILD, BamS und Glotze« hat daher zum Beispiel etwas sehr intuitiv Richtiges. Nämlich sich nicht in der Abstraktion und in geisteswissenschaftlicher Feinheit zu verlieren. Man muss die Einschlägigkeit der »Bild« nicht befürworten und ihre Agenda nachplappern, aber wer primär Feuilleton liest und Kultursendungen sieht, der versteht das Land nicht. Denn so ist der normale Bürger nicht. Der durchschnittliche Bürger ist pragmatischer und weit entfernt von der Intensität und Bedeutungsschwere politischer Kämpfe, so wie sie in Twitterdebatten der politischen Elite vorkommen oder manchmal eben hoch elaboriert im Feuilleton geführt werden.

Was bedeutet das nun alles für die SPD? Wie muss sie mit dieser neuen medial-politischen Diskurslage umgehen? Die Interessen von Menschen sind nicht so übertrieben komplex, undurchsichtig und vielschichtig, wie ihnen das Essays von Intellektuellen und geschwungene Sonntagsreden von Politikern manchmal vorgaukeln. Wenn doch die Spitzenfunktionäre der SPD dahin kämen, sich von dem leiten zu lassen, was einst »gesunder Menschenverstand« hieß und sie ihr ganzes Streben anhand von Alltagsproblemen ganz gewöhnlicher Menschen – vor allem derer aus der unteren und mittleren Mittelschicht sowie den kleinen Leuten – ausrichten, dann hätten sie wieder eine Chance.

Der Juso, der sich geschliffen ausdrücken kann, ein langes Studentenleben geführt hat oder sonst seit seinen jüngsten Erwachsenen-Jahren daran arbeitet, eine Parteikarriere zu starten, ist jedenfalls nicht der, den wir in ein paar Jahren an der Spitze brauchen. Es ist zum Beispiel der Juso, der als Betriebsrat aus der betrieblichen Realität kommt. Linke Realisten braucht die SPD und das Land. Es braucht diese linken Realisten vor allem bald, weil Deutschland umfangreiche Hausaufgaben zu bewältigen hat.

Zu lange wurde das Land nur verwaltet. Aber man muss wissen: Reformen sind harter Aufwand. Sie gefallen nicht jedem. Da kracht es und tut es weh. Die Ehre der Reform ist zudem seit Langem zerstört. Das hat auch mit Gerhard Schröders wenig erklärten, halbgaren und zu schnell implementierten Brachialreformen des Sozialsystems zu tun. Angela Merkel hat dann in den Jahren ihrer Kanzlerschaft weitgehend Reformruhe herrschen lassen – und konnte sich das lange bei stabiler Konjunktur leisten.

Aber schon bald wird es mit der wohligen Alles-Läuft-Mentalität vorbei sein. Die Abkühlung der Konjunktur und eine nötige Reform der Ökonomie wird dabei nicht das einzige sein, worauf wir uns einstellen und die wir angehen müssen. Auch die Migration bleibt ein Thema. In diesem Fall hatte Wolfgang Schäuble recht. Die Zuwanderung ist ein »Rendezvous unserer Gesellschaft mit der Globalisierung«. Die Globalisierung bleibt. So auch die Frage der Migration. Darauf brauchen wir sachorientierte Antworten und einen Umgang mit einem kühlen Kopf. Erregungsspiralen bringen uns nicht weiter. Linker Realismus ist der Weg für die Sozialdemokratie.

Mehr Materialismus wagen!

In der Schnelllebigkeit unserer Zeit wird vieles rasch vergessen. Von der Sammlungsbewegung »Aufstehen« beispielsweise redet hierzulande kein Mensch mehr. Dabei würde es sich lohnen, mal darauf zu blicken, was die Organisation eigentlich wollte und darstellte. Die von der Linken-Politikerin Sahra Wagenknecht ins Leben gerufene Bewegung und insbesondere ihr Gründungsaufruf ist nämlich das ambitionierteste Stück linker Realpolitik, welches seit langer Zeit in Deutschland zu beobachten war. Dieses Projekt hätte die Chance für eine materialistische Wende bedeuten können. Denn es war keineswegs ein weiteres Spaltungsprojekt der deutschen Linken, sondern die Chance für einen progressiven Aufbruch. Vor allem für eine Linke, die sich politisch verrannt hat.

Insbesondere die SPD verlor sich in den letzten zwei Jahrzehnten in der Rolle einer domestizierten Regierungslinken, die den Anspruch auf Veränderung und weitgehende Visionen abgelegt hatte. Im Zuge des unter Gerhard Schröder durchgesetzten »Dritten Weges« akzeptierten auch die Sozialdemokraten lange eine vermeintliche marktwirtschaftliche Alternativlosigkeit, zeigten zumindest wenig Widerstand dagegen. Man tat so, als sei das »Ende der Geschichte«, wie der Politikwissenschaftler Francis Fukuyama es nannte, erreicht. Und fügte sich der, spätestens nach 1990 zur Hegemonie avancierten, neoliberalen Heilslehre, indem man es aufgab, den Kapitalismus mittels des Primats der Politik umfassend einzudämmen.

Auch an der prinzipiellen Möglichkeit einer solchen Eindämmung äußerten linke Politiker Zweifel. Keine Aussage macht dies deutlicher als die von Joschka Fischer, der einst sagte: »Wir können nicht Politik gegen die Finanzmärkte machen.« Das war die bestimmende Philosophie bei SPD und Grünen, während die heutige Bundeskanzlerin Angela Merkel forderte, die Demokratie solle »marktkonform« werden. Die »Alternativlosigkeit« war die zentrale Vokabel einer Philosophie, die die Politik lange zu jener Liberalisierungsmaschine machte, die dem Markt seine Freiheit geben sollte. Man vergaß in diesem Liberalisierungsrausch, dass die vom einstigen SPD-Wirtschaftsminister Karl Schiller geprägte und im Godesberger Programm der SPD eingeflossene Formel »So viel Markt wie möglich, so viel Staat wie nötig« stets bedeutet hatte, dass die Marktwirtschaft nur dann »sozial« werden kann, wenn der Staat auch steuert und handelt.

Doch ganz im Gegenteil: In einer großen Naivität ließ man sich in der Politik darauf ein, zu glauben, dass durch den Wettbewerb der Marktkräfte schon alles laufen wird. Begleitet wurde dieser Glaube an einen ökonomischen Liberalismus durch einen kulturellen Liberalismus, der ein fröhliches »anything goes«

formulierte. Man bildete sich so in der Folge ein, dass alles von selbst gut werde. Und bislang lässt man sich auch nicht in diesem Glauben stören, obwohl die Realität längst ein vollkommen anderes Bild bietet: Donald Trump, der Brexit, Marine Le Pen auf der rechten Seite, die Gelbwesten und Sozialismus-Debatten auf der linken. Niemand kann mehr leugnen, festzustellen, dass im Subtext der angeblich robust laufenden Liberalisierungsmaschine des Fortschritts längst der Fehleralarm aufleuchtet.

Von der »sozialen Frage« beginnend, über Strategien für die beste Klimapolitik, für den Umgang mit weltweiten Migrationsströmen, die nicht wie von Geisterhand abebben werden, bis zur immer noch weithin unbeantworteten Frage nach nachhaltigen Lösungen in der Integration der Geflüchteten, stehen zahlreiche ungelöste Probleme vor der Tür, die darauf warten, dass sie jemand löst. Je länger die Politik da nicht substanziell rangeht und Reformen angeht, desto mehr wird sich der Unmut steigern und populistisch abgegriffen werden.

Aber Deutschland befindet sich in einer unheimlich heilen Illusion des »Das wird schon«. Auch besser bekannt als »Wir schaffen das«. Bei keiner anderen Debatte wird das momentan deutlicher als in der Klimadebatte. Der Klimawandel wird nicht mit Poesie und viel Emotionalität eingedämmt werden. Wer von einer »Grünen Null« träumt, also der Idee von der schnellen Annäherung an eine emissionsfreie Ökonomie, der wird diese Vision nicht mit Appellen und Bitten für einen Lebenswandel auf individueller Ebene erreichen. Leidenschaftliche Reden für mehr Klimapolitik sind eben noch längst keine Klimapolitik. Aber genau so läuft die Debatte in Deutschland noch. Die Grünen verkünden ihre ökologischen Botschaften leidenschaftlicher als alle anderen und gewinnen damit bei den Wählern enorm dazu. Grüne Realpolitik hingegen hört man allenfalls aus der Staatskanzlei in Baden-Württemberg.

Dabei stellt sich doch in der Klimadebatte auch die zentrale Frage: Wie viel Staat brauchen wir und wofür? Schließlich ist auch die Klimapolitik eine Frage der politischen Ökonomie, die weder leicht zu beantworten ist, noch durch Erweckungsreden unkomplizierter wird. Es ist daher eine verpasste Chance, dass Sahra Wagenknechts Bewegung nun versandet. Sie hätte aufdecken können, dass die bequeme Einrichtung in der Oberflächlichkeit fatale Folgen haben wird. Das zu offenbaren, war auch das Ziel des Spiritus Rector der Bewegung, des Soziologen Wolfgang Streeck. Die Bewegung hätte die politisch dominante Allianz einer liberalen Selbstzufriedenheit durchbrechen können, der das Bewusstsein dafür fehlt, dass noch nie etwas von selbst den richtigen Gang ging. Oder mit einer Binsenweisheit gesprochen: Probleme lösen sich halt nicht von allein.

Folgerichtig beackerte Wagenknecht mit Wolfgang Streeck und anderen Intellektuellen nicht nur die »soziale Frage«, sondern hakte auch bei eher unangenehmen Themen nach: Wie soll das mit der Migration und der Integration in diesem Land eigentlich laufen? Es mag widersprüchlich klingen, doch das ist eigentlich klassisch linke Politik, die eines »linken Realismus«, die stets mit einer schonungslosen und ehrlichen Analyse der Wirklichkeit beginnt. Materialismus, historisch betrachtet, war stets eine Philosophie, die ohne Tamtam zur Sache kam. Die Kernfrage lautet dabei stets: Was sind die Probleme und was die Lösungen? Bemänteln und Verschweigen hatten in dieser Philosophie keinen Platz. »Aufstehen« hätte eigentlich die materialistische Idee zurückbringen können. Wäre die Bewegung nur mehr durchgedrungen.

Ein neuer Materialismus wäre allerdings nicht nur in Fragen der Umverteilung, des Klimas, der Migration, der Integration und Inneren Sicherheit mehr als nötig, sondern vor allem in der Frage der Neuausrichtung unserer Wirtschafts- und Außenpolitik. Wir können es uns als Industrienation nicht leisten, uns satt und zufrieden in oberflächlicher politischer Kommunikation zu verlieren, wenn sich währenddessen die Weltpolitik durch die aufkommende Bipolarität zwischen China und den USA neu ordnet.

Wir Deutschen laufen noch immer durch die Welt mit der Idee, dass nun alles bis in alle Ewigkeit so weitergeht – wie das nach 1990 viele im Westen dachten. Man schaue im Kontrast zu uns mal in die USA. Selbst die US-Amerikaner glauben nämlich nicht mehr an diese Ideologie. Die Wahl Donald Trumps hat das offenbart. Und auch die US-Demokraten sind gedanklich längst weiter. Das Ende des Endes der Geschichte ist längst angebrochen. Das gilt für Trumps Protektionismus, der nichts weniger ist als eine geopolitische Kampfansage an China, aber auch an uns in Europa. Das gilt ebenso für das Ziel der chinesischen Führung, mit der »Made in China 2025«-Strategie in bestimmten Branchen Weltspitze zu werden, was in der deutschen Öffentlichkeit als Kampfansage verstanden werden sollte. Denn klar ist: Von der Globalisierung gewinnen nicht einfach alle irgendwie.

Wohlstand fällt nicht vom Himmel. Wirtschaftsminister Peter Altmaier hat mit seiner »Industriestrategie 2030« aufgezeigt, dass Deutschland bald aktiv werden muss, damit dieses Land auch in 20 Jahren noch ausreichend Wohlstand erarbeitet. Doch jenseits der Wirtschaftsressorts der Zeitungen und den Ökonomen des Landes, die sich über diese Industriestrategie wahrlich fundamental gestritten haben, hat die Reformbedürftigkeit unserer Wirtschaft kaum öffentliches Interesse gefunden. Das momentan dominante Ökologie-Thema darf nicht kleingeredet werden. Aber dieses Land muss auch darauf schauen, was im Rest der Welt gerade vor sich geht. Die neuen Kämpfe um weltpolitische Hegemonie werden an Deutschland jedenfalls nicht einfach so vorbeigehen.

Zum deutschen Desinteresse an der geopolitischen Achsenverschiebung und der wirtschaftspolitischen Neuordnung, die wir gerade erleben, kommt hinzu, dass die Bundesrepublik den Anspruch an sich selbst verloren zu haben scheint.

Die digitale Infrastruktur ist hierzulande eines Industrielandes unwürdig. Wir können keine Flughäfen mehr bauen. Blamieren uns mit unserer maroden Flotte von Regierungsfliegern im Ausland. SAP ist der einzige große europäische Player in der internationalen Szene der Plattformökonomie.

Laut Allensbach-Analyse für die FAZ liegt der Fortschrittsoptimismus auf dem niedrigsten Wert seit fünf Jahrzehnten. Uns macht die Digitalisierung mittlerweile mehr Angst als dass sie uns eine bessere Zukunft verheißt. In China, Südkorea oder im Silicon Valley hingegen ist man nahezu besessen davon, neue Technik zu entwickeln. Und mit solchen Entwicklungen wächst auch eine Ökonomie. Man erinnere sich an den Wirtschaftswissenschaftler Joseph Schumpeter, der von einer »schöpferischen Zerstörung« sprach. Alte Strukturen werden zwangsläufig verdrängt, damit Fortschritt und eine wirtschaftliche Neuordnung stattfinden kann.

Als Folge unserer Technikangst ist Künstliche Intelligenz hierzulande immer noch ein Nischenthema. Bei dem Aufbau von Wertschöpfungsketten für alternative Antriebe hat man auch erst vor kurzer Zeit den Schuss gehört, hängt somit aber immer noch hinterher. Dabei müsste Deutschland doch wissen, wie schnell man ganze Branchen an das Ausland verlieren kann. Bei vielen Produkten war man in diesem Land mal vorne mit dabei und hat innerhalb weniger Jahre den Anschluss verloren. Angefangen bei Fernsehern, über die Telekommunikationstechnologie bis zur Solarindustrie.

Passiert das nun auch der Automobilbranche, wird es sehr düster für das Land. Das Thema der ökologischen Zukunftsfähigkeit ist in der Tat zu bedeutend. Das gilt aber auch für Themen der Ökonomie. Wir müssen endlich energischer darüber debattieren, wie unser Land auch in 20 Jahren Wohlstand erwirtschaften kann und andererseits, wie wir die Frage der Verteilung des Wohlstandes lösen. Vielleicht beginnt man auch endlich mal damit, Klimapolitik ökonomischer zu denken, anstatt sich am Ende in Postwachstumsillusionen zu verlieren. Denn mit Klimaökonomie kann man selbst die Ökologie zum ökonomischen Gewinnerthema machen. Mehr Materialismus wagen! Das ist in fast jedem Aspekt der Politik momentan das Gebot der Stunde.

Die grüne Projektionsplattform[2]

Es gibt Parteien, die regelrechte Wunschmaschinen und Projektionsflächen ihrer Anhänger sind. Diese Parteien sind sich nicht so ganz klar darüber, was sie denn überhaupt wollen und schon gar nicht, wie sie ihre Ziele genau erreichen wollen.

Die Piratenpartei war es 2012, die FDP im Bundestagswahlkampf 2017 und in dieser Saison sind es die Grünen. Während CDU und SPD in der unglamourösen großen Koalition feststecken und vor allem gegen den eigenen Bedeutungsverlust ankämpfen, sind die Grünen die aktuelle Projektionsplattform für die Wünsche der Wähler: Sie sollen das Klima retten, für soziale Gerechtigkeit sorgen, auf dem Mittagsteller für ökologische Ordnung sorgen, die Grenzen für Zuwanderung öffnen und vor allem die AfD bekämpfen.

In den Umfragen liegen sie zurzeit bei 26 Prozent – für die sind sie eine gewaltige Projektionsfläche, größer als die anderen Parteien es zuvor waren. Und ihre Projektionsfläche trägt sie viel höher. Die Grünen machen Spaß, retten nebenbei die Welt, und wollen scheinbar niemanden mehr etwas verbieten, obwohl das nicht stimmt. Ihr alter Pietismus kommt nun fröhlicher daher. Deutschland ist da nicht anders als Österreich. Auch hier reüssieren die Grünen und legen deutlich zu.

Was ihre Politik allerdings an Geld und Jobs kostet, interessiert momentan kaum jemanden. Die Grünen sind die Wünsch-Dir-was-Partei des Jahres. Sie machen Laune. Realismus und konkrete Ansagen scheinen da nur zu stören. Gestützt wird diese mediale Stimmung durch die Schülerbewegung Fridays for Future, die das Ökologiethema zum Thema der Stunde und die Grünen zum Sprachrohr einer kulturellen Hegemonie macht.

Was sind die Grünen eigentlich für eine Partei?

Die Grünen sind die Partei eines Sonnenscheinliberalismus, der seine Stärke erstens daraus gewinnt, dass wir seit 2009 einen der längsten Konjunkturzyklen der Nachkriegsgeschichte erleben und genug Menschen aus der – oberen – Mittelschicht, die davon profitiert haben, relativ satt, zufrieden und glücklich sind und die Grünen ihnen die entsprechende Wohlfühlstimmung dafür geben.

Mit ihrer inszenierten Lockerheit gelingt es ihnen zurzeit zu überspielen, dass sie ähnlich wie die AfD eigentlich eine Partei der Angst sind. Was für die Blauen der Migrant, ist für die Grünen ein schöner Sommer: Ein Anlass, die Apokalypse heraufzubeschwören und Ängste zu mobilisieren, die jeden Kompromiss als Verrat erscheinen lassen. Klimapolitik gibt es bei den Grünen nur ganz oder gar nicht. Sie ist existenziell aufgeladen. Wirksame Klimapolitik, so wird suggeriert, könnten nur sie und alles andere wäre der Untergang. »Nur mit uns« ist die

Attitüde. Bei konkreter Nachfrage, was denn »wirksame Klimapolitik« sei und wie das mit einer Industrienation kompatibel sein soll, bleiben die Grünen auch zuweilen sehr wortkarg. Da ist sie wieder die Projektionsfläche, die niemanden mit allzu Eindeutigem verprellen will.

Doch mit etwas gutem Willen und Folgsamkeit, versprechen die Grünen, werden Wohlstand, gesellschaftliche Liberalisierung und Ökologie schon irgendwie zusammenpassen. Alles geht. Man müsse nur Zuversicht haben. Das Versprechen wird momentan geglaubt. Der Sonnenscheinliberalismus wirkt.

Der feste Sonnenscheinliberalismus der Grünen passt zum medialen Zeitgeist. Denn er gewinnt zweitens seine Stärke aus der robusten Einbildung vieler in Kontinentaleuropa, dass der liberale Fortschritt kaum aufzuhalten ist. Das Versprechen vom *Ende der Geschichte* (Francis Fukuyama) wurde den Europäern Anfang der 1990er Jahre gemacht und keiner glaubte und glaubt so stark daran wie wir in Europa. In so einer Stimmung eines Endes aller großer Konflikte und dem Glauben an den guten Fortgang der Geschichte inklusive ihrer ökonomischen Prosperität, können solche diskurspolitischen Formationen wie die Grünen gewinnen, weil sie gelernt haben auf der Klaviatur der Stimmungspolitik zu spielen. Sie verströmen Optimismus und jenen Glauben an das Gute und den Fortschritt besser als alle anderen.

Der Punkt ist nur: Sie irren. Sie sind wie diese Kinder, denen man erzählt, dass das Gewitter an einem vorbeiziehen wird und die das naiv ihren Eltern glauben. Längst zieht so ein Gewitter auf und dreht sich in unsere Richtung. Eine neue Bipolarität entsteht in der Welt. China und die USA kämpfen um die Hegemonie. Ihr Handelskrieg ist dafür der Beginn. Unter Donald Trump haben die USA begriffen, dass die Globalisierung nicht irgendwie alle Boote hebt und alle durch sie gewinnen. Die Konsequenz heißt Attacke. Momentan trifft die Attacke noch China als den neuen Hauptgegner. Doch an Europa wird dieser Großkonflikt nicht vorbei gehen. Die USA und China haben ihre Interessen. Das wird Europa bald deutlicher spüren.

Und die Idee, dass die Globalisierung Vorteile für alle bringt, und ökonomischer und sozialer Fortschritt für alle quasi automatisch und dauerhaft passiert, diese Idee ist anno 2019 tot. Nur die Grünen haben das noch nicht begriffen und sind erfolgreich, weil es viele Bürger auch noch nicht begriffen haben. Die Herausforderung des epochalen digitalen Wandels der Art und Weise des Wirtschaftens und Arbeitens kommt noch hinzu. Wir haben keine rosigen Zeiten vor uns, wo alles glattlaufen wird. Der Sonnenscheinliberalismus wird schon bald von einem neuen Realismus abgelöst werden müssen. Denn schon bald wird klar: So geht das alles nicht mehr weiter.

In Deutschland etwa entlassen bereits einige Großkonzerne spürbar Personal. Auch das Thema Kurzarbeit in der Industrie ist zurück. Sobald nun wieder

Massenentlassungen drohen, wird auch der breiten Masse wieder klar werden: Von nichts kommt nichts. Und nichts geht je gerade seinen Weg. Vor allem: Fortschritt ist nichts, worauf man ein Abo hat und was dazu noch nahezu kostenlos geliefert wird. Selbst Akademiker sind bei den neuen Wellen der bereits stattfindenden Digitalisierung nicht vollends sicher vor jeder Veränderung im Arbeitsmarkt. Das ist keine Schwarzmalerei. Der Journalist Markus Dettmer schrieb gerade in einer Wirtschaftsanalyse im deutschen *Spiegel*: »Die Digitalisierung ist für viele bedrohlich, weil sie die Mitte der Arbeitsgesellschaft angreift.« So ist es.

Die Grünen werden dabei mit ihrem Sonnenscheinliberalismus kaum in der Lage sein, mit einer Wirklichkeit klarzukommen, in der Wohlfühlklima nicht mehr das Klima ist, sondern Angst und Sorge vorherrschen und materialistische Kernthemen zu verhandeln sind. Denn im Ernst: Wer kann sich Robert Habeck vorstellen, wie er Massenarbeitslosigkeit managt oder erfolgreich mit China und Donald Trump umgeht und zu einer Selbstbehauptung Europas beiträgt? So jemanden wie Robert Habeck verspeist Donald Trump zum Frühstück. Das klingt polemisch. Aber da ist ein Stück Wahrheit dran. Österreich steht hier vor den gleichen Problemen wie Deutschland. Eigentlich steht ganz Europa jetzt vor einer neuen Zeit. Und es müsste hier eigentlich zu einer »europäischen Selbstbehauptung« kommen. Und dazu braucht es Spitzenpersonal, welches sich dessen bewusst ist.

Irgendwann bald also, wenn die Wirtschaftsdaten spürbar schlechter werden sollten, werden viele grüne Fans erkennen müssen, vor allem diejenigen unten den Journalisten, dass die Grünen eben nicht die Beatles, sondern nur die Bay-City-Rollers sind: Ein kurze, heiße Liebe, die keinen Bestand mehr hat, wenn es ernst wird.

Kritik am europäischen Flüchtlingsfonds – Es braucht kein Dorf

In der Diskussion über die Verteilung von Flüchtlingen in Europa geistert seit einiger Zeit ein vermeintlich salomonischer Vorschlag durch die öffentliche Debatte: Anstatt weiterhin politischen, moralischen und finanziellen Druck auf renitente EU-Mitgliedstaaten auszuüben, die sich der Aufnahme von Flüchtlingen verweigern, solle sich Europa über einen »europäischen Flüchtlingsfonds« direkt an die aufnahmebereiten Kommunen wenden.

Durch finanzielle Anreize zur Aufnahme direkt an die Kommunen könnte die nationale Blockadehaltung gerade osteuropäischer EU-Mitgliedsstaaten umgangen werden und, so hoffen Befürworter wie die Politikwissenschaftlerin und Sozialdemokratin Gesine Schwan, nicht nur endlich Schwung in die verfahrene Verteilungsdebatte kommen, sondern auch der europäische Zusammenhalt gestärkt werden.

Wenn es doch nur so einfach wäre. Tatsächlich aber führt dieser Vorschlag in die Irre. Denn er löst entgegen der verbreiteten Zuversicht kein einziges wirkliches strukturelles Problem der anhaltenden Flüchtlingskrise.

Problematisch erscheint der Vorschlag zunächst, weil er rechtlich aus gutem Grund unmöglich ist. Das gestehen auch die Fürsprecher des Ansatzes durchaus zu. Sie wissen: Am Ende des Tages geht es nicht ohne die Zustimmung der Nationalstaaten, die der Ansiedlung in den Kommunen grünes Licht erteilen müssten. Die Rede vom europäischen Flüchtlingsfonds ist Rhetorik-Zauberei, die am Ende verschleiert, dass die Umverteilung der Flüchtlinge nicht nur nationalstaatlich entscheidungsfähig bleibt, sondern eigentlich sogar besser nationalstaatlich organisiert werden sollte. Die früheren Vorschläge der Belohnung von Kommunen für die Flüchtlingsaufnahme waren konsequenterweise auch eher erstmal im nationalstaatlichen Rahmen gedacht.

Es geht bei dem Vorschlag deshalb eigentlich lediglich um die Eröffnung einer weiteren Ebene des politischen Drucks auf vermeintlich halsstarrige Solidaritätsverweigerer in nationalen Hauptstädten. Asyl und Einwanderung jedoch gehören nicht von ungefähr zu den Kernkompetenzen der nationalstaatlichen Ebene. Nicht zuletzt werden Entscheidungen über Einwanderung gerade dort regelmäßig zu wahlentscheidenden Fragen in Abstimmungen und Referenden. Die dabei erfolgende – und in vielen Fällen klare – Mandatierung europäischer Regierungen zur Einhegung und Begrenzung von Migration nun durch die kommunale Ebene offensiv zu unterlaufen, um Druck auf die nationale Ebene auszuüben, ist brandgefährlich.

Der Ansatz spielt zwei Ebenen mit geringer demokratischer Legitimation, die kommunale und die europäische, gegen die Ebene mit der stärksten demokratischen Legitimation aus: die nationalstaatliche. Dabei will der Ansatz die aktuellen kontroversen Debatten um Migration letztlich durch eine Umgehungsstrategie beenden. Dieser Versuch aber ist angesichts der unterschiedlich stark ausgeprägten Legitimitätsniveaus nicht nur unlauter, sondern auch latent undemokratisch und vor allem unklug.

Sind wir wirklich der Auffassung, dass nationale Entscheidungen dem Ermessen kommunaler Verwaltungsstrukturen überlassen bleiben sollten? Die Absurdität dieses Ansatzes wird deutlich, wenn sie in anderen Politikfeldern angewendet wird. Konterkarieren Kommunen künftig auch den Atom-Ausstieg?

Grundsätzlich erscheint bei dem Vorschlag nicht zuletzt der Fokus auf finanzielle Anreize fehlgeleitet. Es ist doch zumindest fraglich, ob die Umsiedlung von Flüchtlingen in Europa nun durch europäisch mandatierte Zahlungen an bedürftige Kommunen tatsächlich den Interessen der von der Umsiedlung betroffenen Menschen dient. Tatsache ist, dass sich durchaus europäische Kommunen finden, die an einem europäisch finanzierten demographischen Zuzug Interesse hätten.

Tatsache ist aber auch, dass eben diese Kommunen für Migranten aus ökonomischen und kulturellen Gründen meist weitestgehend uninteressant sind. Wie gut kann Integration in den von Abwanderung geprägten Landstrichen gelingen, die verzweifelt genug sind, sich beim europäischen Fonds zu bewerben? Und wie dürfte das auf die betroffenen Neubürger wirken, die sich vollständig darüber im Klaren wären, dass sie ihr Willkommen allein einem Finanztransfer zu verdanken haben?

Daran aber hängen auch ganz konkrete Fragen: So müsste der Aufenthalt in den marginalisierten Kommunen mit permanenten Aufenthaltsverpflichtungen verbunden werden, um ein unmittelbares Abwandern der Menschen zu unterbinden. Genau das aber ist das Gegenteil von gelungener Integrationsarbeit. Zudem: Auch bei der Frage der Aufenthaltsverpflichtungen müsste der Nationalstaat wieder Regeln setzen. Eine rein »europäische« Antwort wäre ein europäischer Flüchtlingsfonds also keineswegs.

Nicht zuletzt übersieht der neue Vorstoß zum europäischen Flüchtlingsfonds, dass die schon etwas ältere Idee nicht mehr zur neuen politischen Realität passt. Überall in Europa haben es Rechtspopulisten mit deutlichen Prozentpunkten ins Parlament geschafft oder stellen sogar gleich die Regierung. Ein »europäischer Flüchtlingsfonds« wäre ein gefundenes Fressen für die Matteo Salvinis Europas, die aus dem Kampf gegen diesen Vorschlag politisches Kapital schlagen könnten. Am Ende könnten nicht nur Kommunen gegeneinander ausgespielt werden. Auch kommunale Wahlkämpfe dürften dann zukünftig um die Frage gehen: »Wollen wir hier Migranten oder nicht?« Bei der Stimmungslage in Europa, und insbesondere in unserem Land, kann das keiner wirklich wollen.

Die Fürsprecher des Vorschlags, die Umverteilung von Flüchtlingen durch europäische Finanztransfers an die Kommunen zu forcieren, haben sicher die besten Intentionen. Doch politische Ideen haben ihre Zeit. Was vor zwei Jahren als eine kluge Lösung erschien, muss heute überdacht werden. Im Herbst 2019 jedenfalls wird deutlich, dass der Vorschlag in die Irre führt. Er löst vermeintlich ein Problem, schafft aber dabei eine ganze Reihe von neuen.

Europa zu stärken, ist zentral. Nationalismus darf keinen Fuß in die Tür bekommen. Aber wir sollten klug abwägen, wo politische Ziele erreicht werden können und auf welchen Ebenen wir Probleme beheben. Bringt man Kommunen, Länder, Bund und Europa in einen dauerhaften Prozess des Gerangels, ist ewiger Streit das Ergebnis. Und das gilt nicht nur bei uns in Deutschland. Angesichts der postmodernen Profilierungssucht, die einige unserer politischen Repräsentanten erfasst hat, kann dieses Gerangel am Ende nur Nachteile bringen.

So kann man zusammenfassen: Der europäische Flüchtlingsfonds verspricht zwar mehr Einheit. Aber er könnte letztlich zu mehr Spaltung führen. Er ist moralisch, strategisch und praktisch fragwürdig.

Debattenkultur – Wollen wir etwa enden wie die Chinesen?

In China entsteht gerade ein »Social-Credit-System«. Bitte was? Das klingt doch so nett und nach etwas Sozialem, denken Sie jetzt? Es ist mitnichten so. Das Social-Credit-System ist ein mit künstlicher Intelligenz geschaffenes und kontrolliertes Big-Brother-System, welches die Bürger nicht nur ein bisschen schubsen will, ihr Sozialverhalten zu verbessern, sondern welches auch ein Belohnungssystem dafür ist, nicht regierungskritisch zu sein.

China belohnt seine Bürger dafür, keine politische Meinung zu haben. Man schätzt dort Konsumentensouveränität. Aber Bürgersouveränität schätzt man nicht. Und angesichts des Desinteresses der Festlandchinesen gegenüber dem, was in Hongkong vor sich geht, kann man konstatieren: Chinas Führung hat die Bürger mehr oder weniger im Griff. Mündigkeit ist in China also etwas, was man noch nicht mal erstrebt.

Aber für den Westen und Deutschland im Besonderen könnte man durchaus ein ähnliches Urteil fällen. Nur hat das hierzulande weniger mit Angst vor Repression oder der Belohnung für Linientreue zu tun. Es hat eher mit Denkfaulheit und Debattenfaulheit zu tun.

Im Westen ist vielen Freiheit heute sehr wichtig. Man will die Demokratie gegen Populisten verteidigen. Aber jenseits von Allgemeinplätzen und Leerformeln, zu denen man sich im Grunde nur bekennen und die man herunterbeten muss, steht es nicht gut um die Mündigkeit.

Mündigkeit, das müsste heute ein Zeichen gegen den um sich greifenden Leerformel-Demokratismus sein. Denn »Demokratie ist keine Glaubensrichtung. Sie lebt von Praxis, und es stinkt und knirscht und schmerzt gelegentlich«, wie Mariam Lau in der »Zeit« schreibt. Wer Demokratie und Freiheit als hingeworfene Formeln in politischen Debatten benutzt, um das Bellen des Andersdenkenden zu unterbinden und ihn mit dem letzten Totschlagargument ruhigzustellen, der hat nicht begriffen, dass der Bellende bald noch lauter bellt, wenn man nicht bereit ist, ihm zuzuhören. Wer sich in Leerformel-Demokratismus ergibt, der hat das Denken aufgegeben.

Aber wie sind wir in diese Situation geraten? Es gibt mehrere Gründe, nennen wir hier die drei offensichtlichsten. Erstens: die postmoderne Hegemonie. Zweitens: das Alternativlosigkeits-Gerede der politischen Elite. Drittens: Verfehlungen des Journalismus.

Erstens. Das postmoderne Denken feiert zwar eine neue Vielfalt und einen offenen Relativismus als philosophische Letzterkenntnis, aber zugleich hat es sich doch dahin bewegt, dass bei vielen derer, die das postmoderne Denken vertreten und den Zeitgeist prägten, ein bestimmender Unterton nicht mehr zu überhören ist, der da heißt: nur die Vielfalt, die wir meinen.

Aus einer Befreiungsbewegung, die Totalität und Gesamtlösungen verabschieden wollte, ist so ein pädagogisches Projekt geworden. Einst trat die postmoderne Bewegung an, um für Toleranz zu werben und dafür, Differenzen, die es schon immer gab, doch einfach zu ertragen. Sie verabschiedete sich von der Idee der »einen Wahrheit«. Das war in ihren Augen ein Projekt der Emanzipation.

Man kann dieses Projekt jetzt für falsch oder richtig halten. Ich halte das Projekt an sich für falsch. Aber viel wichtiger ist festzustellen: Von den Ursprüngen der Postmoderne ist wenig geblieben. Vielmehr ist aus dem postmodernen Denken ein Moralismus erwachsen.

Die Freiheit der Andersdenkenden, um an Rosa Luxemburg zu erinnern, für die die Postmodernen einst antraten, diese Freiheit hat die postmoderne Bewegung selbst wieder aufgefressen. Darum ist die postmoderne Hegemonie wohl eine der prägendsten Gründe für den heute um sich greifenden Leerformel-Demokratismus.

Die Demokratie-Unlust der politischen Elite ist der zweite Grund. Damit ist zum Beispiel das gemeint, was der Historiker Andreas Rödder, CDU-Mitglied, in seinem Buch »Konservativ 21.0« das »System Kauder« nennt, »dessen exekutive Geschlossenheit fließend in politische Sprachlosigkeit überging. So ist ein Berliner Bermudadreieck entstanden, in dem die öffentliche politische Debatte versinkt und das Herz der Demokratie erlahmt.«

Die Kurzformel des Systems Kauder hieß zugespitzt: Angela Merkel hat recht, also fügt euch bitte brav. Auch so fördert man Leerformel-Demokratismus.

Das Problem ist, dass auch der deutsche Journalismus sich dem »System Kauder« in gewisser Weise fügte und die letzten Wendungen aus dem Kanzleramt zu oft als Ultima Ratio der Vernunft hinnahm.

So verwundert es nicht, dass etwa im Lauf der Flüchtlingsdebatte, der Euro-Krise und der Finanzkrise der Eindruck eines Journalismus entstand, der schnurrend wie ein Kätzchen, maximal ein bisschen fauchend, die Botschaften aus dem Kanzleramt als alternativlos übernahm und ansonsten sich lieber den schönen Dingen des Lebens zuwendete: Angela Merkel hat die Sache ja im Griff, holen wir halt die schönsten Ecken von Sylt und Rügen auf das Cover. Aber die Krise des politischen Journalismus ist damit noch längst nicht zu Ende besprochen.

Denn, drittens, ist der Journalismus heute zuweilen sehr gereizt geworden. Journalisten neigen inzwischen selbst dazu, politischer zu werden. So wehrt sich der Journalist etwa gegen seine Hater, indem er sich auf Haltungsjournalismus versteift – egal, ob dieser Haltungsjournalismus jetzt linker, rechter oder öko-liberaler Provenienz ist.

Deshalb werden Journalisten zu Recht als »Regisseure der öffentlichen Debatte« wahrgenommen, wie Jochen Bittner in seinem Buch »Zur Sache, Deutschland!« schreibt. Aber da liegt in den Augen vieler auch das Problem: Journalisten werden als »Diskursverhinderer« wahrgenommen, weil sie sich zu sehr mit einer Sache oder Meinung verbinden. Der Journalismus hat jedenfalls Hausaufgaben zu erledigen, wenn es darum geht, die Gesellschaft und ihre Bürger mündiger zu machen.

Journalismus, Politik, wir Bürger – wir müssen jetzt alle aus der neuen Denkfaulheit und Debattenfaulheit raus, die bei uns um sich gegriffen hat. Oder wollen wir wie die Chinesen sein? Können wir es nicht besser? Nutzen wir unsere Bürgersouveränität! Wir haben ja schließlich die Freiheit dazu.

Der SPD-Wutbürger[3]

Ein Anruf. Der Journalist Holger Fuß ist dran: »Herr Heisterhagen. Wir müssen reden. Ich schreibe ein Buch über die SPD.« Wir verabreden uns in einem Restaurant für ein längeres Gespräch. Er hat meine Bücher dabei. Er legt sie vor sich auf den Tisch. Selbst meine Doktorarbeit hat er gelesen. Überall kleben Zettel dran. Und dann legt er selbst erstmal los. Der Eindruck ist: Erstmal will er erzählen, was bei der SPD nicht läuft. Offensichtlich hat sich da was aufgestaut. Ich glaube mich zu erinnern, dass es wohl fünf Minuten gedauert hat, bis ich zum ersten Mal etwas gesagt habe. Die Wut will wohl raus.

So ist nun auch sein Buch geworden. Eine große Erzählung über den Niedergang einer großen Partei. Holger Fuß hat alles rausgelassen in diesem Buch. Sein Buch heißt: »Vielleicht will die SPD gar nicht, dass es sie gibt«. Der Titel des Buches hätte auch heißen können: »Die SPD ist für mich nicht mehr wählbar«. Und trotzdem bleibt die Botschaft: Stellt euch halt wieder besser an. Dann wähle ich euch auch wieder.

Holger Fuß, so lässt er durchblicken, ist einer dieser enttäuschten SPD-Wähler, deren Herz an dieser alten Tante SPD hängt, die es aber auch momentan nicht wirklich schaffen, die Partei stolz zu wählen. Oder überhaupt zu wählen. Fuß stört diese penetrante Orientierungslosigkeit der Partei, gepaart mit ihrer ruinösen Selbstverachtung und Ängstlichkeit sich für irgendeinen Weg selbstbewusst zu entscheiden. Natürlich weiß Fuß, dass irgendein Weg auch nicht der richtige Weg ist. Er sucht in seinem Buch nach dem richtigen Weg. Fuß will SPD-Helfer sein.

Seine Suche beginnt mit der These, dass die Orientierungslosigkeit der SPD ein Spiegelbild der Orientierungslosigkeit unserer Gesellschaft ist. Die SPD ist für ihn die Partei, in der so gut wie alles, was unsere Gesellschaft spaltet und Konflikte bereitet, bereits sichtbar wird. Die SPD, so die Botschaft der Zwischenzeile, ist doch die Partei, die alles wieder integrieren könnte.

Aber sie schaffe das eben nicht, weil ihr Funktionärskörper von der normalen Bevölkerung entrückt sei und in der offensichtlichen Unfähigkeit gefangen, den Riss im Land zu artikulieren und Wege in eine bessere Zukunft zu beschreiben und dann dafür zu kämpfen.

Man mag Holger Fußs Buch zuweilen eine kleinbürgerliche Verbitterung anmerken, aber er legt die Finger doch in die Wunde: Die SPD versteht nicht mehr, wer sie mal alles gewählt hat und warum. Er hat erkannt: Potenzielle SPD-Wähler wollen eher so etwas wie »Sicherheit im Wandel« – das war das SPD-Wahlkampfmotto im Jahr 1998. SPD-Wähler sind keine Angsthasen, aber selten sehr risikofreudig. Der SPD-Wähler ist der Typ von nebenan. Die normalen Leute. Es sind die, die wie Fuß sagt, eine »unspektakuläre Lebensführung« haben und die sich von der SPD nicht mehr verstanden fühlen, weil ein »liberales Kulturbürgertum«, in seinem Drang nach Besonderheit und spektakulärer Lebensführung, diese normalen Leute, den Otto Normalverbraucher sozusagen, nicht mehr versteht und ja auch irgendwie verachtet. Die SPD selbst stecke zu sehr in einer »linksliberalen Komfortzone«. Da müsse sie eben raus.

Nun schießt Fuß aber doch zuweilen in seiner Wutschrift über das Ziel hinaus. Das liberale Kulturbürgertum hat schließlich auch Probleme und nicht nur »pseudoaufklärerische Luxusprobleme«. Seine Polemik ist manchmal hart am Rand dessen, was man ertragen möchte.

Mehrfach nutzt er das Wort »Altparteien« unkommentiert, um nicht zu sagen unreflektiert. An anderer Stelle spricht er mal von »sächsischen Wut-Karnevalisten von der Pegida« – was für eine Verharmlosung dieses mittlerweile rechtsextremen Biotops. Hinzu kommen unpassende Vergleiche: Die »Antideutschen«, jene also, die mit Nationalhymne und Nationalstaat nicht mehr viel anfangen können, vergleicht er mal mit den »Reichsbürgern«. Oder er holzt gleich mal gegen »Gesinnungshooligans«.

Mit den Sozialdemokraten geht er auch so deftig um, wenn er mal zwischendurch sagt, dass die Sozialdemokraten zu »Taliban der Fortschrittsidee« wurden. Holger Fuß ist in seiner Sprache sehr derb. Er ist wie ein Preisboxer auf dem Trip mal ordentlich hinzulangen. Er ist wie der junge Mike Tyson, der wild um sich haut, und wie im Rausch zuschlägt. Man muss zuweilen echt dabei durchatmen, was Holger Fuß da sagt. Als SPD-Mitglied ohnehin. Der SPD-Wutbürger Holger Fuß geht hart mit der SPD ins Gericht. Holger Fuß ist politisch hoch inkorrekt. Das tut zuweilen schon weh beim Lesen.

Aber da sind auch immer wieder diese pointierten Treffer, die Fuß landet. Etwa wenn er von einem »Liberalisierungsgewitter« spricht, was auf uns alle niedergeht, und dem wir uns zu widerstandslos auslieferten. Er analysiert treffend die »Gesellschaft der Ichlinge«, die dem postmodernen Ruf des »anything goes« zu blind nachliefen und sich die Gesellschaft so in »Mikro-Interessen« parzelliere, anstatt gemeinwohlorientiert an den Problemen der Wirklichkeit orientiert zu bleiben. Grandios ist der Satz: »Unsere Gesellschaft zerfällt in immer schmalere Befindlichkeitsparzellen, in denen die individuellen Besorgnisse über das Gemeinwohl triumphieren.« Das ist der Knockout gegen die Postmoderne, den der Preisboxer Holger Fuß hier landet.

Das Interessante an Fuß ist: Holger Fuß gibt ein Paradebeispiel für die Dialektik des unzufriedenen Kleinbürgers ab. Denn einerseits holzt er sich sprachlich derb durch seine Schrift und beklagt doch andererseits in einem ganzen Abschnitt die »Rüpelrepublik Deutschland«. Hier beschwert sich also ein Rüpel über die Rüpelrepublik. Das kleinbürgerliche Tacheles trifft den kleinbürgerlichen Anstand und die Ordnungsliebe.

Fuß ist nicht nur sauer, er macht sich auch Sorgen. Er möchte zu mehr materieller Politik zurück. Es gelte die »moralische Kosmetik« zu überwinden. Netterweise geht er auf den Autor dieser Rezension immer wieder dergestalt positiv zitierend ein, dass es den »Sonnenscheinliberalismus« zu überwinden gelte. Denn der heutige Liberalismus sei doch wie ein »Sofakissen, ein sich aufgeklärt gebendes Verlangen nach Ruhe, ein Ausstieg aus den Konflikten der politischen Wirklichkeit«. Fuß hält diese Haltung für naiv und falsch. Er will die Konflikte nicht ignorieren, sondern angehen. Für ihn ist diese Gesellschaft, ja der ganze Zeitgeist von viel zu viel Zufriedenheit geprägt. Aber, wenn man sich mal umsehe, sei diese Zufriedenheit doch wirklich die falsche Haltung. Gegen die (links-) liberalen Couch-Sitzer schreibt er an. Durch ihre Unlust sich noch mit den Problemen aufgewühlt zu befassen und auch mal dreckig zu machen, entstünden weit mehr Risse als diese glaubten.

Untätigkeit führe zu mehr Spaltung. Fuß nennt hier vor allem die Bereiche Sozialpolitik, Migrations- und Integrationspolitik, und innere Sicherheit. Er kann nicht begreifen, wie tatenlos die politische Elite in diesen Bereichen in den letzten Jahren doch gewesen ist. Zugegeben über den berüchtigten Herbst 2015 schreibt Fuß einiges Grobes und Plakatives. Man mag ihm da kaum folgen wollen. Und doch landet er auch wieder Analysetreffer. So wie die Feststellung, dass einem Otto Schily das »Gestümpere« rund um den Flüchtlingsherbst 2015 so nicht passiert wäre. Da muss man ihm zustimmen. Einem Otto Schily wäre der Herbst 2015 nicht entglitten. Er hätte mit Schily seine moralische Strahlkraft behalten und nicht einen Riss im Land befördert.

Schily hätte mit ruhiger Law-and-Order-Hand das Nötige zur Entspannung und Kontrolle getan, ohne sich dabei den Vorwurf des »Rechts-Seins« einzuhandeln. Ein kurzer Hinweis auf seine Verteidigung der RAF hätte genügt, um klar zu machen, dass hier ein Linker für Recht und Ordnung sorgt. Kein Etikett des Rechtspopulisten wäre Schily je angeklebt worden. Wahrscheinlich liegt die Tragik der deutschen Innenpolitik der letzten Jahre auch darin, dass die SPD nicht das Innenministerium besetzte, und ein linker Mann fehlte, der ohne Ängste zu erzeugen, auch mal moderat rechte Innenpolitik betreiben konnte. Das »Wir schaffen das« wäre mit Leuten wie Otto Schily und vielleicht einem Gewerkschaftler im Arbeitsministerium auch mal konkreter zum »Wie« gekommen.

Die Sehnsucht auch nach so einem Mann wie Schily durchzieht Holger Fußs Buch über die SPD. Überhaupt scheint Holger Fuß eine Sehnsucht nach Machern zu haben. Er liebt nicht die Männer, die wie Robert Habeck auf sanftmütig tun. Er liebt die Anpacker und Macher. Holger Fuß ist in das Gelingen verliebt. Und er ist wütend über eine Welt, die in vielem wie festgemauert und unbeweglich erscheint. Er ist frustriert über Politiker, die er nur für mittelmäßige Bürokraten hält. Ist es der kleinbürgerliche Traum, den Macher an der Spitze zu haben? Der kleine Napoleon für schwere Zeiten? Wünscht er sich den Basta-Kanzler Gerhard Schröder und den mutigen Kampfkandidaten Oskar Lafontaine zurück? Es scheint so. Der Preisboxer Holger Fuß wünscht sich den Kämpfer.

Er wünscht sich einen aus der Mitte, einen wie du und ich. Er fremdelt mit der SPD-Bürokratie und der »intellektuell-aktivistischen Kaste«, denn von denen und mit denen hätte es eine »Entfremdung« zum »werktätigen Volk« gegeben. Nun allerspätestens fragt der Leser: Ist jetzt der Weg zum Populismus überschritten? Wie lange dauert es noch, bis Holger Fuß die SPD aufgibt und die AfD oder eine rechtere Linkspartei als letzte Rettung beschreibt?

Das tut er nicht. Er bezeichnet die AfD sogar als »Gurkentruppe«. Sein Buch ist wie der Versuch die SPD unter die kalte Dusche zu stellen und ihr zu vermitteln: Ich bin einer dieser Unzufriedenen. Ändert euch halt und ich liebe euch wieder. Erschöpft euch nicht in symbolischen Kämpfen, verzettelt euch nicht in Meta-Debatten und Wertediskussionen, sondern packt als Reformlinke wieder an. Das ist seine Botschaft. Und nur so sieht er eine Chance zur Rückkehr der SPD.

Die eigenen Reformvorschläge, die Fuß bespricht, Bürgerversicherung, bedingungsloses Grundeinkommen und Gemeinwohlökonomie sind zwar nicht gerade die Gewinnerthemen, die der SPD helfen, sich wieder die Glaubwürdigkeit als Reformpartei zu verschaffen. Aber geschenkt. Holger Fuß will halt die SPD wieder kämpfen sehen. Und da kann man ihm vollends zustimmen.

Eine Verteidigung der deutschen Autoindustrie[4]

Auf der IAA startete Greenpeace die große Symbolpolitik. Im Beisein der Kanzlerin stiegen Aktivisten auf Autodächer und nannten Autos einfach mal »Klimakiller«.

Vor einem Millionenpublikum bei der Talkshow von »Anne Will« am Sonntag ging der radikale Autokampf dann weiter. Eine Greenpeace-Aktivistin forderte Verbrennerverbote und zeigte ihre ganze Unlust, auch nur ein Argument ernst zu nehmen, welches nicht zumindest etwas ihrer Radikalität entsprach.

Dort saß auch die Journalistin Elisabeth Raether von der linksbürgerlichen »Zeit«, die in einem jüngst veröffentlichten Essay SUVs als »Treibminen im Menschenmeer« bezeichnet hat. In ihrem Essay, den sie zur aktuellen SUV-Debatte veröffentlichte, schrieb sie sogar den wahnsinnigen Satz: »Ein unkalkulierbares Risiko für andere darzustellen – das gehört offenbar auch zu den Privilegien des Autos.« Bei aller Tragik schlimmer Autounfälle wie zuletzt dem mit einem Porsche in Berlin, der Anlass für Elisabeth Raether war, ihren bestürzten Essay zu schreiben: Solche Sätze sind Ausdruck einer neuen Form von Religion, deren Antichrist das Auto ist.

Der stellvertretende SPD-Vorsitzende Ralf Stegner bezeichnete SUVs gar als »Straßenpanzer« und verglich die Vorliebe der Deutschen für sie mit dem »US-Faible für Waffen«. Wie kann man als Sozialdemokrat nur so reden? Selbst die nötige Profilierung im momentanen SPD-Casting ist da keine Entschuldigung. Aber es ist nicht nur das Entgleiten der Sprache, nicht nur eine Anti-Auto-Rhetorik, die der deutschen Industrienation Sorge bereiten sollte.

Die grüne Berliner Verkehrssenatorin Regine Günther will sogar Autos mit Verbrennungsmotor aus Berlin verbannen, ohne dafür auch nur eine Idee von einem Plan zu liefern. Davon abgesehen, dass das politischer Unfug ist, darf man nun ohne Gewissensbisse fragen: Ist der Weg zu einem »grünen Populismus« längst überschritten?

Jeder, der über einen wachen Verstand verfügt, könnte Frau Günther erwidern: Auch bei einer Million Elektro-Ladesäulen in Deutschland werden noch Verbrenner gebraucht. Zweitens: Warum sind E-Autos das Richtige? Vielleicht macht die Brennstoffzelle das Rennen um die dominierende alternative Antriebstechnologie.

Drittens: Warum soll ein Verbrenner mit synthetischen Kraftstoffen oder mit nur einem Liter Verbrauch nicht ökologisch gut sein? Von »Technologieneutralität« hat man bei den Grünen offensichtlich noch nichts gehört.

Bei der Frage nach Mobilität und Autos stellt scheinbar niemand mehr Fragen. Jeder meint zu glauben, was richtig ist. Das ist äußerst fatal, weil die Autoindustrie die wichtigste deutsche Branche ist und man das Land zusperren kann, wenn diese Branche über den Jordan geht.

Folgende Zahlen untermauern ihre Bedeutung: 426 Milliarden Euro Umsatz, 820.000 Beschäftigte in fast 1.000 Unternehmen, die im Durchschnitt über 42 Euro die Stunde verdienen. Es sind gute Arbeitsplätze in Betrieben mit einem hohen gewerkschaftlichen Organisationsgrad und starken Betriebsräten.

Die vier Unternehmen, die in Deutschland die höchsten Summen in Forschung und Entwicklung investieren, heißen Volkswagen, Daimler, Bosch und BMW. Allein VW investiert mit über 13 Milliarden Euro im Jahr mehr in Forschung als alle großen deutschen Chemie- und Pharmaunternehmen zusammen.

Natürlich kann man gegen das Auto demonstrieren, man kann es aus der Innenstadt verdrängen wollen und Autofahrer beschimpfen. Das Lob vieler – linksliberaler – Medien und immer größerer Teile der Politik ist einem dabei mittlerweile gewiss. Aber der immer radikalere ökobürgerliche Zeitgeist wird Risiken und Nebenwirkungen haben, ohne maßgeblich dazu beizutragen, das Problem des Klimawandels zu lösen.

Auf die deutsche Automobilindustrie kommt gerade ein perfekter Sturm zu. Wenn Mobilität zu einer Dienstleistung wird und *autonome Fahrzeuge* an Bedeutung gewinnen, wird die Branche nicht nur ihr Geschäftsmodell ändern müssen. Es ist sogar wahrscheinlich, dass nicht alle Hersteller diesen Wechsel überstehen werden.

Als vor gut zehn Jahren die Smartphones die klassischen Handys ablösten und die Hersteller der Handy-Betriebssysteme, wie iOS und Android, begannen, immer mehr Geld über Dienstleistungen zu verdienen, änderte das die ganze Branche: Der damalige Weltmarktführer Nokia überstand diesen Wechsel nicht.

Dazu kommen in der Autoindustrie nun auch noch die drohenden Arbeitsplatzverluste, sollte es zu einer kompletten Umstellung von Verbrennungs- auf Elektromotoren kommen. Baden-Württembergs Wirtschaftsministerin Nicole Hoffmeister-Kraut (CDU) fürchtet einen Rückgang der Arbeitsplätze um 50 Prozent. Die Gefahr, dass Ingolstadt das kommende Gelsenkirchen und Wolfsburg das Duisburg Niedersachsens wird, ist nicht vollkommen unrealistisch.

Die umsatzstärkste Industriebranche Deutschlands zusätzlich noch mit einem fast religiösen Furor unter Druck zu setzen, kommt einem wirtschaftlichen Selbstmord nahe. Denn bricht die Automobilindustrie zusammen, geht diesem Land technisches Wissen in großer Breite verloren: Motorenbau, Speichertechnik, mobile Dienstleistungen, Navigationstechnologien, Fertigungstechnik, die internationale Vernetzung der Branche – das alles droht wegzufallen. Wissen und Kontakte, die für die Zukunft Deutschlands als Industriestandort unerlässlich sind.

Einen Zusammenbruch der Automobilindustrie werden zudem zahllose weitere Beschäftigte zu spüren bekommen, auch im öffentlichen Dienst und im Sozialbereich, denn das Geld, das dort ausgegeben wird, muss erst einmal erwirtschaftet werden. Und erwirtschaftet wird es maßgeblich in der Automobilindustrie, dem Maschinenbau, der Elektrotechnik und der Chemie.

Vernünftiger als die ökologische Maschinenstürmerei wäre die Schaffung eines politischen und wirtschaftlichen Umfelds, das es der Automobilindustrie ermöglicht, technisch neue Wege zu gehen. Das betrifft die Forschung, die Generalüberholung der Berufsschulen, es impliziert eine aktive Industriepolitik des Bundes und erfordert eine neue Kultur im Land, welche moderner Technik aufgeschlossener gegenübersteht.

Wer nicht aufpasst, reißt durch Besserwisserei und falsche Öko-Radikalität die Fundamente unseres Wohlstandes ein, die es uns in Deutschland noch erlauben, besser zu leben als in vielen anderen Ländern. Ein bisschen mehr Nüchternheit und Vernunft würden der Debatte über das Auto und seine Zukunft guttun. Der Antichrist ist das Auto jedenfalls nicht.

Forschungspolitik ist auch Industriepolitik

Wirtschaftsminister Peter Altmaier brachte im Frühjahr die Ökonomen des Landes in Wallung. Der Grund: Er stellte eine nationale Industriestrategie vor.

Vor allem ordoliberale Ökonomen formulierten Kritik. Auch Wirtschaftsverbände des Mittelstands kritisierten den Plan Altmaiers. Der Präsident der Familienunternehmer, Reinhold von Eben-Worlée, formulierte etwa einen Vergleich zwischen Peter Altmaier und dem DDR-Politbüro.

Diese harte Kritik ist nur vor dem Hintergrund der Wirtschaftsphilosophie zu verstehen, die die deutsche Wirtschaftspolitik zuletzt bestimmte: nämlich ein streng ausgelegter Ordoliberalismus, der zwar nicht so radikal ist wie der amerikanische Laissez-faire-Neoliberalismus, aber doch an das von dem Ökonomen und Philosophen Friedrich August von Hayek verbreitete Mantra vom »Wettbewerb als Entdeckungsverfahren« glaubt.

Vor diesem Hintergrund ist es nicht erstaunlich, dass Peter Altmaiers Vorstoß für mehr Staat in der Wirtschaftspolitik Teile der Wirtschaft irritierte. Doch der Vorstoß ist richtig gewesen. Das wird sogar vom BDI so geteilt. Der BDI rückte in seinem Strategiepapier »China – Partner und systemischer Wettbewerber« von seinem bisherigen ordnungspolitischen Kurs ab.

Die deutsche Großindustrie, von Siemens bis VW, kann der neuen Industriepolitik nämlich sehr wohl tendenziell etwas abgewinnen. Es ist eher der industrielle Mittelstand, der sich bei Peter Altmaiers Industriestrategie vernachlässigt fühlte. Dabei würde der industrielle Mittelstand wie kein anderer von einer aktiven Industriepolitik profitieren. Es geht dabei nämlich um eine Selbstbehauptungsstrategie für die gesamte deutsche Wirtschaft.

Dass der Wille zum Aufbau von »nationalen Champions« – Peter Altmaier hat hierfür das Beispiel eines »KI-Airbus« formuliert – ordoliberale Ökonomen und Familienunternehmer wie Reinhold von Eben-Worlée gleichermaßen verärgert, mag aus Perspektive dieser Akteure verständlich sein. Aber genau diese Debatten um »nationale Champions« – und europäische Champions – wird sich Deutschland nicht verschließen können.

Denn nicht nur Südkorea und Japan haben in der jüngeren Vergangenheit bewiesen, wie erfolgreich Industriepolitik sein kann, sondern der neue große Riese der Weltwirtschaft, China, wurde durch seine aktive Industriepolitik dieser Riese. Die chinesische Regierung erstellt schon seit langer Zeit »Makropläne« für ihre Industriepolitik und feierte mit rigoroser Verfolgung ihrer Ziele große

Erfolge. Mit ihrer »Made in China 2025«-Strategie hat sie nun zu dem das Ziel ausgegeben, in bestimmten Branchen Weltspitze zu werden.

Diese Herausforderung und Kampfansage spüren Konzernbosse größerer Industrieunternehmen und sind dementsprechend dafür aufgeschlossener, dass das Wirtschaftsministerium und Finanzministerium sich nicht mehr einfach heraushalten, sondern selbst steuernd eingreifen. Mit Siemens-Chef Joe Kaeser etwa erhielt Peter Altmaier für eine deutsche Industriestrategie schnell einen sehr prominenten Befürworter.

»Nicht ob, sondern wie« sollte daher die Leitphilosophie in der Debatte um die Sinnhaftigkeit von Industriepolitik sein. Langsam wächst nämlich eine neue Gewissheit heran: Ein neues SAP entsteht nicht allein durch Wettbewerb. Diesem Bewusstsein wird auch die neue staatliche deutsche Innovationsagentur »SprinD« folgen, die nach Vorbild der US-amerikanischen DARPA gerade in der Gründung begriffen ist. Der Staat kann auch ein Unternehmer sein. Die Ökonomin Mariana Mazzucato spricht hier vom »Kapital des Staates«. Es liegt darin, Innovationen in den Frühphasen ihrer Entwicklung mit staatlichen Mitteln zu unterstützen.

Nicht ob, sondern wie. Aber »wie« darf nun gefragt werden. Die Frage nach der Förderung von »nationalen Champions« wird die deutsche Ökonomenzunft und Wirtschaft noch weiter entzweien. Aber bei einem Aspekt von »Industriepolitik« sollten selbst ordoliberale Ökonomen und Familienunternehmer zustimmen: Es ist die aktive Forschungspolitik, die als Technologiepolitik bereits eine Form von Industriepolitik darstellt. Vor allem in dem Ausbau der Forschungspolitik kann die Idee vom »Kapital des Staates« ihre Wirkung entfalten. Und dieses »Kapital des Staates« könnte zu einem neuen Konsens in der Wirtschaft und Wirtschaftswissenschaft werden – über Lager hinweg.

Aber wie muss diese Forschungspolitik aussehen?

Ein Mittel könnte die massive Förderung von Grundlagenforschung sein. Die Fragen nach »welcher Technik«, die zu fördern ist, können zwar aus »technologieneutraler« Sicht zu Recht gestellt werden. Niemand weiß heute, ob die Elektrobatterie oder doch die Brennstoffzelle bei alternativen Antrieben die dominierende Technologie sein wird. Deswegen ist es richtig, möglichst breit Forschungsinstitute zu unterstützen oder gleich neu zu gründen. Die Themenfelder sind aber bereits heute sehr klar zu umreißen, die für die deutsche Wirtschaft eine große Bedeutung in Zukunft haben werden. Es sind Batteriezellen, Power-to-X, die Brennstoffzelle, synthetische Kraftstoffe, das 1-Liter-Auto beim Verbrennungsmotor, neue Energietechnik und der Quantencomputer.

Der Quantencomputer deutet zudem auf ein insgesamt großes Themenfeld hin: Die Künstliche Intelligenz. Und genau bei der deutschen KI-Strategie wird die ganze deutsche Angst und regierungspolitische Trägheit dieser Tage offensichtlich. Die Forschungsministerin Anja Karliczek hat zwar gerade mehr Geld für KI-Forschung versprochen. Aber insgesamt stehen für die KI-Strategie der Bundesregierung bis 2025 nur drei Milliarden Euro bereit. Eine einzelne chinesische Stadt wie Shanghai will hingegen bis zum Jahr 2021 13 Milliarden Euro bereitstellen. Dem Deutschen Forschungszentrum für Künstliche Intelligenz (DFKI) und den sechs deutschen KI-Kompetenzzentren sollten eher 15 Milliarden als 3 Milliarden bis 2025 zukommen. Es geht hier um die Zukunft der deutschen Industrienation.

Es ist Zeit für eine Milliardenoffensive für Technik-Forschung. Und zwar für Grundlagenforschung an den Universitäten, aber insbesondere bei den Fraunhofer-Instituten, den Leibniz-Instituten, der Helmholtz-Gemeinschaft und den Max-Planck-Instituten. Das darf pro Jahr mehrere Milliarden Euro zusätzlich kosten. Vor allem die stärkere finanzielle Unterstützung der außeruniversitären Forschungseinrichtungen sollte forciert werden. Für diese werden wir weltweit hoch angesehen.

Aber war Subventionierung in der Vergangenheit nicht ein Milliardengrab?

Ja, war sie auch – wie bei der Kohle. Aber in diesem Fall wäre Zurückhaltung aus Angst vor Verlust falsch. Denn grob gesagt: Wer den Instituten und Universitäten einfach Milliarden-Spritzen gibt, der muss nicht wie bei der Subventionierung der Stein- und Braunkohleindustrie zweifeln, ob das nicht ein Milliardengrab ist. Dazu gibt es gar keinen Anlass. Universitäten und außeruniversitäre Forschungseinrichtungen werden mit dem Geld Sinnvolles anfangen. Das Vertrauen wird sich rechtfertigen.

Ein weiteres Argument für die Unterstützung von Technologieforschern ist zudem: Kaum einer der Postdoktoranden oder Doktoranden bleibt in der Wissenschaft. Sie gehen in die Industrie oder gründen Unternehmen. Also zahlt sich diese Förderung am Ende auch betriebswirtschaftlich aus. Denn Technologie-Fachkräfte sind das Kapital von morgen. Und eine der am meisten gesuchten Ressourcen der Gegenwart.

Jetzt ist Mut gefordert. Eine neue Forschungspolitik kann das Comeback der Industriepolitik einläuten. Sie sollte der erste Schritt in einer neuen deutschen Industriestrategie sein. Anders gesagt: Peter Altmaier sollte mal mit seiner Kabinetts-Kollegin Anja Karliczek reden. In ihrem Ministerium muss etwas passieren. Es braucht einen Forschungsaufbruch.

Ach ja: Und die SPD darf dieses Thema auch gern mal wieder ernstnehmen. Sie ist doch eigentlich die Bildungs- und Forschungspartei.

Werde, was du bist

Der Philosoph Friedrich Nietzsche hat einmal gesagt: »Werde, der du bist«. Eigentlich hat er dabei das Individuum gemeint. Das Individuum solle die Möglichkeit der eigenen Selbstmächtigkeit doch bitte verstehen und in Angriff nehmen.

Armin Nassehi fordert in seinem neuen Buch »Muster. Theorie der digitalen Gesellschaft« etwas anderes. In Analogie zu Nietzsche nennen wir es: »Werde, was du bist«. Gemeint ist nicht das Individuum, sondern die Gesellschaft. Die moderne Gesellschaft sei nämlich schon digital und müsse das nun verstehen. Vielmehr: Durch die Digitalisierung könne die Gesellschaft endlich selbst verstehen, dass es sie wirklich gibt. Also: Werde, was du bist und zwar digital.

Armin Nassehis Hauptthese geht so: Die Digitalisierung ist nichts Neues. Die Moderne sei schon digital. Genauer gesagt: Die Gesellschaft der Moderne sei in ihrer Grundstruktur schon digital gewesen, bevor es überhaupt so etwas wie Digitaltechnik gab. Die Digitaltechnik sei also eine »logische Konsequenz« der digitalen Moderne.

Armin Nassehi arbeitet heraus, dass bereits im 19. Jahrhundert durch Sozialstatistiken versucht wurde, Regelmäßigkeiten und »Muster« zu entdecken. Die Datenanalyse gehöre daher schon seit Entstehen der Moderne zur modernen Gesellschaft, und die digitale Technik, insbesondere Big-Data-Technologie, würde diese Datenanalyse nun nur perfektionieren. Die Mustererkennung, das sei die eigentliche Funktion der Big-Data-Technologie. Aber das sei eben nichts Neues. In analoger Form habe es diese Versuche der Mustererkennung schon zu Beginn der Moderne gegeben. Die Mustererkennung sei überhaupt ein Wesensmerkmal der Moderne. Das einzige wirklich Neue der Digitaltechnik sei zum Beispiel, dass Big-Data-Unternehmen diese Mustererkennung nun kommerzialisierten und sie zur Grundlage ihres Geschäfts machten.

Google, Facebook und Co. sind daher quasi betriebswirtschaftliche Akteure der Mustererkennung, während die – staatlichen – Sozialstatistiker eben volkswirtschaftliche Akteure dieser Mustererkennung sind. Nassehi sagt das nicht, aber der Vergleich drängt sich auf: Der Statistiker beim Statistischen Bundesamt praktiziert also in gleicher Weise die Suche nach Mustern wie der »Data-Analyst« bei Google. Nur mit dem Unterschied, dass Google und Co. einfach mehr Daten zur Verfügung haben als die Bundesamtstatistiker und sie zudem damit Gewinne erzeugen.

Ihren »Wert«, so darf man nun folgern, bekommen die Daten aber nicht durch sich selbst, sondern erst dadurch, dass jemand eine Regelmäßigkeit oder eben ein Muster in ihnen erkennt, das er für sich nutzen kann oder womit er ein Problem lösen kann – und tut er das als Unternehmer, kann er damit auch Geld verdienen. Daten an sich nützen nichts. Sie sind als Material, als Rohstoff wichtig. Aber man muss den Rohstoff eben auch bearbeiten und einen Zweck damit verfolgen.

So deutlich sagt Armin Nassehi es nicht. Aber ich würde es sagen: Ein Schrottplatz an Daten, wo Daten einfach willkürlich angesammelt werden, würde keinen Nutzen erzeugen und keine Funktionen ausüben. Es braucht den »Data Analyst«, der die Daten sichtet, Ordnung und Regelmäßigkeiten in ihnen sucht, damit ein »Mehrwert« daraus entstehen kann.

Und es ist der individuelle Akt des »Data Analyst«, den der Systemtheoretiker Armin Nassehi in seiner »Theorie der digitalen Gesellschaft« eher unterbeleuchtet lässt. Er hat sozusagen keine Theorie des digitalen modernen Menschen geschrieben, sondern bleibt in der Tradition von Niklas Luhmann einem gewissen Holismus verpflichtet, der auf das Ganze blickt: die Gesellschaft.

In der Folge analysiert Nassehi eine »dritte Entdeckung der Gesellschaft« durch die Digitalisierung. Die Datenanalyse via Digitaltechnik ist für ihn ein empirischer Beweis dafür, dass es »so etwas wie eine Gesellschaft, eine soziale Ordnung gibt, die dem Verhalten der Individuen vorgeordnet ist.« Es ist gewissermaßen eine Ontologie, die Nassehi mit seiner Theorie der digitalen Gesellschaft unternimmt – eine Sozialontologie. Denn er will im Sinne eines sozialontologischen Realismus beweisen, dass es die Gesellschaft wirklich gibt – und zwar als digitale.

Deswegen solle man vor der Digitalisierung auch weniger Angst haben und sie nicht als Fremdkörper wahrnehmen, der einen gesunden Körper befällt und übernimmt. Sein Buch wirkt wie ein Versuch, sowohl Optimismus- als auch Pessimismus-Diskurse über die Digitalisierung loszuwerden, um frei darauf zu blicken, was die Digitalisierung eigentlich für einen Grund und für eine Funktion hat.

Der Leser wird allerdings von Nassehi eher mit einem optimistischen Blick versorgt. Denn die Digitalisierung löse Ordnungen nicht auf, sondern man könne mittels Datenanalyse über Digitaltechnik mehr als je zuvor in der Geschichte Ordnungen und Regelmäßigkeiten aufzeigen und Strukturen erkennbar machen. Die Zwischenzeile ist hier nahezu aufdringlich und heißt: Trotz der Gefährdungen der Privatheit, trotz der Gefahr von Monopolisierung der privaten Big-Data-Industrie, die ihre Marktstellung auch unlauter ausnutzen könnte, trotz der Unwissenheit über das Treiben von Geheimdiensten, trotz Überhitzungen in medialen Debatten (gemeint mag so etwas wie Hate-Speech im Internet sein) sei Digitalisierung ein Prozess, der Ordnung nicht zerstöre, sondern sogar zur Stärkung von Ordnung beitragen könne, weil durch Datenanalyse Strukturen und Muster erst entdeckt werden könnten.

Aber da ist eben dieser blinde Fleck in Armin Nassehis Buch: Es muss immer ein Individuum geben, das die Daten durchsucht und Muster findet. Ja, es muss auch immer einen Informatiker geben, der den Algorithmus programmiert, der bei der Datenanalyse hilft. Es muss immer das Individuum geben, das die Ergebnisse der Suche von Algorithmen in den Daten sichtet und bewertet. Kurz: Ohne Individuen findet keine Datenanalyse statt. Die Individuen sind also doch mächtiger als der Systemtheoretiker Armin Nassehi andeutet. Das Individuum verschwindet in seinem Buch nämlich eher. Ein soziologischer Holismus – à la Luhmann – fängt das Individuum nicht ein. Er blendet es eher aus.

Dabei kann Nassehis Wunsch nach der Wiedergeburt der Soziologie, also der Hoffnung auf ein Aufblühen der Soziologie, mit der er sein Buch schließt, ohne das Individuum kaum gelingen. Exakt dazu steckt nun aber, relativ verborgen, ein interessanter Gedanke am Ende des Buches. Dort schreibt Nassehi, dass die Vermessung der Welt im 19. Jahrhundert ein »berechnender Elitenblick« gewesen sei. Anders gesagt: Es waren Bürokraten, adlige Intellektuelle, ein paar Kaufleute aus oberen Schichten, die Mustererkennung betreiben konnten, weil sie Material dafür hatten. Mustererkennung war der Elite vorbehalten.

Nun sind wir aber eine freiere Gesellschaft geworden, in der jedes Individuum mehr Möglichkeiten hat – oder etwa nicht? Ist Mustererkennung nicht heute für jedermann möglich? Kann der normale Bürger so zu einem Soziologen werden und damit die Soziologie von einer Fachdisziplin zu einer Alltagsdisziplin und Jedermanns-Sache machen? Oder ist es eben nur der Data-Analyst bei Google, Facebook oder SAP, der dort Daten zur Arbeit der Mustererkennung zur Verfügung bekommt, der am Ende wirklich Mustererkennung betreiben kann? Denn woher soll der »normale Bürger« schon die Daten (die Datenmengen) nehmen, um Mustererkennung zu betreiben?

Das ist die wahrscheinlich interessanteste Frage, die Armin Nassehis Buch, gewollt oder ungewollt, uns mit auf den Weg gibt. Denn könnte jeder Bürger ein Soziologe, ein Data-Analyst, ein Mustererkenner werden, wäre die Digitalisierung als Emanzipation zu deuten. Kann es aber nur der Data-Analyst von Google, wäre der Prozess der Digitalisierung kein emanzipatorischer Weg, sondern würde eine gefährliche Monopolisierung implizieren. Dagegen könnte der auf Freiheit und Emanzipation fokussierte Beobachter nun sagen: Es gibt doch Open-Source-Programmierung. Darin läge doch eine Chance. Und doch bleibt auch hier die Frage: Wer außer ausgebildeten Informatikern soll das verstehen? Wird der Informatiker und Data Analyst also der eigentliche Soziologe, und eigentlich der Einzige, der noch Muster in der Gesellschaft zu erkennen und aufzudecken vermag? Wo soll da eine Emanzipation für Jedermann enthalten sein?

Das wäre meine offene Frage, die sich in Anschluss an das Buch von Armin Nassehi stellt: Trägt die Digitalisierung zur Emanzipation von jedermann bei? Und wenn ja: wie? Um in Nassehis Terminologie zu bleiben: Wie wird jedermann zum Subjekt der Mustererkennung? Und wie verhindert man, dass die breite Masse der Menschen nur Objekte der Mustererkennung sind?

Mit Nietzsche gesprochen: Die Bedeutung und Rolle des Individuums bleibt in Frage. Der Strukturalist bekommt das Individuum (vor allem die Frage nach ihm) nicht weg. Das Subjekt ist weder tot, noch verschwindet es. Wer kommt zuerst? Und was ist hier wem »vorgeordnet«? Was tut das Individuum eigentlich aktiv und was passiv? Und welche Macht haben einzelne Individuen über andere Individuen? Subjekt und/oder Objekt? Es sind viele offene Fragen.

Der Strukturalist oder Poststrukturalist, man weiß nicht genau, ob Armin Nassehi dazu gehört, wird die Frage nach dem Individuum nicht los – so sehr er es auch versucht. Insofern stimmt es wohl: Die Soziologie ist nicht mit den Großkopferten wie Niklas Luhmann gestorben. Aber der Soziologe wird wohl anerkennen müssen, dass die Frage nach dem Individuum bleibt. Da passt es gut, dass Armin Nassehi auch Philosophie studiert hat. Es ist ihm so zuzutrauen, dass sein nächstes Buch über den »Menschen in der digitalen Gesellschaft« handelt.

#techforfuture

Symbolpolitik beherrscht die Klimadebatte. Besonders deutlich ist das bei »Extinction Rebellion«. Sie setzen bewusst auf skurrile Kunstaktionen – wie zuletzt in Berlin. »Fridays for Future«, die sich mit »Scientist for Future« zum Teil zusammengeschlossen haben, ist da noch konstruktiver und unterbreitet auch konkrete Vorschläge. Doch auch bei »Fridays for Future« steht die Symbolpolitik im Zentrum. Immer geht es darum zu symbolisieren: Jetzt bedarf es mehr Öko-Radikalität.

Die veröffentlichte Meinung haben die Demonstranten da durchaus auf ihrer Seite – zumindest größere Teile der linksliberalen Publizistik. In einem Grundsatzessay zum Klima endete Bernd Ulrich von der *Zeit* so etwa gerade mit den Worten: »Zurzeit wird mit wachsender Verzweiflung gefragt, wie um alles in der Welt die Wende noch zu schaffen sein könnte. Nun: Es ist ja noch nie wirklich probiert worden.« Der Tenor ist hier: Mehr Öko-Radikalität bitte. Nur wird bei der ganzen Klima-Radikalitäts-Prosa oft vergessen: »Wie« denn jetzt genau?

Meine These ist: Diese ganze Symbolpolitik bringt wenig. Davon abgesehen, dass man Menschen mit Rufen nach mehr Radikalität und entsprechender Symbolpolitik auch auf den Baum treibt, und Geister ruft, von denen man nicht weiß, wie radikal sie noch werden – Extinction Rebellion ist ein Zeichen dafür, dass die Entwicklung gerade eher ungut ist –, ist Symbolpolitik eine Politik, die Emotionen anfacht, ohne Lösungen zu bieten. Noch mehr mediale Erhitzung und emotionale Entkopplung von der vernunftgeleiteten Debatte über die besten Lösungen, bringen die deutsche Demokratie in das falsche Fahrwasser.

Symbolpolitik rettet das Klima jedenfalls nicht. Ich halte das auch nicht einfach für eine These unter vielen Thesen. Ich halte das für einen Fakt. Vor allem eine kleine 80-Millionen-Seelen-Nation wie Deutschland, die lediglich 2 Prozent zum weltweiten CO2-Ausstoß beiträgt, kann die Welt nicht im Alleingang vor dem Klimawandel retten. Auf diesen Einwand, dass Deutschland ja zu klein sei, und daher die deutschen Anstrengungen ch nur ein Tropfen auf dem heißen Stein wären, entgegnet der Klimaaktivist in der Regel, dass Deutschland eben ein »grünes Vorbild« sein müsse.

Aber wie denn? Ein »grünes Vorbild« allein durch Symbolpolitik? Ein Vorbild dadurch, dass man die zentrale deutsche Industrie, nämlich die Autoindustrie, zum Beispiel mit Klimakiller-Plakaten über das Auto, mit einem Furor über zieht? Ein Vorbild dadurch, dass Postwachstumsideen aufkommen, die meinen, dass Ökologie im Zweifel wichtiger sei als Ökonomie? Ein Vorbild dadurch, dass auf einer identitätspolitisch-moralischen Ebene Gefolgschaft für die Idee geworben wird, dass man jetzt grüner werden muss – ohne einen Plan für den Weg dahin zu haben? Ein Vorbild dadurch, dass wir als Konsumenten irgendwie klimabewusster leben, uns vegan oder vegetarisch ernähren, weniger Plastik benutzen, und noch pflichtbewusster den Müll trennen?

Nein, so können wir kaum ein Vorbild für andere Länder werden. Wir können nur ein »grünes Vorbild« werden, wenn wir einen technologischen »Green New Deal« als Projekt begreifen. Die Klimafrage also in die »politische Ökonomie« transportieren und am Ende grünes Wachstum erzeugen.

Warum in Deutschland vor allem die politische Linke das nicht genau so diskutiert, und sich stattdessen eher in diffusen Narrationen über die Klimagefahr und zudem in Symbolpolitik verliert, ist eine der größten Dummheiten innerhalb des gegenwärtigen politischen Diskurses.

Bevor wir beginnen zu klären, worin denn die Überlegenheit eines technologischen Ansatzes liegt, müssen wir noch ein Gegenargument ausräumen. Es geht etwa so: Mit der Erde ist nicht zu verhandeln und was nütze schon Reichtum, wenn die Ökologie kaputt ist und was bringen zudem die Jobs, wenn die Erde brennt? Technologie sei zu spät dran, jetzt müsse gehandelt werden. Aber wie soll nun gehandelt werden? Durch »Verzicht«, wie etwa Bernd Ulrich fordert? Durch eine radikale CO2-Bepreisung – wie des Öfteren vorgeschlagen?

Wenn man hier mal nüchtern nachfragen darf: Was bringt Verzicht? Was bringt ein CO2-Preis von 180 Euro pro Tonne CO2? Wir würden in ein paar Jahren vielleicht nicht mehr 2 Prozent des weltweiten CO2 ausstoßen, sondern 1.5 Prozent. Aber die deutsche Wirtschaft würde darunter zerbrechen, und zwar sowohl der Konsum erodieren als auch die deutsche Industrie sich langsam ins Ausland verabschieden. Währenddessen wird sich in China, Malaysia, Mexiko, im Nahen Osten, in Afrika und so weiter wenig ändern.

Sie stoßen weiterhin kräftig CO2 aus. Manche wollen sich hier – gerade zumindest – nicht ändern und manche können es auch schlicht nicht. Letzteres liegt an schlichtem Governance-Versagen der Regierungen, etwa für Teile Asiens und Afrikas gilt das. Was lässt sich schon ein Fabrikbesitzer in Afrika von seiner Regierung erzählen? In der Regel nichts.

Die Konsequenz von deutschem Verzicht und extrem hoher CO2-Bepreisung wäre also, dass der CO2-Ausstoß sich kaum verändert, und das einzige Ergebnis ist, dass wir in Deutschland volkswirtschaftlich ärmer werden und individuell weniger besitzen. Nichts gewonnen also. Weder für Ökologie noch Ökonomie.

Wie wäre es also, wenn wir es mit einem Weg versuchen, der Ökologie und Ökonomie etwas bringt. Wir in Deutschland werden nur ein »grünes Vorbild« sein können, wenn wir weiterhin Wachstum haben und sogar Weltmarktführer in grüner Technologie werden. Dann werden zu uns alle schauen und sagen: Die Deutschen zeigen, dass es geht.

Aber wie sähe ein Green New Deal eigentlich aus und worin besteht der Ansatz des #techforfuture dann genau?

1. Ein Glaube an Technologie ist berechtigt. Es gibt Technologien, die man nur weiter fördern muss. Etwa durchsichtige Solarzellen, die als Fenster Strom liefern könnten. So ein durchsichtiges Solarpanel zu entwickeln, ist gerade Forschern der Michigan State University gelungen. Dann gibt es Vertical Farming. Es gibt auch ein Schweizer Start-Up, das mit riesigen Luftfiltern Kohlenstoffdioxid aus der Luft filtern will. Selbst Stahl-Hersteller wollen auf Wasserstoff setzen und so ihre Produktion umbauen. In Hamburg soll bald die weltweit größte Anlage für Wasserstoff-Elektrolyse entstehen.

In grünem Wasserstoff liegt eine große Chance für Ökonomie und Ökologie. Zudem sind Power-to-X-Technologien bereits vorhanden. Power-to-X-Technologien machen es möglich Stromüberschüsse zu speichern. Energie kann damit verbraucht werden, wenn sie gebraucht wird und nicht, wenn die Sonne scheint oder der Wind weht. Auch über neue Alternativen der Kernenergie, wie die Kernfusion, wird zu wenig gesprochen und sie zu wenig gefördert.

Technologien sind durchaus da. Das muss man nur über eine konsequente »ökologische Industriepolitik« viel besser unterstützen. Gerade mit Milliarden Euro. Institutionell sollte man zu dem eine Gründung einer grünen Innovationsagentur verfolgen. In der *taz* habe ich dazu bereits vor ein paar Monaten vorgeschlagen, dass man die deutsche staatliche Innovationsagentur »SprinD«, die nach dem Vorbild der Darpa, einer staatlichen Innovationsagentur aus den USA, gerade in der Gründung begriffen ist, um eine weitere Agentur ergänzt, und zwar nach dem Vorbild der Arpa-E, ebenfalls aus den USA, und die sich dann auf Innovationsförderung in der Umwelt- und Energietechnik konzentriert.

2. Es braucht eine massive Investitionsoffensive in das Bildungssystem. Vor allem für Naturwissenschaften. Der grüne Vordenker Ralf Fücks schrieb vor kurzem auf Twitter an die Adresse der »Klimakids«, dass sie doch Ingenieurswissenschaften, Physik, Chemie und Biologie studieren sollten. Das ist der Weg. Doch dafür muss das Bildungssystem die Voraussetzungen schaffen. Das Geld fehlt überall im deutschen Bildungswesen.

Zu dem kommt: Ein Fach wie »Technik« gibt es an so gut wie keinem deutschen Gymnasium. Für ein deutsches Gymnasium müsste »Technik und Informatik« Pflichtfach werden. Technologiefachkräfte müssen ausgebildet werden. Wenn Deutschland Klimamilliarden irgendwo gut anlegen kann, dann in der Förderung von MINT-Fachkräften.

3. Eine neue Forschungspolitik ist nötig. Es ist Zeit für eine Milliardenoffensive für Technik Forschung. Das gilt für Universitäten. Aber es gilt umso mehr für die deutsche außeruniversitäre Forschungslandschaft. Deutschland hat mit den Fraunhofer-Instituten, den Leibniz-Instituten, der Helmholtz-Gemeinschaft

und den Max-Planck-Instituten eine sehr gute außeruniversitäre Forschungslandschaft.

Natürlich sind unter den Instituten solche, die zu Umwelt- und Energietechnik forschen. Neben einem generellen Programm zu einer stärkeren Forschungsförderung, sollten weitere Klimamilliarden diesen Instituten zu Gute kommen. Warum sich im Klimapaket der Bundesregierung hierzu keine Idee und kein Multi-Milliardenprogramm findet, ist bei bestem Willen nicht verständlich.

Mit Technologie den Klimawandel langfristig stoppen, das geht. Aber man muss groß denken.

Bernd Ulrich – Neues vom Klima-Goethe

Bernd Ulrich, stellvertretender Chefredakteur der Wochenzeitung *Die Zeit*, hat ein neues Buch geschrieben. »Alles wird anders. Das Zeitalter der Ökologie« heißt das Buch. Ich darf Bernd Ulrich erst einmal ein Kompliment machen, bevor ich zur Kritik übergehen muss. Ich las sein Buch nahezu in einem Rutsch – bis tief in die Nacht hinein. Er hat ein Klimadrama geschrieben. Es packt und fesselt. Es ist wie ein Klimathriller. Es saugt dich ein.

Aber genau das Drama ist auch das Problem. Deutschland braucht keine Klima-Goethes. Keine Öko-Prosa. Es braucht kluge Antworten auf eine der Existenzfragen der Zukunft. Und eigentlich dachte man, dass Ulrich diese Antworten vielleicht geben kann. Nachdem man seiner aufrüttelnd geschriebenen Öko-Prosa nämlich bis Seite 197 gefolgt war, kam nun das Kapitel »Auswege«. Nun dachte man: Ulrich liefert jetzt eine Agenda, detailliert, präzise und zum Kopieren für die Bundesregierung empfohlen. Aber nichts von dem liefert er da. Das Kapitel »Auswege« ist auch nur ein weiterer Klima-Essay, den er in den letzten Jahren in der *Zeit* schon zu Hauf geschrieben hat.

Ulrich kann sich von seiner kryptischen Sprache, von der philosophischen Rede über das Klima einfach nicht trennen. Stattdessen hört man selbst im Kapitel über die Auswege eher nur diffuses Gerede über nötigen »Verzicht«. Von allem bösen Konsum einfach ein bisschen weniger.

Man könnte Ulrich vielleicht zu Gute halten, dass individueller Verzicht nur ein Sinnbild dafür sein soll, dass man nicht glauben soll, dass alles so weiter läuft wie bisher und weiter laufen kann wie bisher. Aber man weiß das auch nicht, weil Ulrich einfach so kryptisch ist, dass man nie weiß, was er wirklich will. Er hat die Kunst, im Diffusen und Ungefähren Botschaften zu setzen, von denen am Ende aber neue Orientierungslosigkeit entsteht. Ulrich schafft gerne Bewusstsein und sensibilisiert Menschen, aber er lässt sie, nach dem er sie angetriggert hat, hungernd zurück. Er verspricht ein großes Dinner und liefert dann doch nur Schnittchen.

So ist auch sein neues Buch geworden. Beginnen wir von vorn. Bevor ich das Buch gelesen habe, habe ich mir zwei Fragen unter den Titel »Alles wird anders« notiert: Warum und Wie? Das »Warum?« beantwortet Ulrich – und das »Wie?« nicht.

Das »Warum?« ist auch einfach erzählt. Der Klimawandel ist halt real. Die physikalische Wirklichkeit, die Ulrich auch immer wieder betont, sie ist nicht zu leugnen. Und natürlich kann die Menschheit nicht einfach weitermachen wie bisher. Insofern stimmt die Intuition, auf diese physikalische Wirklichkeit mit einem neuen radikalen Realismus zu antworten. Aber man hätte halt gerne gewusst: WIE?

Immer wieder fordert er eine »radikale ökologische Wende«, um ein »ökologisches Desaster« zu verhindern. Er will ständig »radikale Maßnahmen«. Aber wie denn genau? Wenn er Öko-Tacheles reden will, dann kann man nichts dagegen haben. Aber die Frage muss eben auch beantwortet werden: WIE? Der Leser will doch nicht nur auf 200 Seiten soziologisiert und psychologisiert werden. Er will doch eine Idee bekommen, wie dieser Weg in das »Zeitalter der Ökologie« nun zu »realisieren« ist. Warum Ulrich zum WIE nicht kommt, mögen solche Sätze wie dieser illustrieren: »Der Klimawandel ist eine Herausforderung nicht nur des Problem-Lösens, sondern des Problem-Fühlens.« Das sind wirklich Sätze aus dem Klima-Kindergarten.

Ein paar Seiten weiter darf man dann lesen: »Insgesamt werden die Veränderungen so umfassend, dass sich die ökonomische und soziale Struktur Deutschlands verändern wird, und das immerhin so drastisch, dass die Deutschen einander und ihrer Heimat fremder werden. Es sei denn, sie wählen doch noch die andere Alternative, indem sie es sich zur gemeinsamen Aufgabe machen, den Klimawandel zu bremsen und die Naturzerstörung insgesamt zu beenden.« Auf der nächsten Seite heißt es, was kommen muss: »der völlige Ausstieg aus der fossilen Wirtschaft, das Ende des anthropogenen Kohlendioxidausstoßes binnen weniger Jahrzehnte.« Beide Male habe ich mir dabei »Wie denn?« an den Rand geschrieben. So ging es mir das ganze Buch hindurch. Immer wieder holt Ulrich die großen Worte und auch Behauptungen raus, und dann liefert er nichts, was dem Leser einen Weg gibt.

Zuweilen erinnert Ulrich an ein romantisches »Zurück zur Natur«, wie man es von dem Philosophen Jean-Jacques Rousseau etwa hören durfte. Ulrich kommt mir vor wie ein moderner Öko-Rousseau. Er leidet auch an dem gleichen Pessimismus, an dem Rousseau schon litt. Der folgende Satz über den Klimawandel untermauert das schön: »In diesen letzten 30 bis 40 Jahren der ständig wachsenden Bewusstwerdung haben die Menschen mehr Emissionen verursacht als in der gesamten Menschheitsgeschichte zuvor, als sie noch nicht wussten, was sie taten. Das wirft nicht zuletzt einen beunruhigenden Zweifel am Wert der Aufklärung auf.«

Bernd Ulrich ist ein Pessimist, der seinen Mitmenschen nicht vollends traut. Er ist wie der Händler, der erst das Geld sehen will, bevor er die Ware rausgibt. Deswegen drängt es ihn so sehr zur Öko-Pädagogik, auch wenn er immer wieder versucht, sich vom Öko-Moralismus zu distanzieren. Aber ihm fehlt selbst die Distanz zu seiner Ökologie, weil er nun mal selbst ein Ökologe ist – und zuweilen dadurch auch ein Ideologe, aber hier durchaus auch in einem positiven Sinne.

Ulrich kann nicht zwischen seinem eigenen privaten Engagement und Aktivismus und seiner Rolle als Journalist trennen. Das hängt auch theoretisch damit zusammen, dass er den Wahlspruch des Feminismus auf die Öko-Frage überträgt: Das Private ist politisch. Ja, das Politische sei sogar intim. Ulrich erzählt viel Persönliches im Buch. Von seiner Jugend im Ruhrpott, wie er zu den Grünen kam, wie er dann Journalist wurde, und wie er das Thema seines Lebens, die Ökologie, entdeckte.

Er macht deutlich, wie er mit seinem eigenen ökologischen Verhalten hadert und eine lange fehlende eigene Radikalität heute bedauert. Er will sich vom »schlechten Gewissen« befreien. Aber er tut dann so, als gelte das »schlechte Gewissen« notwendig für alle – und als müsse er nun die Gesellschaft vom »schlechten Gewissen« freischreiben, indem er aufzeigt, wo die Gesellschaft sich vielleicht doch selbst belügt. Ihm fehlt die Distanz. Denn es gibt auch noch andere Wege, sogar ökologische. Zum Beispiel ökologische Wege, die Technik ins Zentrum rücken. Doch die macht er zuweilen sogar lächerlich. Behauptet aber zugleich vollmundig, dass wir den »Kontakt zu weiten Teilen der Wirklichkeit da draußen verloren« hätten – und meint natürlich erstmal Journalisten und Politiker.

Aber dieser Realitätsverlust gilt für Ulrich selbstredend eher nur für die Ökologie. Bei der inneren Sicherheit, Migration, Integration, und Wirtschaftspolitik könnte man den Realitätsverlust der Elite genauso beklagen. Das tut Bernd Ulrich selbstverständlich nicht. Besonders dreist wird es da, wo er meint, dass Klima und Ökologie in den Medien kaum Aufmerksamkeit bekämen. Es würde immer wieder gelingen die »Größe der Gefahr an die Peripherie der Aufmerksamkeit zu drängen.« Man fragt sich, ob er das wirklich ernst meint.

Hat Herr Ulrich in letzter Zeit mal seine eigene Zeitung gelesen? Die *Zeit* hatte seit der Europawahl zweimal die Grünen auf dem Cover, dreimal ein Klimapolitikcover und dann noch Alexander von Humboldt als Naturschützer. Zwischendurch durfte auch Luisa Neubauer von »Fridays for Future« in einem langen Text dramatisch vor dem Klimawandel warnen. Und wenn Klima mal nicht das Cover ist, dann findet sich meist auch irgendein Ökologie-Text im Politik-Ressort prominent platziert. Also meint Ulrich das eigentlich alles noch wirklich ernst?

Ulrich ist so meinungsstark, dass er darüber vergisst, auch mal Dinge von der anderen Seite zu sehen. Er hält sich nicht an die als journalistische Ethik bekannte Formel: »Audiatur et altera pars« (Man höre auch die andere Seite). Nirgends zeigt sich das deutlicher als bei seiner Herabschätzung, die Klimafrage technologisch zu adressieren. So schreibt er: »Wer also auffällig oft Technologie sagt, der will in Wahrheit die zentralen Forderungen des Pariser Abkommens außer Kraft setzen«. Das ist eine schlimme Polemik. Ja, das ist unverschämt so etwas zu sagen. Auch Grüne wie Ralf Fücks glauben an einen ökonomischen und technischen Ansatz. Sie werden so alle heruntergeputzt auf das Niveau von Schuljungen.

Die konkreten Antworten darauf, wie der Klimawandel denn nun zu stoppen sei, bleibt Ulrich aber selbst schuldig. Außer irgendwie Verzicht und raus aus der Kohlenstoffökonomie fällt ihm nichts ein. Es sind wohlklingende Allgemeinplätze, mit denen er mittlerweile Mainstream ist. Man hätte jedoch eine Agenda von ihm erwarten dürfen. Sich herauszureden, und zu sagen, ich bin doch nur ein Journalist, die Politiker sollen machen, ist etwa das Niveau von »Fridays of Future«. Und selbst die sind konkreter als Ulrich.

Bernd Ulrich wird sich entscheiden müssen. Will er weiter Journalist sein oder nun vollends zum Aktivisten werden? Doch, und das ist gewiss, er ist in Wirklichkeit kein Radikaler. Bernd Ulrich wird nie als Mikrofoneinpeitscher bei »Extinction Rebellion« auflaufen. Es könnte darauf hinauslaufen, dass er erst Pressesprecher von Robert Habeck und später eventuell stellvertretender Regierungssprecher wird. Denn die Grünen an der Macht zu sehen, ist doch sein eindeutiges Ziel.

Es ist keine Schande, als Journalist Parteipolitik zu machen oder ein Aktivist zu sein. Aber man muss es dann offenlegen. Kryptische Essays und diffuse Botschaften sind einfach nicht sehr konsequent. Sie machen nur deutlich, dass man sich selbst nicht ganz traut, offenzulegen, was man wirklich denkt. Für Bernd Ulrich gilt diese Kryptik insbesondere. Aus dem Jargon des Ungefähren muss er nun raus und zugleich zu einem neuen Pluralismus kommen, wenn er denn überhaupt Journalist bleiben will.

Die Sehnsucht nach dem Positiven

Herfried und Marina Münkler haben ein neues Buch geschrieben: »Abschied vom Abstieg. Eine Agenda für Deutschland«.

Ihre Grundbotschaft ist: Die rechtskonservativen bis rechtspopulistischen Niedergangserzählungen müssen wir genauso überwinden wie die linken Abstiegserzählungen. Wir brauchen ein positives Narrativ. Dies meinen sie, wenn sie von einem »Abschied vom Abstieg« sprechen.

Bevor wir uns mit der Idee, die die Münklers hier verfolgen, genauer befassen, sollten wir kurz eine Skizze der unterschiedlichen Antworten machen, wie man in der akademischen Sozialbeobachtung – nicht in der Realpolitik – gerade zur »Fortschrittsidee« steht.

Da gibt es erstens so jemanden wie den Harvard-Psychologen Steven Pinker. Der meint: Läuft doch im Grunde in die richtige Richtung, seht das nur endlich ein. Hier strotzt man vor Fortschrittsgläubigkeit. Dann gibt es zweitens Pankaj Mishra mit seinem Buch »Das Zeitalter des Zorns« oder auch ich selbst in meinem Buch »Die liberale Illusion«, die einen blindwütigen Fortschrittsoptimismus (der Elite) beobachten, der mit der Gefühlslage der breiten Masse nicht mehr zur Deckung kommt. Pankaj Mishra spricht etwa negativ von einer »Autobahn des Fortschritts«.

Ich spreche in »Die Liberale Illusion« von einem »liberalen Hegelianismus«. Darunter verstehe ich das Predigen einer Alles-ist-gut-Philosophie, die reichlich naiv davon ausgeht, dass alles automatisch irgendwie »gut« wird. Ich bin also keineswegs irgendwie gegen die Fortschrittsidee, sage aber, dass es eine Illusion ist zu glauben, dass Fortschritt schon irgendwie von alleine kommt. Meine Botschaft ist: Sowohl für technischen als auch für sozialen Fortschritt muss man aktiv etwas tut. Und deshalb bin ich auch ein Linker, weil ich glaube, dass der Staat hier etwas tun muss – zum Beispiel in die Zukunft investieren muss.

Nun gibt es drittens die Haltung von Herfried und Marina Münkler zur Fortschrittsidee. Sie beobachten eine »Erosion des Fortschrittsglaubens«. Sie wollen aber zugleich nicht in das Negativnarrativ abdriften, dass eigentlich nur noch Unheil in der Zukunft zu erwarten ist. Sie schreiben eben nicht nur gegen die rechtspopulistischen Untergangsgesänge des Abendlandes an, sondern, ohne es explizit hier zu sagen, auch gegen das linke Narrativ von der »Abstiegsgesellschaft« von Oliver Nachtwey, der mit diesen Narrativ vor einiger Zeit die linke Debatte in Deutschland neu sortierte – zumindest auf der akademischen Ebene. Die Münklers wollen zugleich empirische Realisten und normative Idealisten sein. Sie suchen nach einer neuen Leiterzählung, die Zuversicht zurückholen soll. Eben einen »Abschied vom Abstieg« einleiten kann. Ein ähnliches Motiv war schon aus ihrem gemeinsamen Buch »Die neuen Deutschen« herauszulesen.

Ihr neues Buch ist ein beeindruckend historisch informiertes Buch geworden. Ich möchte an dieser Stelle aber die Grundannahme des Buches kritisch hinterfragen. Sie sagen, dass Abstieg und Niedergang als Erzählungen das Debattenklima bestimmen. Darin machen sie die Erosion der Fortschrittsidee aus. Sie diagnostizieren aber, dass es einen »Widerspruch zwischen vorherrschender Stimmung und tatsächlicher Lage« gibt. An anderer Stelle werden sie noch deutlicher: »Nicht die Empirie hat sich verändert, sondern das Leitnarrativ.« An dieser Stelle muss man sagen: Doch, die Empirie hat sich verändert. Oliver Nachtwey hatte ja nicht ohne Grund etliche Statistiken durchgewälzt, um zu zeigen, wie es um die soziale Lage in Deutschland bestellt ist. Ebenso bin ich in »Die liberale Illusion« diesen Weg gegangen, um empirisch nachzuweisen, dass zum Beispiel die »Rückkehr der sozialen Frage« längst empirisch nachweisbar ist.

Jüngst haben wieder neue Studien der Hans-Böckler-Stiftung und des Deutschen Instituts für Wirtschaftsforschung (DIW) gezeigt, dass die soziale Ungleichheit wieder einmal signifikant zugenommen hat. Zudem ist der Aufstieg Chinas und Südkoreas ja auch empirischer Fakt. Dass man sich in der deutschen Industrie zunehmend Gedanken darüber macht, ob und inwieweit man eigentlich noch eine glänzende Zukunft vor sich hat, ist nicht irgendeine Vorstellung von Journalisten, die gerne mal eine Krise herbeireden wollen, um bessere Auflage zu machen. Die Angst vor dem Abstieg des Westens und die Angst vor dem Abstieg der europäischen Industrie sind doch nicht einfach Erzählungen aus dem luftleeren Raum. An der Angst vor dem Abstieg ist etwas Substanzielles dran – oder um es anders zu sagen: Die Angst hat einen realen Grund.

Im Buch der Münklers wird das Materielle und jene Angst vor materiell schlechterer Zukunft aber heruntergeredet. So schreiben sie an einer Stelle: »Der Riss, der durch die deutsche Gesellschaft geht, ist weniger ökonomischer als politisch-kultureller Art.« Das ist einfach zu pauschal. Aber die Münklers halten die »Theorie vom neoliberalen Sündenfall« – vor allem für die Erklärung des Aufstiegs des Populismus – für weitgehend zu eindimensional. Das mag stimmen. Sie retten sich dadurch, ähnlich wie Cornelia Koppetsch dies schon in ihrem Buch »Die Gesellschaft des Zorns« gemacht hat, politisch-kulturelle Erklärungen und sozio-ökonomische Erklärungen des Populismus beide für bedeutend zu halten. Allerdings wird bei den Münklers allzu deutlich, dass sie den materiellen Erklärungen weit weniger Gewicht zu geben bereit sind. Das ist ein empirischer Fehler.

Zuweilen wirkt das Buch der Münklers so, als wollten sie den Deutschen nur ihre schlechte Stimmung ausreden. Als wäre das Zentrale für die Wiedergewinnung eines positiven Blicks auf die Zukunft schlicht und einfach im Kopf umzuparken. Das ist, trotz allem Respekt für das Buch der Münklers, schon etwas naiv. »Was Deutschland jetzt braucht, ist ein politischer und mentaler Neuanfang« schreiben sie. Ja, aber es reicht eben nicht, primär die Leiterzählung zu verändern. Denn die Leiterzählung der Elite ist doch fortschrittsgläubig. Sie versucht doch seit Jahren den Deutschen einzureden, dass vieles eigentlich ganz okay sei. Nur die Deutschen wollen es immer weniger glauben.

Das Problem ist doch eher, dass Realität und Fortschrittsgeschichte nicht mehr zusammenpassen. Es gibt sicher eine »Leerstelle des Fortschritts«, wie auch ich zuletzt in *Cicero* schrieb. Aber die entscheidende Frage ist: Wie besetzt man sie neu und wie gelingt der Fortschrittsneustart? Doch sicher nicht nur mit einem mentalen Neuanfang. Denn wo soll der herkommen? Er muss doch seine Basis in der Realität finden können.

Wer den Fortschrittsglauben zurückhaben will, muss an das Materielle ran. Also was tun? Überhaupt auch materielle Reformen angehen. Gewiss, da haben die Münklers auch etwas zu sagen. Eine Reform des Bildungssystems sei nötig. Dem gilt es absolut zu zustimmen.

Allerdings bedarf mittlerweile auch fast jeder Politikbereich Reformen. Das Land liegt unter Mehltau, vieles wurde verschlafen. So richtig ist dieses Bewusstsein, dass Deutschland wieder eine neue Agenda braucht, noch nicht in der politischen Elite angekommen. Alle scheinen wie gelähmt, weil die Volksparteien zuletzt erodierten und sich das Parteiensystem wandelt. Engstirniges Blicken auf die eigenen Politik-Karrieren und angsterfülltes Zaudern und Taktieren prägen den Geist nicht nur dieser Großen Koalition, sondern einer politischen Elite insgesamt, denen ihr Dasein als Berufspolitiker mehr und mehr jeden Mut raubt, etwas zu riskieren, um dem Land zu dienen – anstatt nur sich selbst.

Das Buch der Münklers kann vielleicht aufrütteln. Denn die Botschaft wird zumindest sehr deutlich: Eine Agenda ist nötig.

Worin sie bestehen soll, darüber kann man nun streiten. Hauptsache ist: Das Land hört auf zu schlafen und wagt endlich wieder Reformen. Gut dabei ist, dass die Münklers die »Reform« rehabilitieren. Die Ehre der Reform hat nämlich zuletzt sehr gelitten. Es war mehr von »konservativen«, »sozialistischen« und »ökologischen« Revolutionen zu hören. Das Buch der Münklers macht dahingegen Mut, Reformen anzupacken. Ob sie nun dafür unternommen werden, einen »Abschied vom Abstieg« einzuleiten oder um mit einem »linken Realismus« endlich auf die Realität zu antworten, ist eigentlich theoretisches Gezänk. Am Ende zählt die Praxis. Es zählt das Tun. So viel Karl Marx darf sein. So viel Karl Marx muss sein.

Schmidt-Schnauze fehlt

Nach dem Wahlabend in Thüringen wachsen in Politik und Medien die Sorgen, Orientierungslosigkeit macht sich breit. Und das völlig zu Recht. Denn im Land kippt gerade das Vertrauen, dass wir die emotional-irrationale Dramatik politischer Debatten wieder gedämpft bekommen können. Es kippt die Zuversicht, dass wir uns noch über Lager hinweg einigen können, über welche Realität wir eigentlich reden und was die zentralen ökonomischen und kulturellen Herausforderungen für unser Land sind. Was zurzeit kippt, ist der Glauben an die Reformfähigkeit der politischen Mitte.

Momentan erleben wir nur noch eine Fiktion von Stabilität. Das ist noch kein Grund, gegen die große Koalition zu schimpfen und nur noch ihr Ende zu ersehnen. Mit einem Jamaika-Bündnis würde es auch nicht unbedingt besser. Und nach der nächsten Bundestagswahl darf man angesichts der inneren Zerrissenheit der CDU und der ängstlichen Unschärfe der Grünen von einer schwarz-grünen Koalition auch nichts erwarten – da würden auch nur zwei Akteure ohne vereinendes Narrativ zusammengepresst.

Was fehlt, ist das Bewusstsein dafür, dass wir mit zaghafter Fehlervermeidung und technokratischem Klein-Klein den anstehenden Großtransformationen nicht mehr beikommen werden. Es fehlt das Bewusstsein, dass die politische Mitte deshalb so unattraktiv ist, weil sie ihren Ehrgeiz für Reformen verloren hat.

Der Spiegelstrichpragmatismus der Ära Merkel hat die deutsche Politik in eine tiefgreifende Krise geführt: Im Parlament und den parteiinternen Diskursen ist eine gesunde rational-emotionale Debattenkultur verloren gegangen, während die Debatte da draußen, in den sozialen Netzwerken und teils in zügig formulierten Onlinekommentaren, immer emotionaler und immer weniger rational wird. Ein zunehmend verkopfter politischer Bürokratiekomplex, der auf maximale Fehlervermeidung ausgelegt ist, steht so immer mehr im Kontrast zu einer wütenden Diskurswelt, in der es keine Kontrollinstanzen, keine Gatekeeper, keine Schiedsrichter, keine Anstandsregeln, keine Kataloge für kluges politisches Debattieren mehr gibt, in der subjektive Bewertungen, Legitimationen und Selbstermächtigungen die Überhand haben. Beide Welten entfernen sich immer mehr voneinander. Kaum einem Politiker gelingt es, sich nach draußen in diese neue Debattenwelt zu wagen – und in ihr bestehen zu können. Dabei braucht es genau solche Brückenbauer jetzt.

Dem Land fehlt Debatte, Orientierung und Ordnung – eigentlich Tugenden der demokratischen Mitte. Würde sie sich nur insofern zusammentun, als Antworten auf die vielen offenen Fragen der Gegenwart leidenschaftlich debattierend gesucht werden, würde die demokratische Mitte Zuspruch zurückbekommen. Doch Deutschland hat aktuell keine gute Führung. Führung meint hier: Orientierungsgeber. Politiker sind zu leise und sprachlos geworden, und ja: Einige haben nicht das intellektuelle Rüstzeug, um so ein Orientierungsgeber sein zu können. Ganze Parteien geraten auf diese Weise in politische Apathie.

In der SPD sind die Versuche gescheitert, die eigenen Formelkompromisse aufzubrechen. Stattdessen schweigt sie zu den schmerzhaften Themen. Über Integration und Migration will in der SPD keiner von der Parteispitze mehr wirklich reden. Über Wirtschaft kann kaum noch einer reden. Und über Soziales wird nur noch metatheoretisch geschwafelt, anstatt klarzumachen, welche Sozialpolitik es denn sein soll.

Die CDU wiederum hat außer der schwarzen Null eigentlich nichts mehr, wofür sie steht, und sie verspürt anscheinend auch kein Verlangen, programmatisch wieder erkennbarer zu sein. Und die Grünen sind zwar eine Projektionsfläche, mutige Reformen über das Umweltministerium hinaus sind von ihnen aber nicht zu erwarten.

Sind die relevanten Parteien also überhaupt noch in der Lage, unser Land zu versöhnen und neue Wege aufzuzeigen? Ist Zusammenhalt vielleicht längst eine Illusion? Und der Wunsch nach politischer Orientierung naiv? Von Helmut Schmidt stammt der Satz: »Auch Demokratie braucht Führung.« Er stimmt immer noch.

Führung bedeutet nicht, sich autoritären Gelüsten hinzugeben, wie manch linker Kommentator gern warnt. Und nicht jeder, der streitbar ist, ist ein Narzisst, der den Aufmerksamkeitskick braucht. Politische Talente werden heute allzu oft psychologisiert, ihnen wird der innere Mut geraubt, standhaft, eigensinnig und tapfer differenziert zu bleiben. So wird vieles gleich zerredet und kluge Köpfe von der Politik ferngehalten. Zu dem kommt ein habitueller Fehler auf der linken Seite: Viele Linksliberale verehren mit Robert Habeck einen Politiker, der sprachlich weich ist und kulturell sanfte Führung verspricht, welche niemand über Gebühr verprellt. Durch so eine Unschärfe leidet die Orientierung natürlich auch.

Aber das ist nicht der einzige Grund, warum ein weicher Anführer für unsere Nation momentan der falsche wäre. Während wir hierzulande sehr binnenzentriert diskutieren, ändert sich gerade die Welt. Es wird ruppiger. Deutschland und Europa könnten in einem von China und USA dominierten geopolitischen Zweikampf mittelfristig jede Bedeutung verlieren. Das träfe erst recht zu, wenn Deutschland in zentralen Schlüsselindustrien den Anschluss verliert und zudem die Transformation der deutschen Autoindustrie misslingt.

Eigentlich braucht es einen neuen Helmut Schmidt. Eine Staatsfrau oder einen Staatsmann, an der man sich reiben kann, die aber für ihre sichere Hand bekannt ist. Jemand, der weiß, was er oder sie da tut und die Fähigkeit zur Schmidt-Schnauze genauso hat wie die intellektuelle Kapazität, in allen Debatten mitreden zu können.

Auch das jüngste SPD-Casting hat niemanden gefunden, der das leisten könnte. Olaf Scholz besitzt die Intelligenz, aber ihm fehlt die Schmidt-Schnauze und auch ein bisschen die Lust an der Debatte. Armin Laschet, auf den in der CDU einiges hinausläuft, ist dieser Staatsmann auch nicht. Und Friedrich Merz ist nur die Imagination dieses Staatsmannes – in Wahrheit ist er längst ein Politikrentner.

Unter den jungen Politikern sticht auch kaum einer heraus. Norbert Röttgen hätte bei der CDU das Zeug – aber der ist politisch auch schon durch. Die SPD ist fast völlig blank. Bringt sie 2021 niemanden ins Kanzleramt, wonach es aussieht, hat sie für 2025 eigentlich so gut wie kein kanzlerfähiges Talent in Reserve. Und Robert Habeck, der zwar viele verliebt-verzauberte Blicke erntet, kann den Kanzler auch nicht. Beim weiblichen Führungsnachwuchs sieht es auch nicht viel besser aus. Einzig Franziska Giffey hält sich noch tapfer.

Wer kann Deutschland in schweren Zeiten führen? Angela Merkel ist jedenfalls bald weg. Höchste Zeit, Antworten zu finden, auf die Frage, was nach ihr kommen könnte.

Kernenergie ist doch die Zukunft[5]

Auch in Zukunft kann Kernenergie Strom liefern. Neue Reaktortypen beheben die Probleme ihrer Vorgänger, bringen mehr Energie, sind zum Teil deutlich kompakter und sicherer. Die Debatte über die Kernenergie wird kommen. Damit wir die Debatte aber nicht beengt auf die Frage führen müssen: »Länger Kernenergie, ja oder nein?«, müssen wir in die Zukunft blicken. Es wird bald bessere Formen der Kernenergie geben, als wir sie heute kennen.

Wenn es darum geht, möglichst komplett umweltschonend viel Energie zu produzieren, dann gibt es eine Technologie, über die so gut wie gar nicht mehr geredet wird: Es ist die Kernfusion.

Kernfusion will die Kraft der Sonne nachahmen und damit Energie produzieren. Die saubere Energie soll möglich werden durch die Verschmelzung der Wasserstoffsorten Deuterium und Tritium. Bei ihrer Fusion wird Energie freigesetzt. Allerdings muss das Fusionsfeuer sehr heiß werden, damit die Fusion überhaupt gelingt.

Aber im Gegensatz zur herkömmlichen Kernenergie, bei der es zu Kernspaltung kommt, bietet die Kernfusion viele Vorteile. Denn ihr radioaktiver Abfall hat weit geringere Halbwertzeiten und wäre in kurzer Zeit so gut wie unschädlich. Außerdem wird derart wenig radioaktives Material eingesetzt, dass es eigentlich kaum der Rede und Aufregung wert ist. Forscher des Max-Planck-Instituts für Plasmaphysik meinen sogar, dass Teile des Abfalls wiederverwendet werden könnten und eine Endlagerung nicht nötig sei: klimaneutraler Strom also ohne die hässlichen Begleiterscheinungen der Atomenergie.

Warum braucht man aber so etwas wie die Kernfusion? Wer nicht meint, dass die Menschheit technische Träume und eine Utopie von unerschöpflicher sauberer Energie ersehnt, dem hilft vielleicht ein pragmatisches Argument: Jeder, der etwas von Energiemärkten versteht, weiß, dass es für die sogenannte Grundlast und für die Stabilität des Stromnetzes andere Energieformen als die erneuerbaren Energien braucht. Warum? Es ist simpel: Es gibt eben Tage, da ist es nicht windig, und auch die Sonne scheint nicht immer. Dann braucht es andere Stromquellen, um Sicherheit zu gewährleisten. Oder will man einen Blackout riskieren? Heute sind diese Grundlastquellen Kohle und Atomstrom. Wer beides ablehnt, muss über Alternativen nachdenken. Kernfusion ist eine davon.

Das sieht man auch weltweit so. Die Fusionsenergie ist nämlich eines der wenigen Projekte, bei denen viele Nationen zusammenarbeiten. In Südfrankreich entsteht gerade der International Thermonuclear Experimental Reactor (Iter), ein Forschungsreaktor, der von der EU, den USA, China, Südkorea, Japan, Russland und Indien gemeinsam gebaut wird. 2035 will man damit erstmals einen Nettoenergiegewinn erzeugen. Der Fusionsforscher Bernard Bigot meint, dass allerdings nicht vor 2055 mit einem ersten Strom produzierenden Kraftwerk zu rechnen ist.

Das klingt nach einem langen Zeitraum, und Umweltaktivisten und grüne Parteien machen schon heute damit Stimmung, dass die Wende zu 100 Prozent erneuerbarer Energien möglich sei, wenn man denn nur wolle. Es ließe sich zwar zugunsten der grünen Energie das durchaus richtige Argument ins Feld führen, dass »Power-to-X-Technologien« gewährleisten, Stromüberschüsse zu speichern.

Energie kann dann verbraucht werden, wenn sie gebraucht wird und nicht, wenn die Sonne scheint oder der Wind weht. Aber die Diversifikation von Bezugsquellen ist kein veraltetes Argument.

Wenn man IT-Milliardären wie Amazon-Chef Jeff Bezos oder Microsoft-Gründer Bill Gates glaubt und folgt, dann wird in die Fusion bald viel mehr investiert als noch heute. Denn sie haben zuletzt schon viel eigenes privates Geld in die Forschung gesteckt. Die privaten Unternehmen, die hier vorpreschen, heißen Commonwealth Fusion Systems oder General Fusion. Ob diese privaten Projekte, die auch kleinere Reaktoren bauen würden als die großen, staatlich geförderten Forschungsprojekte wie Iter, bei dem die Baukosten auf mindestens 20 Milliarden Euro geschätzt werden, Erfolg haben, kann niemand sagen. Aber dass Venture-Capital in Höhe dreistelliger Millionenbeträge in einzelne Unternehmen fließt, ist ein Anzeichen dafür, dass sich etwas bewegt.

Kernfusion ist eine großtechnische Lösung. Sie wird eine Energiequelle für die großen Industriestaaten sein, die an ihrer Umsetzung forschen. Doch nicht nur die entwickelten Industriestaaten brauchen eine sichere und verlässliche Energieversorgung. Wohlstand, Bildung und gesellschaftliche Teilhabe hängen auch in Schwellen- und Entwicklungsländern davon ab, dass den Menschen günstige Energie zur Verfügung steht. Das können zum Teil die Erneuerbaren schaffen, aber will man ständig Wasser entsalzen, rund um die Uhr Energie für Produktionsanlagen zur Verfügung haben und schnell wachsende Großstädte flexibel mit Strom versorgen, wird kaum ein Weg an der Kernenergie vorbeiführen.

Mehrere Modelle konkurrieren hier miteinander. Da ist erstens Bill Gates' Unternehmen Terrapower, das an Laufwellenreaktoren arbeitet. Diese sollen zum Beispiel abgereichertes Uran zur Energiegewinnung nutzen. Neben Terrapower arbeitet auch Toshiba an solchen Reaktormodellen. Abgereichertes Uran ist ein Abfallprodukt der Urananreicherung, das für Brennstäbe konventioneller Reaktoren und Bomben anfällt. Mit abgereichertem Uran bestückte Reaktoren sollen 60 Jahre wartungsfrei laufen. Allein in den USA sind in den letzten Jahrzehnten 700.000 Tonnen des Materials angefallen. Terrapower schätzt, das mit den vorhandenen weltweiten Reserven 80 Prozent der Menschen ein Jahrtausend lang mit Strom versorgt werden könnten.

Der Kraftwerkstyp, an dem weltweit am intensivsten geforscht wird, ist der Thoriumreaktor. China, Kanada, Japan, Indien, die USA und die Niederlande arbeiten an der Umsetzung dieses Reaktortyps, in dem Thorium statt Uran als Grundstoff verwendet wird und bei dem eine Kernschmelze, wie sie teilweise bei Reaktorunfällen in Tschernobyl und Fukushima vorkam, nicht geschehen kann: Steigt die Temperatur, weil die Kühlung ausfällt, fährt der Reaktor seine Leistung automatisch herunter. Ein weiterer Vorteil: Der Brennstoff Thorium kommt in der Erdkruste vier Mal häufiger als Uran vor, und Lagerstätten finden sich auf der ganzen Welt.

In China läuft das Genehmigungsverfahren zum Bau eines Reaktors, Kanada hat das Genehmigungsverfahren für einen Typ des Thoriumreaktors begonnen, und in den USA ist für einen ersten Thoriumreaktor eine Umweltverträglichkeitsprüfung im Gange. Thoriumreaktoren können wartungsarm und kompakt sein. Sie sollen eine dezentrale Energieversorgung sichern und in großer Zahl hergestellt werden.

Auch in Deutschland wird an neuen Reaktortypen gearbeitet. Forscher des Berliner Instituts für Festkörper-Kernphysik haben sich ihre Technologie sogar schon patentieren lassen. Im Dual Fluid Reaktor (DFR) können neben Uran und Thorium auch abgebrannte Brennelemente genutzt werden. Auch mit ihm ließe sich mit Atommüll Energie erzeugen, der Reaktor würde also Energie erzeugen und zur Lösung der Endlagerung beitragen. Übrig bliebe nur sehr wenig radioaktiver Abfall mit kurzen Halbwertszeiten von unter hundert Jahren. Zum Vergleich: Plutonium hat eine Halbwertzeit von über 24.000 Jahren. Auch ein Reaktorunglück ist technisch nicht möglich. Die Mischung aus Salz und radioaktivem Material dehnt sich bei steigenden Temperaturen aus, die Kernreaktion kommt zum Erliegen. Doch der Dual Fluid Reaktor kann nicht nur Strom erzeugen: Bei hohen Temperaturen ist es möglich, auch noch aus Wasser Wasserstoff zu produzieren, den Energieträger also, der als eine wichtige Alternative zu Benzin, Diesel und Gas beim Einsatz in Fahrzeugen oder Heizungen gilt.

All diese neuen Reaktortypen werden allerdings noch Jahre brauchen, bis sie industriell einsatzfähig sind. Wie jede Technik sind auch die neuen Alternativen der Kernenergie nicht ohne jedes Risiko, aber es ist gering. Der Glaube, es könne eine Technik ohne Risiken geben, ist ein ökoreligiöser Glaube, an dessen Ende der Weg aus der Hochtechnologie führt. Nur auf die erneuerbaren Energien zu setzen, ist für ein Industrieland ein Risiko.

Politisch braucht es heute eine neue Techniksensibilität. Vor allem auf der linken Seite.

Die Partei, die in den 70er-Jahren angesichts des damaligen Ölpreisschocks den Ausbau der Kernenergie vorantrieb, wird wahrscheinlich die nun kommende Debatte über ihre zukünftige Nutzung nicht vorantreiben. Das ist ein Fehler. Die Zeiten, in denen die SPD nicht nur für soziale, sondern auch für technologische Modernisierung eintrat, sind schon länger her. Früher verstand sie, dass die Lebensqualität und die Arbeitsplätze ihrer Wähler auch von einer günstigen und sicheren Energieversorgung abhingen. »Arbeit« und »Energie« waren etwa Begriffe, die die SPD, vor allem in Nordrhein-Westfalen, groß machte.

Die SPD sollte die Rückkehr zu einer Technikpartei anvisieren. Mit einer linken Technikpartei hätten vielleicht sogar neue Formen der Kernenergie in Deutschland eine reale Chance.

SPD-Vorsitz – Nicht noch ein bisschen weniger

Ich habe lange überlegt, ob ich in dieser Phase der SPD-Entscheidung über ihren neuen Vorsitz etwas darüber sagen soll, wen die SPD nun zu ihrem Vorsitz wählen sollte. Ich will heute keine eindeutige Wahl-Empfehlung geben. Ich glaube nämlich nicht, dass das jüngste SPD-Casting die einzig richtige Führungsperson gefunden hat. Aber ich will einen neuen Vorschlag unterbreiten.

Beim jüngsten SPD-Casting ist aus meiner Sicht keiner aufgetaucht, von dem man sich sicher ist, dass er oder sie es eindeutig kann und unbedingt werden muss. Es gibt keinen linken Realisten, der gleichermaßen linke Wirtschaftskompetenz, geopolitischen Weitblick, sozialdemokratischen Gerechtigkeitssinn, eine klare Sprache, und ein tiefes Verständnis für die deutsche Industrienation mitbringt. Helmut Schmidt und Oskar Lafontaine waren die letzten, die keynesianisch orientierte Wirtschaftspolitik, mit außenpolitischem Sachverstand und sozialdemokratischer Gerechtigkeitspolitik zu verbinden wussten. Sie waren die letzten Staatsmänner der SPD, die nicht nur ein gutes Verständnis für das Land, sondern auch ein Verständnis für die Kernaufgaben der Sozialdemokratie hatten.

Ich will nicht verleugnen, dass ich eine Sehnsucht nach so einem sozialdemokratischen Anführer habe, der Gerechtigkeitspolitik und kluge Wirtschafts- und Außenpolitik miteinander zu verbinden weiß. So ein Staatsmann würde bei der offenen Führungsfrage der Union und der – aus meiner Sicht – fehlenden Eignung von Robert Habeck für das Kanzleramt, die Sozialdemokratie bei der nächsten Wahl auf weit über 20 Prozent und endlich wieder ins Kanzleramt führen. Doch dieser Staatsmann oder diese Staatsfrau fehlt.

Nun also muss die SPD sich zwischen zwei Teams entscheiden. Olaf Scholz und Klara Geywitz oder Norbert Walter-Borjans und Saskia Esken. Ich glaube, egal wie sie sich gerade entscheidet, ab Dezember wäre die Partei gespaltener denn je und der schnelle Absturz würde beginnen. Wahrscheinlich ginge es bei Norbert Walter-Borjans und Saskia Esken dabei noch schneller.

Ich will kurz begründen, warum ich in Norbert Walter-Borjans, dem SPD-Robin-Hood, nicht den Heiland sehe, obwohl mir sein Ansatz mit sozialdemokratischer Gerechtigkeitspolitik ernst zu machen entgegen kommt. Dann werde ich erklären, warum ich Olaf Scholz auch nicht für den Heiland halte, und wie man am Ende das ganze Vorsitz-Dilemma der SPD lösen könnte.

Beginnen wir mit Norbert Walter-Borjans. Ich habe ihn gerade bei *Hart aber fair* im Fernsehen gesehen. Norbert Walter-Borjans wirkte dort nicht nur brav, sondern auch müde. Neben ihm saß Norbert Röttgen von der CDU, der klug analysierend und leidenschaftlich redend, die missliche Lage vieler westlicher Demokratien ansprach. Der CDU-Mann Röttgen, von dem man es weniger erwarten durfte, hatte an diesem Abend also mehr Weitblick für das, was da auf uns bald noch zu kommen könnte. Und ihn trieb das sichtbar um. Da litt an diesem Abend jemand an den neuen Turbulenzen westlicher Demokratie.

Dieses sichtbare Leiden hätte man eher von Norbert Walter-Borjans erwarten dürfen. Ja, man muss es sogar erwarten, weil Borjans als der irgendwie systemkritische Kandidat gilt. Was Borjans scheinbar abgeht, ist der sozialdemokratische Weltschmerz. Ich fühle nicht, dass er leidet. Und das müsste er eigentlich, um seiner Idee von Sozialdemokratie auch persönlich zu entsprechen.

Seinen Ansatz, den SPD-Bus aus der »neoliberalen Pampa« herauszufahren, finde ich zwar richtig. Nur muss man auch wissen wie das geht, und welche Kämpfe man dafür führen muss. Ich bin mir da nicht so sicher, ob er die richtigen Prioritäten setzen würde. Vor allem seine Partnerin Saskia Esken redet mir zu sehr Metatheorie über Steuer- und Sozialpolitik und benutzt das Wort »Sozialismus« viel zu oft, obwohl sie ja nur linke Sozialdemokratie meint.

Norbert Walter-Borjans scheint mir davon angesteckt zu sein. Er ist so vage, dass ich als normaler Bürger wieder genauso genervt wäre wie von Martin Schulz 2017, der es in seinem »Gerechtigkeitswahlkampf« nicht schaffte, eindeutig das WIE zu beantworten. Schulz hatte ja alles auf dem Tablett, er hatte die Stimmung hinter sich und die Zuschreibung ein aufrechter Sozialdemokrat zu sein. Dann hat er aber so lange schwadroniert, bis die Wähler sich entnervt abwandten. Wäre er konkret geworden und hätte er auf die richtigen steuer- und sozialpolitischen Instrumente gesetzt, säße er heute im Kanzleramt.

Ich befürchte, dass es unter Borjans/Esken und ihrem erwartbaren Generalsekretär Kevin Kühnert zu einem schnellen Absturz der SPD kommt, weil mit ihnen der SPD nicht zugeschrieben wird, eine Partei der linken Vernunft zu sein, sondern irgendwie ein radikaler Verein, der metatheoretisch über dies und das redet, aber nicht genau weiß, für welche Instrumente die SPD am Ende eigentlich konkret streiten soll. Vor allem ein erwartbarer mangelnder Zuspruch an wirtschaftspolitischer Seriosität dürfte Borjans/Esken/Kühnert am Ende das Genick brechen.

Zu dieser Sorge kommen für mich größere Fragezeichen beim Team Borjans/Esken. Saskia Esken, die auf Twitter regelmäßig ihre links-libertären Ansichten verkündet, wird es Borjans zum Beispiel nahezu unmöglich machen, einen rationalen Diskurs über innere Sicherheit, Migration und Integration zu führen. Kevin Kühnert würde das auch verhindern. Kühnert, das will ich hier der Fairness halber sagen, ist aus meiner Sicht schon ein politisches Talent. Er hat eine Berliner-Schnauze – mir gefällt das.

Nur kommt eine größere Verantwortung für ihn mindestens zehn Jahre zu früh. Zudem fehlt ihm bislang schlicht Wirtschaftskompetenz. Er sollte unbedingt sein Studium beenden und seine Abschlussarbeit im besten Fall im Bereich der politischen Ökonomie wählen. Wenn er dann Wissenschaftsstaatssekretär in Berlin unter einer Bürgermeisterin Franziska Giffey würde, kann er sich beweisen und man schauen, ob er Realpolitik kann. Momentan lebt Kühnert nur von flotten Sprüchen und dem diffusen Versprechen, mit ihm würde alles anders.

Kühnert/Esken/Borjans sind vor allem gerade nicht die Einheit der Partei. Die Mitte der Partei liegt zwischen Kevin Kühnert und Saskia Esken auf der einen Seite und Otto Schily und Heinz Buschkoswky auf der anderen Seite. Die SPD ist nicht dieser stromlinienförmige Laden, so wie er vielen Bürgern immer wieder vorkommt, weil die Parteizentrale unter Generalsekretär Lars Klingbeil es immer wieder medial so spielt als gäbe es nur eine irgendwie linksliberale SPD. Sicher, der SPD-Parteivorstand ist konformer geworden und weniger Volkspartei. Aber die Breite der SPD gibt es an der Basis schon noch. Die SPD ist vielfältiger als sie einem heute zu oft vorkommt. Die SPD ist eigentlich auch nicht diese unpolitische und inhaltsleere Partei, so wie sie uns Katarina Barley diese Partei im Europawahlkampf präsentiert hat.

Und das lässt mich nun zu Olaf Scholz kommen. Kann er vielleicht die Mitte der Partei sein? Kann er versöhnen und vereinen?

Olaf Scholz ist ein vernünftiger Typ. Zwar ist er keiner, der bei mir Leidenschaften weckt, oder der wie Sigmar Gabriel sozialdemokratischen Weltschmerz hat und Tacheles reden kann. Aber Scholz ist ein anständiger Sozialdemokrat. Er will 12 Euro Mindestlohn und Veränderungen in der Steuerpolitik. Und – das ist jetzt zwar eine gewagte These – wenn die Union nicht wäre, würde er auch die »Schwarze Null« killen. Dass er das nicht offen sagen will, ist sein momentan größter Fehler. Er vermittelt einfach nicht das Gefühl, als würde er sich gerne mal mit Freidemokraten und Christdemokraten in Sachen politischer Ökonomie zoffen wollen. Die SPD will da an der Parteispitze aber gerade jemanden kämpfen sehen. Sie wollen einen Kämpfer. Vom Typ und Charakter her, ist das Scholz halt nicht.

Ich glaube trotzdem, dass er momentan der richtige Parteivorsitzende wäre. Denn wer die Wirtschaftspolitik, innere Sicherheit, Außenpolitik vergisst und nicht seriös sozialdemokratisch bespielen kann, wird für radikalrealistische Änderungen in der Steuerpolitik und Sozialpolitik keine Mehrheit bekommen. Anders gesagt: Only Nixon can go to China.

Olaf Scholz ist wohl dieser sozialdemokratische Nixon. Mit Scholz sind 12 Euro Mindestlohn, eine große Steuerreform, die Verlängerung der Anspruchsberechtigung des Arbeitslosengeldes I, ein gelingender Infrastrukturplan für

Deutschland, so etwas wie die Gründung einer »Bundesagentur für Weiterbildung«, ein echter Digitalpakt, eine neue Forschungs- und Bildungspolitik, eine »ökologische Industriepolitik« und überhaupt eine deutsche Industriestrategie nach 2021 einfach realistischer. Vielleicht ist mit Scholz auch eine neue sozialdemokratische Sicherheitspolitik möglich, wenn er sich daran erinnert, dass er einmal sagte, dass er zwar liberal, aber auch nicht doof sei.

Nun will ich hier Olaf Scholz aber auch nicht einfach so eine Wahlempfehlung aussprechen. Wie gesagt: Der Heiland ist er nicht. Ich glaube nicht, dass die Partei zur Ruhe kommt und schnell aufsteigt, wenn er nun gewählt würde. Daher habe ich hier und heute einen Kompromissvorschlag:

Norbert Walter-Borjans und Olaf Scholz sagen die Stichwahl ab und kommen über Folgendes überein: Olaf Scholz wird Parteivorsitzender und im Gegenzug räumt Olaf Scholz das Finanzministerium und übergibt es an Norbert Walter-Borjans. Norbert Walter-Borjans wird dann bis 2021 ein guter Finanzminister sein und der SPD-Linken das Gefühl geben, dass sie in dieser Partei noch lebt.

Olaf Scholz wird dann als neuer SPD-Vorsitzender auch Kanzlerkandidat. Keine Ahnung, ob er dann auch Kanzler wird. Aber zumindest eine Chance wäre da. Ein paar Empfehlungen seien ihm dafür noch mit auf den Weg gegeben: Er sollte sich zuerst einen neuen Generalsekretär suchen. Und dann Boris Pistorius in sein Schattenkabinett für das Innenministerium holen, dem DGB-Vorsitzenden Reiner Hoffmann das Arbeits- und Sozialministerium anbieten, und für das Wirtschaftsministerium einen neuen Karl Schiller finden.

Glück auf, liebe SPD. Noch hast du die Chance das Richtige zu tun. Lieber jetzt in Eintracht das Richtige tun, anstatt sich ab Dezember vollends selbst zu zerfleischen.

Wo bleibt der Sputnik-Moment?[6]

Es ist verdächtig ruhig in Deutschland – die Rezession ergreift die Auto-Zulieferer, das Bankenwesen taumelt und in puncto digitaler Infrastruktur und Innovation überholen uns andere Nationen. Während die Zeichen sich mehren, dass die wirtschaftliche Stabilität zunehmend gefährdet ist, reagieren Politik und Gesellschaft mit einer erstaunlichen Lethargie. Es ist höchste Zeit, aus diesem Dornröschenschlaf aufzuwachen.

Klaus Hommels, Mitbegründer des *European Center for Digital Competitiveness* der ESCP Europe Berlin, attestiert Deutschland einen gravierenden Rückstand: »Digitalthemen spielen in der aktuellen Debatte in Politik und Gesellschaft eine nicht ausreichende Rolle«, erklärte er. Sicher, man sollte auch nicht in blinde Digitalisierungseuphorie verfallen – aber Deutschland muss sich jetzt radikal digital updaten.

In einer Untersuchung des CDC wird deutlich, warum Deutschland ein Problem hat: Während in China die fünf größten Unternehmen im Schnitt 34 und in den USA 30 Jahre alt sind, bringen es die fünf größten Konzerne in Deutschland auf 114 Jahre im Mittel. Die drei Top-US-Konzerne sind zudem wertvoller als alle 763 börsennotierten Unternehmen in Deutschland.

Deutschland hat momentan so gut wie überhaupt keine Antwort auf die digitale Geschäftswelt, um sich mit den großen Playern zu messen. Mit dem stagnierenden Ausbau der Digitalinfrastruktur wird sich diese Lücke weiter öffnen. Die Digitalisierung der Industrieproduktion, in Deutschland »Industrie 4.0« genannt, geht zwar voran. Aber Deutschland fehlt ein vitales digitalökonomisches Ökosystem.

In den Top 10 der Länder mit der größten digitalen Wettbewerbsfähigkeit, die das Schweizer *International Institute for Management Development* jährlich untersucht, liegt Deutschland auf Platz 17 – die USA führen die Liste vor Singapur, Schweden und Dänemark an. Natürlich haben es kleine Volkswirtschaften leichter, ihre Infrastruktur zu modernisieren, doch das Problem ist nicht nur die Aufrüstung der Leitungen, es sind auch die Barrieren im Kopf.

Die aktuellen Debatten gestalten sich, als wäre der Wohlstand sicher und Deutschland eine ruhige Insel im Sturm. Das ist der Mehltau der letzten Merkel-Kanzlerjahre. Die Politik scheint zu schlafen und die Wirtschaft gerät trotz Rezession in der Industrie und einem Ifo-Geschäftsklimaindex mit der Grundtendenz der Eintrübung noch nicht vollkommen in Unruhe – auch wenn sich die besorgten Stimmen, etwa vom Dachverband BDI, mehren.

Das böse Erwachen könnte bald folgen, wenn die breite Masse merkt, dass der Wohlstand wirklich zu erodieren droht. Bereits 2016 mahnte das Weltwirtschaftsforum, dass Deutschland in puncto Gründerkultur eines der Schlusslichter in Europa bildet. Der Export und die Konsumfreude der Deutschen haben lange genug darüber hinweggetäuscht, dass eine trügerische Bequemlichkeit herrscht.

2018 meldeten drei chinesische Unternehmen (Huawei, ZTE und BOE) knapp 9000 Patente im internationalen Patentsystem PTC an – aus Deutschland konnte sich lediglich Robert Bosch mit rund 1500 Patentanmeldungen hervortun. Insgesamt listet *World Intellectual Property Indicators* knapp 1,4 Millionen Patente in China allein für das Jahr 2017. Das seien fast 44 Prozent aller Patente weltweit. Auch in anderen asiatischen Ländern boomen die Patentanmeldungen, doch China spielt rein nummerisch längst in einer anderen Liga. Nicht Deutschland, sondern China, die USA und Japan sind da in den Top 3.

Patente zeigen an, was von einer Volkswirtschaft in Zukunft zu erwarten ist. Dieser Patentboom korreliert mit dem technisch-naturwissenschaftlichen Fachkräftenachwuchs. Nach der DAAD-Bildungssystemanalyse für China waren dort 2017 knapp über 44 Millionen Studenten eingeschrieben. Im selben Jahr gab es rund 6,6 Millionen Absolventen und 56 000 fertige Doktoren.

Asiatische Länder hängen insbesondere im Bereich Mathematik und Naturwissenschaft die alten Industriestaaten wie Deutschland mittlerweile ab. Laut einer internationalen Bildungs-Vergleichsstudie zeigen in Mathematik nur fünf Prozent aller Grundschulkinder in Deutschland ein Leistungsniveau, das der höchsten Kompetenzstufe zuzuordnen ist. In den asiatischen Teilnehmerstaaten der Studie verfügen 30 bis 50 Prozent aller Kinder über ein entsprechendes Leistungsniveau. Aufstieg durch Bildung, das ist in Asien das Versprechen auf Wohlstand schlechthin. Eine Innovationskultur gehört dort explizit dazu.

Wie weit China von der Imitation nun zur Innovation kommt, ist nicht völlig klar. Die Explosion bei den Patenten führte in der Vergangenheit nicht sofort zu guten Ergebnissen, da viele Ideen unausgegoren oder von schlechter Qualität waren. Relevant ist jedoch, dass die Patente mit Durchschlagskraft in den digitalen Branchen zu finden sind – jenen Industrien, die stark an Wert gewinnen und die Zukunft stark mitgestalten werden. China weiß, wo in Zukunft die Musik spielen wird.

Was ist also mit Deutschland los? Was die Innovationsenergie im Digitalbereich angeht, hat das auch mit der politisch-unternehmerischen Gesamtkultur zu tun. Man kann dies an den Investitionen ablesen, die in die Künstliche Intelligenz fließen. Der technologische Fortschritt in dem Bereich wird als so fundamental betrachtet wie die Erfindung der Elektrizität – aus einer Innovation können zig Anwendungen entwickelt werden. Deep Learning – also die Art, wie Computer auf Grundlage einer großen Datenmenge Muster erlernen – ist weit genug entwickelt, um konkrete Anwendungen abzuleiten. In diesem Bereich buhlen die USA und China um den ersten Platz.

Bis 2030 sollen in China 150 Milliarden Dollar in Künstliche Intelligenz investiert werden. Eine einzelne chinesische Stadt wie Shanghai will bis zum Jahr 2021 13 Milliarden Euro bereitstellen. Deutschland sieht in der KI-Strategie gerade mal drei Milliarden Euro bis 2025 vor. Die Europäische Kommission plant für die gesamte Europäische Union eine Investitionssteigerung von 20 Milliarden Euro bis 2020. Dabei ist KI-basierte Technologie wesentlich für die Zukunft – Industrien, Produktionswege und die Arbeitswelt werden sich in den nächsten 15 bis 30 Jahren fundamental verändern. Ob Europa in der KI dann zu den wesentlichen Akteuren gehören wird und auf welche Weise der asiatische Einfluss wirtschaftliche und politische Kooperationen beeinflussen wird, lässt sich erraten.

China ist ein gutes Beispiel dafür, dass es manchmal lediglich einen Weckruf braucht, um umzuschwenken. Die Volkswirtschaft, die für das schamlose Kopieren von Produkten und Dienstleistungen bekannt war, hat 2017 das erlebt, was der taiwanesisch-amerikanische Informatiker und Investor Kai-Fu Lee als »Sputnik Moment« bezeichnet: So wie die USA erschüttert waren, als die UdSSR den ersten Satelliten in den Weltraum schickten, erschütterte es die Chinesen, dass eine Maschine den Meister Ke Jie im intuitiv-strategischen Brettspiel Go schlug. Go gilt als Kunstform, da es nicht nur auf rationaler Analyse basiert, sondern Spieler auch den psychologischen Stil des Kontrahenten knacken müssen. Der Sieg der Maschine löste in China einen seitdem ungebrochenen Hype um Künstliche Intelligenz aus.

Peking reagierte prompt, um dem kompetitiven Businessumfeld mehr Möglichkeiten zu geben, seine Unternehmen zu entwickeln. Der Sputnik-Moment hat Kraft freigesetzt. Er trifft auf eine gute Infrastruktur an Digitalunternehmen – von Huawei, bis Alibaba, Tencent, Baidu und Lenovo.

Was wird Deutschlands Sputnik-Moment sein? Kann man überhaupt denselben Hunger in einem Land erleben, das von einer Generation geführt wird, die es durch das Wirtschaftswunder zu komfortablem Status gebracht hat?

Es sollte endlich wieder über *the big picture* nachgedacht werden statt über Einzelmaßnahmen. Die Institute und Forschungseinrichtungen, die bestehen, müssen stärker gefördert werden, um für Experten attraktiv zu sein. Forschungspolitik ist hier aktive Industriepolitik.

Es bedarf zudem einer knallharten Bestandsaufnahme, wie man einerseits Datenschutz gewährleisten kann, andererseits aber auch genug Datenmengen zur Verfügung stellt, damit Deep Learning überhaupt möglich ist. China ist bekanntermaßen lax im Umgang mit digitalen Daten. Der europäische Datenschutz ist dagegen ein essenzieller Marker für den Schutz des Individuums. Doch nun ist die Politik angehalten, die Fragen um Datensicherheit und digitale Innovation viel stärker zu verzahnen.

Als die USA davon überrascht wurden, dass Sputnik über ihnen schwebte, reagierte Washington nicht mit Zurückhaltung, sondern mit der Gründung der NASA und einem großen Investitionspaket in die Naturwissenschaften und Technik. Davon profitierten langfristig auch andere Disziplinen und Industrien. Wie reagiert Deutschland heute in Sachen KI? Es wird hierzulande in Ethikkommissionen über die Werte und Regeln dieser neuen Technik diskutiert. Die Technik beherrschen und prägen derweil andere. Deutschland setzt auf kosmetische Maßnahmen, als würde alles wie immer weiterlaufen. Dabei sind die Risiken des Nichthandelns viel größer, als etwas auszuprobieren – auch auf die Gefahr hin, dabei zu scheitern.

Öffentliche und private Hand müssen nun massiv investieren. Linke und liberale Ökonomen sind sich da längst weitgehend einig. Ein Lichtblick ist das Tübinger *Cyber Valley*, wo bereits Forschungszentren zu Künstlicher Intelligenz geplant sind. Das wird jedoch nicht ausreichen, um Deutschland für die Zukunft fit zu machen. Die Politik muss handeln – und zwar schnell!

Aufruhr im Ruhrgebiet

Jörg Sartor kennen Sie vielleicht. Im letzten Jahr erregte er große öffentliche Aufmerksamkeit dadurch, dass er als Chef der Essener Tafel einen kurzfristigen Aufnahmestopp für Ausländer verhängte. Medien stürzten sich auf ihn. In bestimmten linken Kreisen galt er sofort als Aussätziger und die große Bundespolitik fühlte sich bemüßigt, schnell Kommentare zu diesem angeblich so hässlichen Vorfall in Essen abzugeben.

Nun hat er ein Buch geschrieben. »Schicht im Schacht« heißt das Buch. Darin erklärt er nicht nur seine Motive für sein Handeln und spricht über allgemeine politische Entwicklungen, sondern vor allem geht es über das Ruhrgebiet, seine Heimat.

Ein Gedanke ist es, der auch seine Grundphilosophie prägt, den er dem Ruhrgebiet vergangener Tage zuordnet: Das WIR-Gefühl. Immer wieder erzählt er von dem »Gemeinschaftsdenken« und dem »Zusammenhalt«, welche er früher im Ruhrgebiet erlebte – auch wegen der Bergleute und ihrer kollektiven Identität. Jörg Sartor hat schließlich jahrelang selbst unter Tage malocht. Er war beim WIR dabei.

Sartor schwankt im Buch durchaus zwischen Nostalgie und Verklärung über das Ruhrgebiet vergangener Tage und dem Versuch die Traditionen und das, was für ihn früher besser lief, in das Heute herüberzuretten. Das Buch ist zuweilen etwas übertrieben ein Anklagebuch. Man merkt dem Buch an, dass Sartor einen Co-Autor hatte. Was nun Sartor pur ist und wo der Co-Autor spricht, wird nicht immer deutlich. Das Buch ist doch zugespitzter und polemischer als der Jörg Sartor, den ich persönlich im letzten Jahr treffen konnte. Das Buch inszeniert Jörg Sartor als Heinz Buschkowsky des Ruhrgebiets. Das ist er nicht und will das auch gar nicht sein.

Jörg Sartor sucht eigentlich nach Balance. Er möchte, dass Dinge funktionieren, nichts schöngeredet wird, und eben Probleme angepackt werden – früher war das ja der Ruhrgebietsstyle. Kümmern halt.

Doch Sartor verzettelt sich nicht in Ruhrgebietsromantik. Gemäß seiner Essener-Schnauze und seiner Tacheles-Sprache bohrt er immer wieder mit seinem spürbaren Gerechtigkeitssinn in den Problemen, die das Ruhrgebiet heute für ihn sichtbar haben. Seine Bestandsaufnahme mit dem Ruhrgebiet ist schonungslos: »Das Revier ist auch nach fünfzig Jahren des Umbaus seiner Wirtschaft immer noch ein Sozialfall.« Er untermauert das immer wieder mit Zahlen. 40 Prozent aller Kinder wohnten in Gelsenkirchen in Haushalten, die Hartz IV beziehen. Und in Dortmund, Duisburg, und Essen erhalte jedes dritte Kind staatliche Stütze.

Um ehrlich zu sein, ich wollte diese Zahlen nicht glauben. Sie kamen mir absurd hoch vor. Aber sie stimmen. Die »WAZ« und der »Stern« berichteten darüber. Das ist ein bitteres Armutszeugnis des Ruhrgebiets. Hinzu kommen eklatante Missstände bei der regionalen Infrastruktur und Probleme im Bildungssystem – nicht zuletzt auch verursacht durch zuweilen sehr hohe Migrantenanteile an den Schulen. Auch dieses Thema der Integration spricht Sartor an. Aber Sartor ist kein Rechter. Er ist ein Sozialdemokrat mit Herz, der aber eben auch nicht verleugnen will, dass es Missstände gibt. Während in der SPD mehr und mehr Sprachpolizisten zu finden sind, die meinen man dürfe dieses oder jenes nicht sagen und die mittlerweile meinen, dass man ganze Themenbereiche gar nicht erst mehr ansprechen solle, geht Sartor einen anderen Weg. Er spricht die Dinge an. Denn nur wer etwas anspricht, kann Lösungen finden. Und danach sucht Sartor: Er möchte, dass es besser wird. Tacheles-Reden gehört für ihn dazu.

Wie wird etwas verändert? Indem man darüber schweigt und sagt, es sei entweder alles nicht so schlimm oder eben besser als die Leute schimpfen? Nein: Sozialdemokraten haben immer gesagt »was ist«. Damit haben sie begonnen. Der Unterschied zu – neuen – Rechten liegt da, dass Sozialdemokraten alter Schule eben die Probleme wegschaffen wollen, während die neuen Rechte und Konservativen alter Schule gerne schimpfen, jammern und beklagen, aber nicht in Gang kommen, um anzupacken. Ja manchmal wünschen sich die Rechten sogar, dass alles schlimmer werde, alles kaputter und alles dreckiger, damit sie sodann noch populistischer schimpfen können, dass der Untergang des Abendlandes nun wirklich komme.

Jörg Sartor ist aus anderem Holz geschnitzt. Er wünscht sich für sein Ruhrgebiet einen Aufbruch. »Ruhrgebiet reloaded« sagt er und macht dazu auch Vorschläge – wie die Lösung des Altschuldenproblems. Jörg Sartor hört man an der Ruhr und in Düsseldorf mal lieber zu. Der Mann hat etwas zu sagen.

Aber dass die Region am Abgrund ist, dies sieht auch Sartor. Ein latenter Pessimismus flackert im Buch immer wieder auf. Den Pott-Pessimismus hat er mit Journalisten Stefan Laurin gemein, der gerade einen Essay mit dem Titel »Versemmelt« über das Ruhrgebiet vorgelegt hat. Obgleich Laurin eigentlich ein optimistischer Realist und freisinniger Demokrat irgendwo zwischen FDP und SPD ist, hat der Bochumer über das Ruhrgebiet eigentlich nur noch eine Botschaft: Das wars. »Das Ruhrgebiet ist am Ende«. Hatte man wenigstens früher noch von einer »Ruhrstadt« geträumt, und gab es da Köpfe der Vernunft, so würde heute in Politik, Kultur und Infrastruktur nur noch das Mittelmaß regieren. Ausweg? Unwahrscheinlich. Die Schönrednerei sei schon chronisch, das politische System des Ruhrgebiets heillos unreformierbar und die Mentalität verkorkst. Laurin lässt keine Hoffnung mehr zu. Er hat abgerechnet. Laurin weiß natürlich, dass es ein paar Leuchttürme gibt. Aber das reiche nicht.

Laurins kurzer Essay ist wohl der letzte Versuch der mentalen Reinigung. Sein Wutausbruch sollte gehört werden. Das Ruhrgebiet braucht nämlich einen Aufbruch. Wo Laurin Recht hat, ist dieses Einmauern in kommunalem Fürstentum. Der Rathaus-Nationalismus des Ruhrgebiets, gepaart mit dieser völligen Folklore städtischer Identitäten und Rivalitäten, ist wirklich bei der miserablen Lage der Pseudo-Metropole-Ruhr absolut unverständlich. Wie man heute sich lieber immer noch in Lokalrivalität zwischen Dortmund und Schalke übt, über die »Zecken« schimpft und wieder zurückschimpft, ist wirklich eine der großen Peinlichkeiten einer Ruhrgebietskultur, die es in den letzten 50 Jahren nicht geschafft hat, zusammenzuwachsen. Kulturell wie politisch.

Die Hausaufgaben sind mittlerweile riesig. Beide Bücher, das von Laurin und das von Sartor, machen heute schon deutlich, dass es einen Aufruhr im Ruhrgebiet gibt. Es ist nur eine Frage der Zeit, bis der Aufruhr sichtbar wird und im Ruhrgebiet sich Spannungen entladen. Dann pilgern die Journalisten wieder aus ihren schicken Büros in Köln, Düsseldorf, Berlin und Hamburg an die Ruhr. Dann werden sie wieder Fragen stellen, als wären sie gerade im Zoo und hätten noch nie ein Nashorn gesehen. Die Vorstellungskraft medialer Betriebe ist mittlerweile so gering, dass ihnen noch nicht mal mehr einfällt, dass die Realität 50 Kilometer entfernt, ja sogar in der eigenen Stadt, eine andere ist. Nicht überall ist es nämlich schön und bunt.

Sartor und Laurin helfen diesen vorstellungsarmen Medienmenschen nun, ihre gedankliche Oase des Schönen mal verlassen zu können. Am besten wäre da aber: Mal hinfahren. Und für die Politik: Anpacken!

Glück auf! Sehr lange wird man das nicht mehr sagen können. Zumindest nicht an der Ruhr.

Führungsfrage der SPD – Es braucht auch einen neuen Generalsekretär

In der SPD läuft Politik im Moment so: Der Parteivorstand oder die Bundesregierung verabschieden etwas, und die Mehrheit der Funktionsträger preist dann öffentlich die ach so tollen Ergebnisse, Papiere und Errungenschaften.

SPD-Funktionsträger wirken heute oft wie Pressesprecher ihrer Partei, die selbst keine Meinung zu haben scheinen, sondern offenbar nur ein Verlautbarungsorgan von Ergebnissen sind, die irgendwo von Referenten der Fraktion und der Regierung zusammengeschustert wurden. Aus dem Vorstand und der Fraktion dringt selten etwas nach außen, und es sind wenige Sozialdemokraten, die konkrete eigene Positionen beziehen – sei es auf Twitter, Facebook oder in den Medien selbst. Weltbildpolitik und Haltung werden vielfach in den Sozialen Medien rausgeblasen. Aber anhand konkreter Sachfragen findet öffentlich kaum eigene Positionierung statt. Was Sozialdemokraten in Ausschüssen und im Plenum des Bundestages so treiben, kriegt kaum jemand mehr mit. Das kann man den Medien vorwerfen oder man kann es lassen.

Das Wirken von Arbeitsparlamentariern strahlt jedenfalls kaum noch in die Öffentlichkeit aus. Korrespondierend dazu meinen Journalisten, bei Twitter nach politischen Talenten suchen zu müssen. Jeder Journalist sollte sich aber viel eher fragen, wie oft er in Ausschüssen ist oder Plenardebatten anschaut. So bleiben in der Regel die Politiker und Jusos auf dem Rader der SPD-Beobachter, die als Kommunikationslinke eher an ihrer Social-Media-Präsenz statt an ihrer inhaltlichen Qualifikation arbeiten. Dabei bräuchte man gute Arbeitsparlamentarier, die auch kommunikative Fähigkeiten haben, um deutlich machen zu können, was sie tun und wofür sie stehen. Das gelingt reichlich wenigen. Übrig bleibt der Eindruck einer Kommunikationsindustrie.

Dabei lebt die Demokratie insbesondere von Demokraten, die ihre eigene Meinung und politische Urteilskraft haben. Politik ist keine Maschinerie. Aber sie wirkt heute oft wie eine aalglatte Kommunikationsindustrie. Viele Sozialdemokraten haben sich da nahtlos eingefügt. Aus Angst vor innerparteilichen Sanktionen, vor öffentlichen Shitstorms und Kontroversen, sehen heute viele von politischem Eigensinn ab und werden so in letzter Wendung zu Pressesprechern einer SPD-Inhalte-Fabrik. Man ist selbst nicht mehr der Facharbeiter, der Inhalt produziert, sondern eben oft nur noch der »Kommunikationsmanager« des Produzierten.

Eigene Thesen? Selten. Eigene Ideen? Selten. Eigene Gastbeiträge? Selten. Auf der konkreten Politikebene gibt es nur wenige Abgeordnete und Funktionsträger, von denen man weiß, dass sie dort eine eigene Meinung und Agenda haben.

Aber es ist nicht nur die sichtbare realpolitische Arbeit an konkreten Policy-Fragen, an der es in der SPD mangelt, sondern es fehlt auch der Elan zu einer sozialdemokratischen Metapolitik und »großen Gesellschaftspolitik«. Sigmar Gabriel war der letzte, der selbst aktiv danach suchte. Andrea Nahles war eine Strippenzieherin und eher technokratisch, was sie mit Olaf Scholz gemeinsam hat. Olaf Scholz will gern gut regieren, der oberste Manager der Nation sein, als SPD-CEO Zuspruch bekommen.

Gewiss, auch Scholz hat ein Bild für seine sozialdemokratische Metapolitik, nämlich »Verantwortung«. Wenn das aber mehr sein soll als verkapptes Preußentum in neuartigen sozialdemokratisch-technokratischen Gewand, dann müsste Scholz eigentlich monatlich mit Intellektuellen diskutieren und die Politik-Ressorts der deutschen Medienlandschaft regelmäßig mit klugen Aufsätzen bombardieren und selbst den feuilletonistischen Ehrgeiz ausstrahlen, für seine sozialdemokratische Idee eine eigene Deutungshoheit zu gewinnen und überhaupt eine Linie zu zeichnen. Doch genau das tut er nicht. Einzig sein Staatssekretär Wolfgang Schmidt übernimmt diese Aufgabe für ihn.

Olaf Scholz hat Sigmar Gabriel wohl immer heimlich vorgeworfen, nur ein guter Leitartikler zu sein und bei der Führung der Partei zu versagen. Das wolle er nun anders machen und lieber Ergebnisse liefern und durch Output überzeugen. Sigmar Gabriel lag mit seinem Leitartikel-Fokus aber eigentlich alles andere als falsch. Ihm war klar, dass der oberste Sozialdemokrat im Lande selbst ein umtriebiger Denker und Linienmaler sein muss. Zu führen bedeutet auch, Orientierung zu geben. Führung heißt immer auch, den Weg zu weisen. Der Kapitän hält nicht nur das Steuer, er benutzt auch seinen Kompass zur Fahrt. Der Kompass ist es, den man der Schiffsmannschaft zeigen muss. Sie will geführt werden. Sigmar Gabriel hatte das begriffen, war immer wieder in die mediale Manege gestiegen und musste sich dort zuweilen auch den diskursiven Gegenwind hart ins Gesicht blasen lassen – nicht zuletzt von den eigenen Leuten.

Sigmar Gabriel ist ein Erklärer, ein Zweifler, ein Denker. Er kann mit Jürgen Habermas diskutieren und mit der Bäckereiverkäuferin. Wenn so jemand aber nicht zur Verfügung steht, braucht man zumindest einen auf diesem Gebiet kompetenten Generalsekretär. Der SPD-Generalsekretär muss Politik erklären, er muss selbst denken können, er muss über strategische Kompetenz verfügen und die Parteizentrale, das Willy-Brandt-Haus, führen. In *Cicero* wurde die Parteizentrale der SPD übrigens einmal als »Hort des Schreckens« bezeichnet. Das war im Jahr 2013. Der Text könnte allerdings auch von heute sein.

Denn niemand, der etwas erreichen, der politisch etwas bewegen will, möchte dort arbeiten. Junge, motivierte, kluge Leute, die es immer braucht, um Impulse zu setzen und vor allem um einen Wahlkampf zu bestreiten, meiden die Parteizentrale der SPD. Sie streben stattdessen, wenn überhaupt, in die Ministerien oder in die SPD-Fraktion. Auch Typen vom Schlage des legendären einstigen SPD-Bundesgeschäftsführers Matthias Machnig finden sich im Willy-Brandt-Haus kaum mehr. Da fehlt eine ganze Kampftruppe. Und es liegt am Generalsekretär, die Parteizentrale zu einem Ort zu machen, wo Spitzenleute hinwollen, wo ein Geist des Aufbruchs und der intellektuellen Lust herrscht. Das Willy-Brandt-Haus muss endlich wieder mehr strategische Kompetenz bekommen. Momentan ist es nur eine Art Werbeagentur, in der stets neue Kommunikationsstrategien aus der Taufe gehoben werden. Als Kommunikationslinke ohne Substanz hat die SPD aber einfach keine Chance. It's the Inhalte, stupid!

In dieser verunsicherten, gespaltenen und intellektuell heruntergerockten SPD muss es wieder um Inhalte und kluge Ideen gehen. Und da hat die Parteizentrale die Führung zu übernehmen – politisch wie intellektuell. Generell muss man zur Besetzung des Generalsekretärs sagen: Die SPD kann es sich nicht mehr leisten, immer wieder Leute zu berufen, von denen man schon vorher weiß, dass dieses Amt eine Nummer zu groß für sie ist. Die SPD hat nicht mehr viele Chancen, um sich aus der Rolle des Juniorpartners und Mehrheitsbeschaffers zu befreien. Irgendwann hat man einen Stempel, und da steht dann drauf: Für das Kanzleramt nicht mehr geeignet.

An diesem Punkt befindet die SPD eigentlich schon fast. Das Bild einer kanzlerfähigen SPD ist in etwa genauso zerschreddert wie das sich selbst geschreddert habende Bild des Künstlers Banksy. Viele Gelegenheiten bleiben nicht, um die SPD aus dem tiefen Tal, in dem sie heute auch aus Selbstverschulden und Strategielosigkeit steht, wieder herauszuhelfen.

Vor allem bei der Wirtschaftskompetenz muss die SPD wieder etwas aufbauen, und auch da sollte die Parteizentrale eine Führungsrolle übernehmen. Ich halte es deshalb für entscheidend, dass der neue Generalsekretär oder die neue Generalsekretärin über eigene Wirtschaftskompetenz verfügt. Diese Befähigung wird in erheblichem Maß über die nächste Wahl entscheiden. Die SPD schafft es erst dann wieder auf Schlagdistanz zur Union, wenn die Wähler ihr auf diesem Gebiet etwas zutrauen. Laut aktuellem ZDF-Politbarometer hat die SPD beim Thema Wirtschaft aber nur noch eine Kompetenzzuschreibung von zehn Prozent; die Union kommt auf 40 Prozent.

Diese Wirtschaftskompetenz tangiert dabei viele andere Debatten:

Die Zukunft der Autoindustrie und der Zulieferer

Die Digitalisierung und Industrie 4.0

Die Energiewende und Umweltpolitik, Stichwort »Ökologische Industriepolitik“

Die Arbeitsmarktpolitik

(Stichworte sind hier: Qualifizierung und neue Ideen für eine Weiterbildung der Beschäftigten, Arbeitslosengeld 1, aber auch Themen der Konsumstabilisierung und Arbeitsplatzsicherheit im Abschwung: Stichworte sind hier: Arbeitslosengeld 1 und Kurzarbeitergeld)

Die Geopolitik

Eine neue G2-Welt ist am Entstehen, und vor allem die deutsche Industrie könnte im neuen weltpolitischen Zweikampf zwischen den USA und China ins Hintertreffen geraten

Die Forschungspolitik

(Es fehlt ein klarer Ansatz für Technologieforschung und den entsprechenden Milliardenmitteln dafür.

Das Willy-Brandt-Haus wird jemanden an seiner Spitze haben müssen, der auf allen genannten Feldern inhaltlich etwas anschieben kann. Was die SPD nicht braucht, ist die Fortführung einer SPD-Werbeagentur namens Willy-Brandt-Haus.

Nachdenken, statt enteignen!

Ist die Bundesrepublik noch die soziale Marktwirtschaft, die sie laut ihrem Gründungsversprechen sein soll? »Wohlstand für alle« hieß es einmal. Das ist lange her. Seit Beginn des Jahrtausends hat die soziale Ungleichheit in Deutschland enorm zugenommen. Das hat mehrere Gründe. Aber eine der wichtigsten Ursachen dafür, dass sich die Vermögensschere immer weiter öffnet, ist zugleich die bisher am wenigsten debattierte – seltsamer Weise gerade unter Sozialdemokraten. Es ist der Immobilienbesitz.

Die eigenen vier Wände sind eine wesentliche Vermögensquelle der Deutschen, denn sie sparen auf lange Sicht Geld. Laut Statistischem Bundesamt bewohnten 2018 aber nur 42,1 Prozent der Bürger ein Eigenheim. Es ist der glückliche Teil der Bevölkerung; die Wohnungspreise galoppierten in den vergangenen Jahren davon. Das Essener Leibniz-Institut für Wirtschaftsforschung hat erhoben, dass die Kaufpreise für Häuser beispielsweise in München zwischen 2008 und 2018 um sagenhafte 240 Prozent gestiegen sind und die Wohnungsmieten um 93 Prozent. Ein ähnliches Bild zeigt sich für Berlin. Im Bundesdurchschnitt kletterten die Preise für eine Eigentumswohnung um 61 Prozent, der Häuserkauf stieg um 33 Prozent und die Mieten um knapp 35 Prozent.

Wer soll das noch bezahlen, wenn die Reallöhne nicht im gleichen Maße steigen? Selbst die gesunkenen Kreditzinsen machen es nicht immer leichter, denn gerade von jungen Menschen – besonders bei unsicherer Jobstellung – verlangen die Banken, dass sie Eigenkapital mitbringen, wenn sie ein Haus oder eine Wohnung kaufen wollen. Das Geld haben die jungen Leute meist nicht.

An diesem Problem würde auch die »Bodenwertzuwachssteuer« wenig ändern, die die SPD-Führung jetzt ins Spiel bringt. Zwar erscheint es erst einmal sinnvoll, besonders hohe Gewinne auch aus Bodenbesitz abzuschöpfen, etwa wenn Äcker in Bauland verwandelt werden. Der Wertzuwachs tritt hier »leistungslos« ein. Dort abzuschöpfen wäre schon in Ordnung, denn gerade »leistungslose« Gewinne darf man in einer Marktwirtschaft besteuern. Selbst Liberale können da zustimmen.

Aber wie hoch die Steuer ausfallen würde und was genau sie zum Wohnungsbau beitragen würde, darauf konnte die SPD-Spitze bislang keine klare Antwort geben. Der neue SPD-Vorschlag geht zudem am zentralen Problem vorbei, der Tatsache nämlich, dass Menschen sich die eigenen vier Wände schlicht kaum mehr leisten können und unakzeptabel viel Geld für Miete auf den Tisch legen müssen.

Vielen Deutschen bleibt heute weniger von ihrem verfügbaren Einkommen, da sie immer mehr Geld für steigende Mieten aufzubringen haben. Das heißt nichts anderes, als dass der Wert von Arbeit enorm gesunken ist – und es noch weiter tun wird, wenn nicht gegengesteuert wird. Gestiegen hingegen ist der Wert von Eigentum. Wir leben mitten in einer sich selbst verschlimmernden Unwucht: Wer Wohnungen besitzt, wird – in Vermögen betrachtet – ohne Arbeit immer reicher. Wer arbeitet, ohne eine Wohnung zu besitzen, wird – relativ betrachtet – ärmer. Die neue gravierende Schieflage liegt in einem Missverhältnis zwischen dem Wert der Arbeit und dem Wert des Eigentums.

Dabei wird sich die Lage noch verschlimmern, wenn das Wirtschaftswachstum abnimmt. Der Fahrstuhleffekt von steigenden Arbeitslöhnen fällt dann immer kleiner aus. Am übelsten dran sind heute schon Menschen mit einem Stundenlohn von unter 60 Prozent des mittleren Einkommens. An ihnen ging das Wirtschaftswachstum der vergangenen Jahre fast vollständig vorbei. Laut einer von der gewerkschaftsnahen Hans-Böckler-Stiftung geförderten Studie ist das Wohnen für viele Teile der Gesellschaft mittlerweile zu teuer: »Rund 40 Prozent der Haushalte in Deutschlands Großstädten müssen mehr als 30 Prozent ihres Nettoeinkommens ausgeben, um ihre Miete (bruttokalt) zu bezahlen. Das entspricht rund 5,6 Millionen Haushalten, in denen etwa 8,6 Millionen Menschen leben.« Die Studie fand auch heraus: »Etwa 1,3 Millionen Großstadt-Haushalte haben nach Abzug der Mietzahlung nur noch ein Resteinkommen, das unterhalb der Hartz-IV-Regelsätze liegt«. Das heißt: Viele Menschen zahlen so viel Miete, dass sie an den Rand des Existenzminimums gelangen oder gar darunter liegen.

In der Konsequenz bedeutet das: Wohlstand für wenige, und nicht für viele, wie das Versprechen der »Soziale Marktwirtschaft« lautet. Nach gut 30 Jahren neoliberaler Politik braucht Deutschland deshalb wieder einen Ruck nach links – und zwar vor allem beim Wohnen.

Was heißt das konkret?

Ganz einfach: Es muss wieder verstärkt einen Wohnungsbau geben, der nicht auf Profite ausgelegt ist, sondern lediglich auf Selbsterhaltung. Die verlangten Mieten dürften gerade so hoch sein, dass sie den Bestand, notwendige Modernisierungen und die Verwaltungskosten sichern. Für diese Gemeinwohlorientierung bekämen die Träger der Wohnungen Steuervorteile. Dieses Modell gab es schon einmal in Deutschland. Es hieß »Sozialwirtschaft«. Leider wurde es vor dreißig Jahren eingestampft.

Die Wiedereinführung der sogenannten Wohnungsgemeinnützigkeit ist daher heute das Gebot der Stunde. Bis zum 1. Januar 1990 erhielten Wohnungsunternehmen, die eine jährliche Rendite von unter fünf Prozent erzielten, Steuervorteile. Im Schatten des Korruptionsskandals bei der gewerkschaftseigenen »Neuen Heimat« hob die Regierung Kohl dieses Privileg auf; gemeinnützige Wohnungsunternehmen wurden mit profitorientierten Unternehmen steuerlich gleichgestellt. Begründet wurde dieser Schritt damit, dass die Gemeinnützigkeit den Wettbewerb verzerre und private Wohnungsunternehmen schlechter stelle. Zudem erwartete die Regierung Kohl dadurch Steuermehreinnahmen.

Das war ein schwerer Fehler, der nicht nur zur derzeitigen Wohnungsnot beiträgt. Auch die Vermögensgerechtigkeit in Deutschland geriet mächtig in Schieflage. Es ist deshalb höchste Zeit, diesen Fehler zu korrigieren. Deutschland braucht die Sozialwirtschaft zurück. Öffentlich-rechtliche Wohnungsunternehmen, die Wohlfahrtspflege und Genossenschaften müssen durch das Gemeinnützigkeitsprivileg gestärkt werden. Wer nicht in erster Linie Profitmaximierung anstrebt, sondern die Versorgung mit bezahlbarem Wohnraum, sollte dafür belohnt werden. Das gilt besonders, wenn die Träger sich nebenbei noch sozial engagieren, zum Beispiel indem sie in ihren Gebäuden Jugendtreffs oder Kitas betreiben.

All dies würde nicht zwingend bedeuten, den staatlichen Wohnungsbau der 1970er Jahre wiederzubeleben. Stattdessen sollten sozialwirtschaftliche Wohnungsunternehmen von der öffentlichen Hand dabei unterstützt werden, Menschen innerstädtisch mit ansprechenden Wohnungen zu versorgen. Hier wird allerdings auch die Frage berührt, ob etwa Städte selbst neue eigene Wohnungsbauunternehmen gründen sollten, und dadurch eigene Wohnungsbestände neu aufbauen sollten. Zwischen den Jahren 1999 und 2011 verkaufte die öffentliche Hand jedenfalls rund 917.000 Wohnungen, wie das Bundesinstitut für Bau-, Stadt- und Raumforschung ermittelte. Allein die Stadt Berlin verkaufte unter dem sozialdemokratischen Finanzsenator Thilo Sarrazin bis 2005 200.000 Wohnungen. Heute rächt sich diese Privatisierung.

Die Reaktionen der politischen Linken auf die aktuellen Entwicklungen auf dem Wohnungsmarkt sind aber gerade weitgehend die falschen. In Berlin fordern Die Linke und Teile der SPD sowie der Grünen mittlerweile die Enteignung von Immobilienkonzernen. Das schießt völlig übers Ziel hinaus. Die Mietpreisbremse hat ebenfalls wenig bewirkt, und auch der von Rot-Rot-Grün in Berlin forcierte Mietendeckel wird in seiner Form wahrscheinlich negative Folgen haben. Es könnte weniger gebaut werden, und dadurch würden die Mieten in Berlin weiter dramatisch steigen. Die Wohnungsgemeinnützigkeit und die finanzielle Unterstützung der Kommunen durch den Bund wären das viel bessere Mittel – und verfassungsrechtlich zudem unbedenklich.

Viele private Vermieter und Konzerne haben kein Interesse an Gleichheit, sondern an angespannten Märkten mit knappem Wohnraum. Und Märkte können versagen, wie die Finanzkrise gezeigt hat. Nicht nur um die Wohnungsnot zu lindern, sondern auch um mehr soziale Gleichheit herzustellen, braucht es deshalb eine neue linke Bauökonomie. Wer günstig baut und günstig vermietet, soll dafür belohnt werden – egal ob privat oder als öffentliches Wohnungsbauunternehmen.

Diese linke Ökonomie wäre kein Schritt zum Sozialismus, sondern einer zurück zur sozialen Marktwirtschaft. Für die SPD sollte dieses Projekt Priorität haben. Sowohl die Südwest-SPD wie auch einige Grünen-Politiker forderten vor einigen Jahren die Wiedereinführung der Wohnungsgemeinnützigkeit, leider ohne Erfolg. Komisch eigentlich. Die Wiedereinführung der Wohnungsgemeinnützigkeit wäre wirklich einmal ein linksrealistisches Projekt statt den baupolitischen Radikalitätsfantasien, die von den »R2G«-Parteien momentan vorgeschlagen werden. Worauf warten sie noch?

Es geht um die Industrie, Dummkopf![7]

Eine Strukturkrise hat die deutsche Industrie erfasst. Die Folgen werden alle zu spüren bekommen, denn die wirtschaftliche Leistungskraft der Industrie ist der Garant des Wohlstands und des sozialen Friedens in der Bundesrepublik.

Der Glaube, dass Deutschland schon lange kein Industrieland mehr sei und seinen zukünftigen Wohlstand vor allem in Dienstleistungen sehen müsse, wird sich bald als Illusion erweisen. Auch wenn die Zahl der Beschäftigten 2019 mit 45,3 Millionen einen historischen Höchststand erreichte, bahnt sich ein wirtschaftlicher Umbruch an, der wenig mit den konjunkturellen Schwankungen der vergangenen Jahrzehnte zu tun hat.

Seit Ende 2017 ist der Produktionsindex für das verarbeitende Gewerbe in Deutschland um mehr als sieben Prozentpunkte gefallen. Im letzten November gingen die Auftragseingänge der Industrie im Vergleich zum Vorjahr um 6,5 Prozent zurück. Bosch will bis Ende 2022 2.000 Stellen abbauen, Thyssenkrupp 6.000, Daimler in den kommenden Jahren 10.000 und Audi 9.500. Allein durch Umstellungen der Automobilproduktion von Verbrennungs- auf Elektromotoren könnten nach einer Schätzung des Center of Automotive Research der Universität Duisburg-Essen bis 2030 über 230 000 Stellen bei Automobilherstellern und Zulieferern in Deutschland wegfallen. Laut einem aktuellen Bericht der Nationalen Plattform Zukunft der Mobilität (NPM), aus dem das *Handelsblatt* am Montag zitierte, seien bis zum Jahr 2030 sogar rund 410 000 Arbeitsplätze gefährdet.

Dabei ist noch gar nicht wirklich einkalkuliert, ob die Elektrobatterie-Strategie, die etwa VW forciert, überhaupt funktionieren wird. Japan setzt etwa fundamentaler auf Wasserstoff und in der letzten Konsequenz auch auf das Brennstoffzellenauto. Mit dem Toyota Mirai liegt nun erstmals ein bezahlbares Wasserstoffauto vor. Toyota kann sich offensichtlich noch leisten, mehrere parallele Entwicklungsstränge zu finanzieren. Die VW-Kernmarke scheint hingegen, finanziell gebeutelt durch ihren Dieselskandal, alles auf die Batteriekarte setzen zu wollen – und vielleicht finanziell auch setzen zu müssen. Einzig Audi soll für den VW-Konzern in Ingolstadt als Brennstoffzellenkompetenzzentrum auch Alternativen entwickeln. Man sieht: Im Autoland Deutschland herrscht große Verunsicherung. Und in der größten deutschen Industriebranche weiß man auch nicht so recht, wo der Weg in die Zukunft nun langgehen soll.

Auch im Maschinenbau ist Verunsicherung spürbar: Nach Angaben des Verbands Deutscher Maschinen- und Anlagenbau (VDMA) sind die Auftragseingänge im November real um 15 Prozent im Vergleich zum Vorjahr gesunken.

Viele der mittelständischen Unternehmen haben sich zudem bereits von Leiharbeitern getrennt. Der Kampf, wenigstens die Stammbelegschaften zu halten, ist in vollem Gange.

Auch dass im Sozial- und Dienstleistungsbereich nach Personal gesucht wird, ändert nichts an der Dramatik der Situation. Mit jedem Industriearbeitsplatz fällt ein Job weg, in dem deutlich besser als im Dienstleistungsbereich bezahlt wird: Das Jahresdurchschnittseinkommen in der Industrie lag 2018 bei 56.143 Euro brutto. In boomenden Dienstleistungsbereichen wie Verkehr und Lagerei, zu denen auch Amazon und DHL gehören, waren es gerade einmal 39.475 Euro. Durch den drohenden Wegfall von hunderttausenden Arbeitsplätzen würde sich die soziale Spaltung vertiefen und dies den gesellschaftlichen Frieden bedrohen.

7,4 Millionen Menschen arbeiteten laut Statistischem Bundesamt 2017 in Deutschland in der Industrie und im Baugewerbe noch 2,3 Millionen Menschen. Die Industrie-Unternehmen erwirtschafteten 2018 ein Viertel des Bruttosozialprodukts, das Baugewerbe weitere fünf Prozent. Sie sorgen für den volkswirtschaftlichen Wohlstand, der wiederum dafür sorgt, dass vom Finanzbeamten bis zum Ausdruckstänzer Millionen Menschen ein Einkommen haben. Die Industrie exportierte 2018 Waren im Wert von 1.295 Milliarden Euro. Die Dienstleistungsbranche hingegen nur im Wert von 290,7 Milliarden Euro. Das sind gewaltige Unterschiede.

Die fatale Abhängigkeit Deutschlands von der Exportleistung weniger Branchen wie Maschinenbau und Automobilproduktion ist das Ergebnis einer jahrzehntelangen Politik und einer Mentalität vieler Bürger, die verhinderte, dass neue Technologien sich hierzulande in neue Wachstumsbranchen verwandeln konnten. Mit großer Skepsis wurde ab den 1980er Jahren die Digitalisierung betrachtet. Ob im Hard- oder Softwarebereich – von SAP abgesehen spielen deutsche Unternehmen international nicht in der ersten Liga. Gentechnik und Kernenergie wurden praktisch verboten. Wasserstoff war im Übrigen schon viel früher ein Thema – wurde aber nicht weiterverfolgt. Und selbst Aber-Milliarden von Strukturhilfen haben – etwa im Ruhrgebiet – nicht dazu geführt, zukunftsträchtige Branchen aufzubauen.

Natürlich hätte man sich ein deutsches Nokia und danach ein deutsches Apple vorstellen können. Handys etwa, die älteren Zeitgenossen werden sich erinnern, produzierte ja selbst Siemens einmal. Aber neue Formen von Industriegütern und eine Plattformökonomie haben bislang in die Wirtschaftsstruktur nicht integriert werden können – ein grober Fehler. So bleibt das Land zunächst weiter von seinen Kernindustrien abhängig – und das stärker denn je. Deutschland fehlt heute so etwas wie eine industriepolitische Globalsteuerung.

Die volkswirtschaftspolitische Planlosigkeit zeigt sich aber auch in anderen Bereichen. Nach einer Umfrage der Industrie- und Handelskammer Siegen haben 91 Prozent ihrer Mitglieder das Vertrauen in die Energiepolitik der Bundesregierung verloren. Das hat nicht nur mit den vergleichsweise hohen deutschen Energiepreisen zu tun. Vor nichts haben Familienunternehmer aus Ostwestfalen-Lippe mittlerweile mehr Angst als vor Blackouts. Wenn die Produktion stillstehen würde, es wäre ein betriebswirtschaftliches Desaster. Davor haben sie sogar noch mehr Angst als vor der Erbschaftssteuer.

Aber im Rausch der neuen Industriefeindlichkeit im Land geht diese Energiesorge unter. Ein langer guter Konjunkturzyklus und Teile einer Jugend, die in ihrem Leben nur Wohlstand erlebt haben, tragen zu einer Stimmung bei, die galant ignoriert, dass Wohlstand am Ende des Tages halt nicht vom Himmel fällt. Stattdessen dominieren Technik-Angst und politische Konzepte, die Deutschland endgültig zu einer postindustriellen Gesellschaft machen würden. Geld würde dann woanders in der Welt verdient.

Industriefeindliche Protestfreudigkeit, Ignoranz und Technikangst haben die Zukunftsaussichten der Bundesrepublik verdunkelt. Es gibt kaum zukunftssichere Industrien, die beim Schrumpfen der Klassiker Auto- und Maschinenbau den Wohlstand sichern können.

Was also tun? Hier sind ein paar Ideen:

Mehr Geld für Technik-Forschung. Vor allem die außeruniversitären Forschungseinrichtungen sollten massiv gefördert werden. Nun hat eine Analyse des *Handelsblatts* aber gerade auch ergeben, dass diese Einrichtungen ihr Geld jetzt schon nicht ausgegeben bekommen. Sie schieben 1,2 Milliarden Euro an Rücklagen vor sich her. Dennoch fordern die Ökonomen Sebastian Dullien vom gewerkschaftsnahen IMK-Institut und Michael Hüther vom arbeitgebernahen IW-Institut 109 Milliarden Euro zusätzlich in zehn Jahren für Bildung und Forschung. Sie argumentieren, dass nur langangelegte Pläne zu einem Aufbau in Bauwirtschaft und Verwaltung führen. Ein Land, dessen Bildungssystem im OECD-Schnitt unterfinanziert ist, muss jedenfalls begreifen, dass massive Investitionen erforderlich sind. Fachkräfte von morgen fallen nicht vom Himmel. Und Spitzen-Forscher brauchen beste Rahmenbedingungen. Sonst forschen sie eben im Ausland weiter – und nicht bei uns.

Einwanderung von klugen Köpfen: Schenkt den MINT-Spitzenkräften dieser Welt beispielsweise fünf Jahre ihre Einkommenssteuer, wenn sie dafür nach Deutschland kommen. Begrenzt dafür die Einwanderung über das Asyl-System stärker. Kanada macht hier den Weg für ein modernes Einwanderungssystem vor. Deutschland kann sich daran ein Vorbild nehmen.

Das Zukunftsthema Wasserstoff: Ingolstadt (wegen Audi) und München (wegen BMW, deren Entwicklungschef gerade Wasserstoff-E-Mobilitätspläne bestätigt hat), müssen die Wasserstoffhauptstädte Europas werden. Der umtriebige bayerische Wirtschaftsminister Hubert Aiwanger von den Freien Wählern hat Wasserstoff bereits als großes Thema für sich entdeckt und fördert es mit Herzblut. Das ist gut. Auf die große bundesdeutsche durchdachte und finanziell schlagkräftige Wasserstoffstrategie des Bundeswirtschaftsministers Peter Altmaier wartet man hingegen immer noch.

Was spräche dagegen, dass deutsche Autokonzerne ihre eigenen Auto-Start-Ups gründen, die auch unter eigenen Automarken firmieren, und welche ausschließlich Autos mit neuen Antrieben entwickeln? Jenseits von alten und langsamen Großkonzernstrukturen können hier vielleicht anfangs 500 junge Ingenieure und Informatiker neu denken. Die Konzerne »challengen« sich also selbst. Man könnte sich als politische Unterstützung hier etwa vorstellen, dass diese Start-Ups zehn Jahrelang von der Steuer befreit werden. Sozusagen als Aufbauhilfe. Inwiefern diese steuerpolitische Sonderbehandlung möglich ist, muss der Gesetzgeber klären. Aber wo der Wille zu einem Gesetz ist, da ist auch ein Weg.

In Deutschland gibt es 929 Jugendmusikschulen. Orte, an denen Kinder und Jugendliche an Technik herangeführt werden, sind hingegen Mangelware. Aber Kinder, die Spaß an Technik haben, sind die Handwerker, Facharbeiter und Ingenieure von morgen oder entwickeln einfach nur ein Interesse an 3D-Druck, Schreinerei, Programmierung und Metallarbeiten. Kinder basteln und experimentieren gerne. Sie sollten die Gelegenheit haben, diese Interessen auszuleben. Es ist also Zeit für Gründungen von »Jugendtechnikschulen«.

Schließlich: Denkt über Entbürokratisierung und den Abbau von Klagemöglichkeiten bei der Infrastruktur nach.

Hans Peter Doskozil – der Avantgardist eines neuen Realismus

Die absolute Mehrheit. Während in Europa die Sozialdemokratie darbt und zum Teil einen bemitleidenswerten Eindruck hinterlässt, holt Hans Peter Doskozil in seinem Burgenland nun die absolute Mehrheit. Ein historischer Sieg. Bruno Kreisky dürfte im Himmel gerade leise vor Freude weinen. Seine Sozialdemokraten sind noch nicht tot. Sie leben.

Doskozil hat nicht nur als Person gezogen, wie eine Wahlanalyse zeigte. 37 Prozent der Befragten sagten, der Spitzenkandidat Doskozil sei ihr Hauptmotiv für die Wahl der SPÖ gewesen. Weitere zehn Prozent gaben dazu nämlich etwa auch an, dass sich die Partei um die Anliegen der Menschen kümmert. SPÖ-Kümmerer und SPÖ-Kümmererpartei gehen im Burgenland eine Symbiose ein. Johannes Rau würde da feuchte Augen bekommen. So authentisch Kümmererpartei ist die SPÖ im Burgenland. Der SPÖ-Intellektuelle Robert Misik schrieb zuletzt ein Buch mit dem Titel »Die falschen Freunde der einfachen Leute«. Darin versucht er zu zeigen, dass Parteien wie die FPÖ, die zuletzt vielfach von der »Working Class« gewählt wurden – obwohl sie ökonomisch eigentlich nichts für diese einfachen Leute tun, wie man an der türkis-blauen Koalition sah –, eben die »falschen« Freunde der einfachen Leute sind. Doskozil hingegen, das kann man nun spätestens seit Sonntag sagen, ist der »richtige« Freund der einfachen Leute.

Doskozil ist in der Sozialpolitik links, ein echter Sozialdemokrat, in der inneren Sicherheit ist der ehemalige Polizist standfest. In der Migrationspolitik macht er keine Haltungspossen, sondern setzt auf klare Kante und Lösungen – auf einen gesunden Pragmatismus. In der Wirtschaftspolitik ist er auch Pragmatiker – überhaupt setzt er sich mit Wirtschaftspolitik sinnvoll auseinander. Der »starke Staat« ist für ihn also Leitschnur und Ziel. Das ist das Programm zum Siegen. Die dänische Sozialdemokratie weiß das schon länger.

Roland Fürst, Landesgeschäftsführer der SPÖ im Burgenland und so etwas wie Doskozils Vordenker, der Egon Bahr des Burgenlandes, fasste seinen und Doskozils Kurs in einem Satz zuletzt gut zusammen: »Ich sehe mich als Vertreter der Sozialdemokratie, der nichts tabuisiert.« So ist es: »Sagen, was ist.« Nicht nur journalistische Größen wie *Spiegel*-Gründer Rudolf Augstein wussten das, sondern auch der Mitgründer der deutschen Sozialdemokratie, Ferdinand Lassalle, ja selbst die harte Linke um Rosa Luxemburg. »Ich selbst bezeichne mich als vernunftbegabten Linken«, sagt Fürst weiter. Ja, genau das ist es, was der Sozialdemokratie gerade fehlt: linke Vernunft.

SPÖ-Chefin Pamela Rendi-Wagner versteht von alledem leider wenig. Zuletzt lancierte sie einen Grundsatztext »Hart, aber fair« im »Standard«. Fair mag sie sein, hart mit Sicherheit nicht. Doskozil hingegen ist der Macher. Lange hat er es bewiesen. Am Sonntag haben die Bürger es ihm mit Vertrauen bestätigt.

Die Lage ist ernst für die Sozialdemokratie. Für proseminarisches Bereden der richtigen Strategie, für elaboriertes Streiten zwischen Identitätsaktivisten und Realisten hat sie keine Zeit mehr. Seit Jahren hält nunmehr ein Kleinkrieg an, und die sinnlosen Wiederholungsschleifen linker Strategiediskurse gehen mittlerweile nicht nur Parteimitgliedern auf die Nerven, sondern auch der Wählerschaft. Es reicht jetzt. Für Staaten Nordeuropas (wie Dänemark, Österreich, Deutschland) steht jetzt die Richtung fest. Realisten gewinnen Wahlen. Seit Hillary Clintons Wahlniederlage wissen das alle, die halbwegs klar im Kopf sind. Die Ideologen und Aktivisten haben trotzdem zuletzt das Ruder übernommen. Zuletzt fuhren sie in England so den Karren gegen die Wand. Doskozils historischer Sieg ist jetzt – hoffentlich – die reinigende Zäsur.

Wer hingegen jetzt immer noch weiter maßgeblich »bella figura« im gesellschaftspolitischen Haltungsballett machen will, der wird als Sozialdemokratie halt weiter Wahlen verlieren. Das versteht leider aber weder das neue SPD-Zentralkomitee um Kevin Kühnert und seine jungsozialistischen Twitter-Revolutionsgarden noch die linksliberale Primaballerina des Wiener Parketts Rendi-Wagner. Diese Haltungspolitiker versuchen eher mit einem Übermaß an Demonstranz eigener Haltung zu punkten und vergessen dabei, dass es eigentlich diese schwere Arbeit an den Themen, das Ackern an Lösungen, das Ringen um Verbesserungen ist, das die deutsche und österreichische Sozialdemokratie stets stark gemacht hat und zu Wahlsiegen trug.

Diese alten Sozialdemokraten waren realpolitische Malocher, wohingegen die neuen Sozialdemokraten oft nicht mehr sind als Sprechpuppen schöngeistiger Erhabenheit – was sie mit vielen Grünen gemeinsam haben. Doskozil ist einer vom alten Schlag. Ein Malocher. Ein Arbeiter. Ein Kämpfer. Von ihm und seinem historischen Sieg geht nun etwas aus. Der Sieg könnte die Blaupause sein für die Rückgewinnung eines »linken Realismus« und die Rückkehr der Realisten in die politische Arena nach Jahren nichtssagender postdemokratischer Sprechchorepolitik – vor allem aufseiten der Linken. Doskozil könnte so der Avantgardist eines neuen Realismus werden.

Die Führungsfrage in der österreichischen Sozialdemokratie wurde am Sonntag geklärt. Jetzt müssen sich die deutschen Genossen fragen: Wie lange muss es noch dauern, bis ein linker Realismus in Deutschland endlich als der richtige Weg für die Sozialdemokratie anerkannt wird? Wie tief muss die SPD noch fallen? Wie viele Wahlen muss sie noch verlieren? Bis sie endlich merkt: Nur ein linker Realismus ist der Weg in die Zukunft.

Christian Baron – Der Junge aus Kaiserslautern

Christian Baron, ein Junge aus Kaiserslautern, heute Journalist beim linken »Freitag«, hat ein Buch über seine Jugend in Armut, Hunger, Gewalt, Alkohol und nahezu aussichtsloser Herkunft geschrieben. Doch er hat es geschafft. Wie? Auch das verrät sein Buch »Ein Mann seiner Klasse«

Barons Buch ist ein schonungsloser Bericht sozialer Prekarität und vom Willen eines Jungen, all dem zu entfliehen. Was Baron tut, auch für uns, den Leser und die Gesellschaft, ist, gedanklich zurückzukehren, alles nochmal zu durchleben, sich alles nochmal anzutun, um in uns die Empathie zu wecken: So etwas darf in einem reichen Land nicht sein.

Kaiserslautern, die West-Pfalz, ist von vielen Geschichten dieser Prekarität geprägt. Leider. Im Ruhrgebiet ist es noch schlimmer. 41 Prozent aller Kinder wohnen in Gelsenkirchen in Haushalten, die Hartz IV beziehen. Und in Dortmund, Duisburg, und Essen erhält jedes dritte Kind staatliche Stütze.

Christian Barons Blick ist von einer großen Unschuld geprägt, an der er in fast masochistischer Weise den Leser teilhaben lässt. Er hält uns ein Leiden und ein Leben, denen er entflohen ist, so sehr vor das Gesicht, dass wir darüber gesellschaftlich nicht mehr hinwegsehen sollen. Barons Buch ist keine geiernde Sozialpornografie à la »Hartz und herzlich« auf RTL2. Kein voyeuristisches »zur Schaustellen« der existenziellen Verwüstung sozialer Prekarität. Nein, es ist der erschütternde blanke Bericht sozialer Prekarität.

Zwei Beispiele aus seinem literarischen Bericht erzählen davon.

Erstes Beispiel: Eines Tages hatte der Junge aus Kaiserslautern so einen Hunger, dass er auf einen Einfall kam, der beim Lesen fast zum Speien zwingt. Der Junge hatte im Fernsehen gehört, dass Schimmel ja auch ein Pilz sei und man Pilze, so weiß der Junge, ja grundsätzlich auch essen könne. So kratzte er mit seinen Fingernägeln den Schimmel von der Wand und schob ihn in seinen Mund. Ja, der Junge aus Kaiserslautern stopfte voller Hunger Schimmel in sich hinein. Der Leser mag würgen und mit sich ringen, aber was fühlt er? Baron will unsere Empathie. Meine hat er.

Zweites Beispiel: Sein alkohol-kaputter Vater, der seine Mutter und ihn schlug, und ansonsten ein ziemlich mieser Arsch gewesen sein muss, wie Baron uns ihn schildert, tat eines Tages folgendes: Er trat einer Freundin der Familie in ihren Babybauch. Wer tut sowas? Einer Frau in ihren Babybauch treten? Widerlich. Abstoßend. Was ein Monster. Das letzte Mal, als ich von so etwas hörte und sah, war das Fiktion. Nämlich in der ZDF-Filmreihe »Unsere Mütter, unsere Väter«. Da schlug ein Nazi seiner Geliebten in den Babybauch, damit sie ihr Kind verliere. Da war es Fiktion. Bei Baron hofft man nur, es sei Fiktion.

Baron erzählt uns im Buch auch von der Erniedrigung, die man so erfahren muss, wenn man von unten kommt. Er bastelte sich einst ein Trikot des 1. FC Kaiserslautern, weil er sich keines leisten konnte und wurde von anderen sogleich dafür fertig gemacht, dass er so herumlaufe. Baron erzählt uns aber auch, wie man dem ganzen Teufelskreis der Prekarität entfliehen könne. Die Antwort ist einfach: Du brauchst immer einen, der an dich glaubt. In seinem Fall Tante Juli und Tante Ella. Ohne deren Ermunterung und Hilfe wäre aus dem Jungen aus Kaiserslautern nie der Mann geworden, der er heute ist.

Aber was ist mit denen, die Tante Juli und Tante Ella nicht haben? Die rheinland-pfälzische Regierung probiert etwa seit Längerem unter dem Dach der »Westpfalz-Initiative« einen neuen Ansatz zur Bekämpfung von Langzeitarbeitslosigkeit. Dabei wird die ganze Familie analysiert, und Arbeitsberater, Sozialarbeiter und Familiencoaches versuchen gemeinsam nicht nur den Erwachsenen, sondern der ganzen Familie zu helfen. Die »Westpfalz-Initiative« ist bislang mehr ein Modell als ein wirklich neuer Ansatz, denn die Initiative ist unterfinanziert und müsste von einem Landesprogramm zu einem bundespolitischen Programm und Ansatz werden – mit Geld vom Bund.

Was diese »Westpfalz-Initiative« allerdings auch klar macht, und dies muss gesagt werden, damit Barons Buch nicht einfach zu Forderungen für mehr Hartz-IV-Geld führt, ist: Die Antwort auf soziale Prekarität lautet nicht: Gebt Hartz-IV-Empfängern mehr Geld. Die Antwort ist: Steckt mehr Geld ins Bildungssystem und eine moderne Sozialpolitik, damit ein Junge wie Baron niemals, aber auch niemals in Aussichtslosigkeit aufwachsen muss.

Baron ist etwas entflohen. Mit Glück, mit Talent, mit dem kleinen bisschen schicksalshaften Effet, den wir uns alle manchmal wünschen, weil wir glauben, dass wir es verdient haben. Andere bleiben aber zurück. Barons Buch könnte eine Diskussion über eine moderne Sozialstaatlichkeit auslösen anstatt nur wieder die soziale Lage zu beschreiben und dann der SPD vor das Schienbein zu treten, dass sie und Gerhard Schröder, den Baron in einem Interview zum Buch mit Deutschlandfunk Kultur gerade einen »Klassenverräter« nannte, an dem ganzen Elend schuld seien. Die SPD hat Fehler gemacht. Schuld ist sie nicht. Es liegt auch am fehlenden Willen, eine sinnvolle Diskussion über Sozialstaatlichkeit zu führen. Das bekommt das Land und die politische Linke hierzulande seit dem Jahr 2005 nicht hin.

Aber Barons Buch liefert noch mehr als Munition, um mal wieder über den Sozialstaat zu reden. Er erzählt uns auch schonungslos, wie schwer es ist, als Junge von Nicht-Akademikern etwas in diesem Land zu werden. So oft wie man in diesem Land sozialen Aufstieg, soziale Marktwirtschaft und Aufstieg durch Bildung preist, und so wenig das wirklich stattfindet (nur ein Nicht-Akademikerkind von 100 promoviert), sollte dies eigentlich endlich auch eine Diskussion darüber zur Folge haben, ob das nicht alles eine Lebenschancenlüge ist, die man Menschen von unten als schönen Traum auftischt, der aber in der Realität kaum greifbar ist. Wer das verändern will, der muss über materielle Fragen reden, aber auch über kulturelle Fragen.

Ein Beispiel für die kulturellen Fragen: Ich fühlte mich an einer Stelle seines Buches seltsam verbunden mit Baron (auch ich bin Nicht-Akademikerkind), und dabei ging es darum, wie wir eigentlich aufwachsen. Was Kinder aus Nicht-Akademiker-Haushalten öfter gemeinsam haben, ist, dass sie nicht mit Bücherregalen aufwachsen. Ich erinnere mich, dass ich bereits alle »alten« Star Wars Filme mehrfach gesehen hatte, bevor ich zum ersten Mal in meinem Leben selber und alleine ein Buch las. Ich kannte als Kind fast alle Sendungen bei Super-RTL, wer Immanuel Kant war, wusste ich nicht. In der Oper war ich als Erwachsener zum ersten Mal.

Eine Zeitung, die »Financial Times Deutschland« (heute gibt es sie nicht mehr), habe ich zum ersten Mal im zweiten Semester regelmäßig gelesen. Und worüber ich nie nachdachte und was Baron mir vor Augen führte: Dass es unter Akademikern ungewöhnlich sein kann, einen größeren Fernseher zu haben, ja das sind diese kleinen Dinge, die den Unterschied machen. Baron führt uns das alles gnadenlos vor Augen – ohne auch nur anklagend gegenüber versnobten Rich-Kids zu sein. Er lässt sein Leben selbst sprechen. Das können nur wenige. Baron hat ein sehr lesenswertes Buch geschrieben – zwischen Roman und Sozialstudie.

Christian Baron, jetzt der Journalist, sollte allerdings aufpassen, nicht einen Stempel zu bekommen, im Sinne von »der Junge mit der harten Kindheit, der darüber immer schreibt«. Das kann nervig werden, weil man nicht mit Privatleben und Einzelschicksalen von Menschen ständig überfrachtet werden will. Anders gesagt: Wenn jetzt noch »Ein Mann seiner Klasse« Teil 2, nämlich »Meine Mutter und die Unterschicht« und Teil 3 »Mein Bruder und ich« folgen, macht Baron alles falsch, was er falsch machen kann.

Baron ist klug genug, nicht in diese Falle zu tappen. Eines bleibt Christian, dem Jungen aus Kaiserslautern, noch zu sagen. Du hast es geschafft. Jetzt kommt die Frage: Wer noch? Und was kann man da tun?

SPD – Die Lage ist ernst, Genossen!

Annegret Kramp-Karrenbauer will auf die Kanzlerkandidatur der Union verzichten und in der Folge auch den Parteivorsitz übergeben. Das ist eine richtige Entscheidung. Sie erkennt, dass sie nicht gewinnen kann und gibt die Partei in neue Hände, mit denen sie mehr Chancen hat. Erst die Partei, dann das eigene Ego. Das ist vorbildlich und sollte auch anderen Parteien daher ein Vorbild sein. Denn am Ende geht es darum eine Wahl zu gewinnen.

Die FDP und Christian Lindner werden sich nun diese Frage zu stellen haben: Bin ich der Richtige? Ist er der Richtige? Gleiches gilt für die SPD. Nach einem sinnlosen sechsmonatigen Casting, in dem die SPD nur zeigte, dass sie personell ziemlich ausgedünnt ist und zudem sich selbst den Blattschuss gab, um die vergangenen Wahlen in Ostdeutschland überwiegend in den Sand zu setzen, steht sie gespalten da, und intern nimmt eine zersetzende Radikalisierung nach sehr weit links zu.

Zwar musste die SPD nach Jahren neoliberaler Verirrung mit dem Schröder-Kurs brechen, aber gerade ist sie auf dem Weg der französischen Sozialisten. In Kevin Kühnert, dem Talkshowgesicht der SPD dieser Tage, hat sie ihren Benoit Hamon gefunden. Hamon führte die französischen Sozialisten bekanntermaßen ins Abseits.

Wenn eine Partei aber erstmal so tief fällt wie die französischen Sozialisten, dann erholt sie sich jahrelang davon nicht mehr. In Frankreich musste die Partei sogar wertvolles Tafelsilber verkaufen und die eigene Parteizentrale verhökern. Die französischen Sozialisten stehen also gerade programmatisch und finanziell ziemlich bankrott da. Das könnte der SPD nun auch passieren.

Seit längerem wandert nicht nur das aufgeklärte Bürgertum zu den Grünen ab, sondern auch das Kleinbürgertum, dessen Partei die SPD einst war, wählt entweder gar nicht oder CDU, FDP und AfD. Während das aufgeklärte Bürgertum recht zufrieden scheint mit den Grünen, wäre beim Kleinbürgertum natürlich weit mehr zu gewinnen. Mit der Entscheidung von AKK droht der SPD nun die größtmögliche Katastrophe.

Alles spricht nun dafür, dass Armin Laschet die Union übernimmt. Jedenfalls wird nichts ohne ihn und seinen mächtigen Landesverband NRW gehen. Das würde wohl eine Sozialdemokratisierung der Union zur Folge haben, die erfolgreich das Kleinbürgertum für sich gewinnen könnte. Das könnte endgültig die SPD vollkommen gegen die Wand drücken und tatsächlich die SPD verschwinden lassen. Die SPD droht nun ganz unterzugehen.

Die fatale Übernahme der Parteizentrale durch die AStA-Linke kann durch die neuen Entwicklungen zum tatsächlichen Verschwinden der SPD führen. Die Lage ist ernst. Und hier will auch kein notorischer Mahner warnen. Nüchtern und von außen betrachtet, ist die SPD dabei, sich in einer Funktionärswelt einzurichten, die die normalen Menschen da draußen nicht mehr erreicht. Ein Blick nach Dänemark oder zu Hans-Peter Doskozil nach Österreich hingegen zeigen, dass eine vernünftig linke Partei dieser Tage auch Wahlen gewinnen kann. Davon will die SPD aber gerade nichts wissen – allen voran der Chefideologe der Partei Kevin Kühnert.

Die SPD muss nun ihre sozialkonservativen Kräfte stärker nach vorne bringen (Olaf Scholz, Stephan Weil, Sigmar Gabriel, Thomas Oppermann). Sie muss aber auch endlich ein personelles Angebot an die Gewerkschaftslinken und die untere Mittelschicht richten und daher »linken Realisten« in der Partei mehr Macht und Sichtbarkeit geben. Als stromlinienförmige Funktionärspartei, die wahlweise Möchtegern-Sozialisten oder linksliberale Ästhetiker sind, hat die Partei nichts mehr zu gewinnen. Rein gar nichts.

Wenn Armin Laschet übernehmen sollte, könnte die SPD zwischen Union und Grünen völlig zerrieben werden. Nach 2021 könnte sie in Scherben liegen. Und dann wäre es auch egal, ob die AStA-Linke um Saskia Esken und Norbert Walter-Borjans dann vollkommen übernimmt und die SPD zu einer Sekte wird, weil die SPD dann nämlich auf lange Zeit keine Bedeutung mehr für diese Republik haben wird.

Die Lage ist ernst, Genossen. Nach der Hamburg-Wahl muss man in der Partei reden. So geht es nicht weiter.

Nietzsche und die SPD

Der nüchterne politische Beobachter fragt sich dieser Tage, wenn er überhaupt mal an die SPD denkt:

Wann wacht die SPD aus ihrer esoterischen Selbstbespiegelung auf? Wann geht sie raus ins Leben anstatt sich auf die Social-Media-Kanzel zu stellen? Der alten und großen SPD geht es dieser Tage nicht gut. Ihre kleine Erholung von 12 Prozent auf 16 Prozent ist ein Strohfeuer und dem Dilettantismus der FDP in Thüringen zu verdanken. Bis Thüringen war die FDP auf dem Weg zu 13 Prozent. Nun kämpft sie um ihre Existenz. Und sobald die CDU sich geordnet hat, wird wieder Schluss sein, mit den kleinen Streckübungen der SPD. Dann wird man wieder die Gesichter langziehen, weil man sich wieder auf 13-14 Prozent einpendelt. Es wäre also Zeit für einen Aufbruch – auch aus imaginierten Selbstgewissheiten. Nur passiert das halt nicht.

Anstatt Sozialdemokraten offen über den besten Weg reden, mahnen sie lieber intern zur Solidarität und die braven Jusos beklatschen rhythmisch noch jeden Vorschlag für zielsichere Minderheitenpositionen und Randthemen (Cannabis und Polizeitaktiken lassen grüßen) seitens des neuen Duos Saskia Esken und Kevin Kühnert.

Norbert Walter-Borjans tut mir dieser Tage leid. Er fragt sich bestimmt schon selbst, in was er da hineingeraten ist. Er soll eine Partei führen, deren Durchsetzung mit geisteswissenschaftlichem Hokuspokus er als rationaler Ökonom eigentlich nur mit der Flucht aus diesem Irrsinn goutieren dürfte. Um ihn sammelt sich eine AStA-Linke, die ihn aufs Schild hebt und für ihn halsbrecherische Cheerleading-Aktionen begeht, aber er wird dabei wohl nur innerlich lachen müssen und doch kann er nicht einfach sagen »Ihr spinnt doch«.

»Noch« kann er es nicht laut sagen. Dies sei hier als eine Ermunterung an ihn gemeint: Wag dich aus der postmodernen Höhle. Das Licht des Realismus außerhalb der Höhle wird zwar stechend sein. Aber deine Augen werden sich gewöhnen. Der Abstieg in die Höhle wird danach der eigentliche Akt. Natürlich werden sie dich halb hassen, wenn du zurückkehrst und ihnen sagst, was sie nicht hören wollen. Aber nur so kann er funktionieren: dein Weg zur Macht.

Nicht zu der Macht, die du schon hast, sondern zu einer neuen Macht. Landläufig nennt man sie Diskursmacht und mit ihr kommt Autorität. Diese Macht gewinnst du durch gesellschaftliche Analyse und dadurch, dass du Konflikte eingehst – auch mit Leuten aus der eigenen Partei, vor allem den falschen Freunden. Natürlich wird die SPD gegen die Wand fahren, wenn man es einfach laufen lässt und nicht nach Deutungshoheit strebt. Manch einer mag vielleicht denken, ein

Politikrentner aus NRW lässt sich leicht steuern. Die Wahrheit ist das Gegenteil: Du musst keine Karriere mehr haben. Du kannst nun einfach das Vernünftige tun. Du hast nichts zu verlieren, aber alles zu gewinnen.

Kevin Kühnert dominiert gerade eine schwache Partei nur deswegen mit Juso-Politik, weil es in ihr ein intellektuelles Vakuum und eine Führungsschwäche gibt. Anders gesagt: Es fehlt der Basta-Kanzler, der zugleich schöne Leitartikel wie Sigmar Gabriel schreiben kann – also Deutungshoheit und Autorität gewinnen kann. Du, lieber Norbert, hast nur dann eine Chance, diese Partei zu retten, oder ihr zumindest zu helfen, wenn du anfängst auf den Tisch zu hauen und die Zukunft der SPD in einer veränderten Welt zu skizzieren. Es klingt machohaft und von gestern, aber was die Partei jetzt braucht, ist »Führung«. Führung meint hier die Fähigkeit ein Orientierungsgeber zu sein. Die SPD braucht jetzt Linienmaler. Sie braucht intellektuelle Führung. Sie braucht einen Weg. Den muss man zeichnen.

Und an dieser Stelle kommen wir zu Friedrich Nietzsche. Ein bedeutendes Zitat von ihm geht so:

»Wozu die ›Welt‹ da ist, wozu die ›Menschheit‹ da ist, soll uns einstweilen gar nicht kümmern [...]; aber wozu du Einzelner da bist, das frage dich, und wenn es dir sonst keiner sagen kann, so versuche es nur einmal, den Sinn deines Daseins gleichsam *a posteriori* zu rechtfertigen, dadurch daß du dir selber einen Zweck, ein Ziel, ein ›Dazu‹ vorsetzest, ein hohes und edles ›Dazu‹. Gehe nur an ihm zugrunde – ich weiß keinen besseren Lebenszweck, als am Großen und Unmöglichen, *animae magnae prodigus*, zugrunde zu gehen«.

Nietzsche will unsere eigene Macht. Er will, dass wir wollen. Wir müssen uns jetzt nicht dort hinbegeben, zu erklären, was Nietzsche uns in »Also sprach Zarathustra« über den »Willen zur Macht« sagt. Wir wollen hier kein Nietzsche-Seminar abhalten und uns auch nicht mit der Exegese des »Übermenschen« aufhalten.

Nietzsche will, dass wir wollen. Dies müssen wir für den Moment wissen. Die »große Gesundheit« der SPD erlangen wir also nur, wenn wir wollen. Der Vorsitzende der Partei muss das ausstrahlen. Er braucht diesen Nietzsche-Touch der Eigenmächtigkeit. Er braucht auch diesen »Eros« für die Veränderung. Dieser Eros kommt vom Willen. Nietzsche will unsere Macht, bedeutet, dass er will, dass wir unseren Willen entdecken.

Man kann sagen, jemand wie Sigmar Gabriel hatte ein Übermaß an Willen. So etwas schadet – kann man sagen. In Wahrheit schadet es nicht. Man muss den Willen nur kontrollieren können. Nietzsche lehrt uns von der Souveränität des Homo politicus – Voraussetzung ist allerdings, dass wir in uns entdecken, was die alten Griechen »arete« nannten und damit »Mut« als den Inbegriff der Tugend ansahen.

Die alten Griechen wussten noch von Mut. Deswegen erfanden sie die Olympischen Spiele. Deswegen begründeten sie alles, auf dem wir heute als ihre Nachfahren stehen können. Ihr Drang nach Leben und Wettkampf, und ihr Vertrauen auf die Macht souveräner Bürger müssen uns heute eine Lehre sein. Der Altphilologe Nietzsche ging nicht ohne Grund so oft zu den alten Griechen zurück. Nietzsche will uns erinnern. Wir können so sein wie sie. So stolz, so mächtig. So wie diese demokratischen Ritter. Ja, Ritter. Demokratie in Athen war nichts für Schwächlinge. So würde Nietzsche auch heute über den politisch korrekten Irrsinn dieser Tage spotten. Er würde die Ressentimentpolitiker ironisieren und die Politiker der Zärtlichkeit entspannt auslachen. Nietzsche will, dass wir wollen.

Demo*kraten* will er. Meint: Leute, die wissen, was sie wollen. Natürlich müssen Spitzenpolitiker da Vorbilder sein. Nur so kommen wir wieder zu einer großen demokratischen Gesundheit. Und zur eigenen großen Gesundheit kommt die SPD nur dann, wenn sie eine Führung hat, die weiß, was sie will.

Norbert: Dir wurde unverhofft etwas geschenkt. Das Fatum meint es gut mit dir. Mach was draus.

Oder wie der alte Stoiker Seneca sagte:

»Fata volentem ducunt, nolentem trahunt.«

(Den Willigen führt, den Unwilligen treibt das Schicksal).

Sigmar Gabriel – Seine Linie heißt Emanzipation

»Sigmar, halt doch mal deine Linie«, so heißt ein Kapitel in der Gabriel-Biografie »Patron und Provokateur« der Journalisten Christoph Hickmann und Daniel Friedrich Sturm. Der Vorwurf des Zick-Zack-Siggis begleitet Gabriel schon fast sein ganzes politisches Leben über.

Und doch ist der Vorwurf falsch. Die Biografen geben es gewissermaßen selbst zu, als sie in dieser Biografie auch schreiben: »Emanzipation, das ist eines der Schlüsselwörter, die er seine Karriere hindurch immer wieder benutzt«.

In Sigmar Gabriels neuem Buch »Mehr Mut« wird diese Linie der Emanzipation nun sehr deutlich. Gleich in der Einleitung macht Gabriel deutlich, was er sich wünscht: Eine emanzipatorische Gesellschaft, einen emanzipatorischen Sozialstaat, eine emanzipatorische SPD. Es ginge darum, dass alle angemessen beteiligt seien am Haben und Sagen.

Was in den darauffolgenden Kapiteln folgt, ist ein publizistischer Ritt durch fast alle Politikfelder, die deutlich machen sollen, was nun »Emanzipation« eigentlich konkret heißt. Und dieser Ritt zeigt auch, dass dieser Mann, Sigmar Gabriel, selbst im besten aufklärerischen Sinne emanzipiert ist. Denn er weiß, wovon er redet. Die Kapitel 1 und 2 über die geopolitischen und wirtschaftspolitischen Konfliktlagen und Narrative dieser Zeit sind schlicht eine brillante Wiedergabe des »State of the art« geo- und wirtschaftspolitischer Analyse. Man lernt beim Lesen. Von welchen Politikern lernt man schon noch etwas? Und auch hier scheint die Emanzipation durch: Emanzipation von Deutschland und Europa in einer unübersichtlicher werdenden G2-Welt, wo China und die USA um die Hegemonie kämpfen – technologisch, wirtschaftlich, politisch.

Auch im echten Leben lebt Gabriel, was er an geopolitischer Analyse auf dem Papier bietet. Er ist durch den Vorsitz des transatlantischen Vereins »Atlantik Brücke« kein Außenpolitiker im Ruhestand. Er ist weiterhin mittendrin.

Die Atlantikbrücke kann man gut oder kann man schlecht finden. Das Stöhnen Oskar Lafontaines »Atlantikbrücke, Atlantikbrücke. Sigmar was hast du dir nur wieder gedacht« mag man zwar vom Saarland bis nach Goslar hören. Dass aber wenigstens ein Sozialdemokrat noch den Spagat auf sich nimmt, die zerrütteten transatlantischen Beziehungen etwas zu glätten, sollte man schon anerkennen. Nicht nur in der Theorie eines Buches, sondern auch in der Praxis.

Und Gabriel ist seit der Übernahme der Amtsführung wirklich nicht als Adjutant Donald Trumps aufgefallen. Anfang Januar saß Sigmar Gabriel zur Iranfrage bei Maybrit Illner. Seine Kritik an Trump und den USA war deutlich. Da saß eher ein Europäer, der die EU zu mehr Mut und Einsatz aufforderte. Trump jedenfalls hat er keinen Beifall geklatscht. Vor allem saß da bei Maybrit Illner im Januar diesen Jahres ein tiefenentspannter wie bärenstarker Außenpolitiker, der so tief in der Thematik war als wäre er noch Außenminister. Sein thematischer Tiefgang mag auch daher kommen, dass er für das »Handelsblatt« nun regelmäßig geopolitische Analysen vorlegt und daher im Stoff bleibt. Sein Podcast »Global Chances« gehört zu einem Must-Hear jedes außenpolitisch interessierten Deutschen.

Gabriel ist nun so etwas wie der neue Theo Sommer der deutschen Außenpolitik – nur mit dem Unterschied, dass er als ehemaliger Außenminister durch seine Expertise den aktuellen, eher leichtgewichtigen Außenminister, extrem in den Schatten stellt. Während der aktuelle Außenminister offensichtlich nicht weiß, was Geopolitik ist, sitzt also in Goslar der beste Außenpolitiker des Landes – sinnlos aus Konkurrenzdenken von Olaf Scholz und Andrea Nahles entsorgt und zudem gedemütigt von seiner SPD-Fraktion, die ihm noch nicht mal einen Abschied aus dem Bundestag gegeben hat. Was soll man von so einer Partei halten, die ihre besten Pferde vor der Welt verheimlicht, nur weil diese manchmal etwas wild sind?

Und an dieser Stelle muss man zu Gabriel und der SPD kommen.

Gabriel mag kein linker Sternsinger sein. Aber ein verkappter Dritte-Weg-Sozialdemokrat ist er auch nicht. Er kritisiert im Buch die »Schwarze Null«, fordert deutlich mehr Investitionen, lobt den Mindestlohn, fordert Vermögensbesteuerung und eine Industriestrategie und sagt klar und deutlich, was dieses Land braucht, ist »mehr Staat«. Er fordert die SPD auch auf, insgesamt wieder materialistischer zu werden. Nun kann man einhaken und sicherlich mit Recht betonen, dass wenn Sigmar Gabriel eine sozialdemokratische »Partei der Freiheit« möchte, dass er dann mehr Klarheit braucht, was Emanzipation eigentlich gerade materialistisch heißt. So eine Partei der Freiheit ist nämlich auch eine Partei von 12 Euro Mindestlohn. So ein Satz fehlt im Buch von Sigmar Gabriel.

So sehr Sigmar Gabriel (als alter sozialdemokratischer VW-Niedersachse) damit Recht hat, dass die SPD eine Wirtschafts- und Industriepartei sein muss, so sehr stimmt es auch, dass man dafür nicht der FAZ-Wirtschaftsredaktion gefallen muss. Man kann auch ein Linker sein, der Wirtschaft kann. Man kann links sein, ohne die reine Juso-Lehre zu verkörpern.

Diese »linke« SPD muss die »Working poor« genau so erreichen wie gut verdienende Facharbeiter und Ingenieure in der Industrie. Diese SPD muss für mittlere Angestellte genau so wählbar sein, wie für deren Chefs und deren Putzfrauen. Sie muss Wissenschaftler und Start-Up-Beschäftigte erreichen genau so wie den Müllmann. Die schöngeistige obere urbane Mittelschicht wählt wohl gerade überwiegend eh grün. Das weiß Sigmar Gabriel auch. Aber das ist ja längst nicht die ganze arbeitende Mitte in diesem Land, die man neben denen, die nicht so viel haben, eben auch erreichen muss, um eine Wahl zu gewinnen. »Die Mitte« mag ein durchgenudelter Begriff ohne jede politische Verortungssubstanz geworden sein – spätestens nach Thüringen. Aber jede Volkspartei braucht eine Idee von dieser Mitte, um diese Wähler in dieser Mitte zu erreichen.

Sigmar Gabriel hat grundsätzlich das Talent all diese Menschen zu erreichen. Aber nur als linker Sigmar Gabriel. Der Sigmar Gabriel des SPD-Parteitages von 2009 ist nicht zu besiegen. Es braucht den Gabriel, der 2008 ein Buch schrieb, das »Links neu denken« hieß. Gabriel macht das schon sein Leben lang, nämlich »Links neu denken«. Er war nicht immer eindeutig links. Da wären wir wieder bei der Problematik mit dem Halten der Linie. Aber das Linke steckt in ihm. Und er war nie auf reinem Gerhard-Schröder-Kurs.

Sein neues Buch ist jedenfalls keines, welches den Vorwurf bestätigen könnte, dass Gabriel ein neoliberaler Kollaborateur ist. Sigmar Gabriel ist ein Sozialdemokrat. Er zitiert im Buch etwa den Politologen Wolfgang Merkel zustimmend, dass die SPD in der Sozial- und Steuerpolitik – wie die dänischen Sozialdemokraten – sogar nach links müsse. Dass er sich unter vielen neuen Funktionären der SPD unbeliebt macht, wenn er der Partei einen Blick zu den dänischen Sozialdemokraten empfiehlt, die das konsequent durchdeklinieren, was »starker Staat« in diesen Zeiten des Wandels eigentlich bedeuten muss, ist keine Überraschung. Aber es heißt eben noch lange nicht, dass das keine Sozialdemokratie ist. Im Gegenteil: Es ist eine Sozialdemokratie, die viele – frühere – Wähler der SPD gerne hätten. So beklagt Gabriel auch die »Verachtung der eigenen Wähler« durch die neue Generation von Sozialdemokraten. Dass diese neuen Sozialdemokraten ihm seine Verachtung im gleichen Maße zurückzahlen, ist nichts, was Gabriel sonderlich stört. Er ist eben ein emanzipierter Mann, der zu seiner Meinung und Linie stehen kann. Und diese Linie findet sich in seiner Idee der »Emanzipation« wieder.

Sigmar Gabriels neues Buch straft die vielen journalistischen Kommentatoren und Kritiker ab, die er über die Jahre seiner Amtsführung als SPD-Parteivorsitzender hatte. Sigmar Gabriel war nie der opportunistische Zick-Zack-Politiker, den so viele gerne in ihm sehen wollten. Eine gewisse Dialektik und Sprunghaftigkeit kann man ihm sicher nicht absprechen. Aber vielleicht fehlte auch der Wille, in dieser Dialektik eine verbindende Linie sehen zu wollen. Wer zu Pegida-Diskussionsveranstaltungen fährt und fast zeitgleich mit »Wir helfen«-Button im Bundestag erscheint, muss doch ein Opportunist sein?

Die Wahrheit kann komplexer sein. Muss es ein Widerspruch sein, Herz und Rationalität zusammenzubringen? Muss es ein Widerspruch sein, in einem emanzipatorischen Sinne Pegida-Sympathisanten oder AfD-Wähler zurück in eine klar demokratische Partei bringen zu wollen und zugleich in der Flüchtlingspolitik seinem humanitären Anspruch irgendwie gerecht zu werden? Müssen Humanität und Realismus ein Widerspruch sein? Und warum soll das eine Dialektik sein, die darauf hindeutet, dass jemand keine »Linie« hat? Ist das diese Dialektik, die Joachim Gauck mit dem Satz ausdrückte »Unser Herz ist weit. Aber unsere Möglichkeiten sind endlich«? Wenn das eine Dialektik ist, dann ist das keine negative, sondern eine positive Dialektik. Von dieser Dialektik könnte Deutschland mehr gebrauchen.

Sigmar Gabriel ist zu einem verantwortungsvollen »ja, aber«, einer Räson zwischen Herz und Verstand in der Lage. Nur wollen viele der neuen Sozialdemokraten das nicht mehr gelten lassen. Sie haben nur ihre Haltung und schreien zunehmend alles nieder, was den Anschein des rationalen Zweifels bekundet. Die Emotion regiert.

Wahrscheinlich ist die Zeit Sigmar Gabriels nun vorbei. Er deutet es in seinem Buch selbst an. Er will selbst auch gar nicht mehr. Ein Kanzler Gabriel scheint nur noch in dem Gedanken auf, dass es da einen Menschen in Goslar gibt, der es ja eigentlich könnte. In Goslar sitzt der richtige Kanzlerkandidat der SPD – ohne noch eine Chance zu haben, es zu werden. Das stimmt trübselig. Aber in dieser SPD ist es mittlerweile Volkssport ihre besten Leute zu verunglimpfen oder gleich raus zu werfen, damit sie die richtige »Haltung« der von der Partei lebenden Funktionäre nicht stören.

Gabriels Zeit ist also wohl vorbei. Aber er macht uns mit diesem Buch noch einmal eindrücklich klar, dass er das größte politische Talent dieses Landes ist. Und es töricht bis bescheuert war, ihn 2018 abgesägt zu haben. Aber wie das so ist: Dummheit wird oft erst im Nachhinein offensichtlich.

Kritik an Fridays for Future – Von der Empörung zu Lösungen

Während normale Bachelor-Studenten schon von 40-Seiten Bachelorarbeit überfordert scheinen und ihre Unlust in oft unüberhörbarem Nörgeln über das ach so anstrengende Studium darbieten, legt ein junger Student nun einfach mal ein Buch vor. Man kann nur froh sein, dass es solche jungen Leute noch gibt. Clemens Traub heißt der junge Mann und seine Streitschrift im Quadriga-Verlag heißt »Future for Fridays?«. Er hat einiges an der Klimabewegung auszusetzen.

Wer ist der Autor? Ich kenne Clemens gut. Er absolvierte ein Freiwilliges Politisches Jahr bei der SPD-Landtagsfraktion in Rheinland-Pfalz, zu der Zeit als ich dort als Grundsatzreferent tätig war. Der Abiturient Clemens war blitzgescheit und laß alles, was er in die Finger bekam. Ich gab ihm manchmal Lektüre auf – ein bisschen wie ein Lehrer. Es kam aber auch mal vor, dass Clemens fragte, ob ich das jüngste Buch von Ivan Krastev schon gelesen habe. Dass man von Clemens noch einmal hören würde, war mir damals schon klar. Nun legt er bereits im Studentenalter sein erstes Buch vor.

Was ist es für ein Buch geworden?

Eine deftige Kritik an »Fridays for Future«. Anfangs war Clemens, wie er uns im Buch mitteilt, selbst euphorisch und es fühlte sich für ihn in der Bewegung und auf ihren Demonstrationen richtig an. Aber mit der Zeit, so schildert er es uns, begannen seine Zweifel. Was ihn stört, ist der Moralismus der Bewegung, es ist der erhobene Zeigefinger und das Rigorose der Forderungen. Der Moralismus im Inhalt korrespondiert für Clemens mit der moralischen Überheblichkeit der Repräsentanten der Bewegung. Er sieht »Fridays for Future« als Ausdruck einer oberen Mittelschicht, als »Rebellion der Privilegierten«, und sieht in der sozialen Homogenität der Arzttöchter- und Juristensohn-Bewegung den eigentlichen Geburtsfehler der Bewegung. Diese Homogenität belegt er nicht nur durch eigene Erfahrung, sondern auch durch Studien.

Worin besteht das Problem der Homogenität?

Die soziale Homogenität verursache Polarisierung und erschwere es, dass Klimaschutz in allen Schichten und Landesteilen als wichtige Aufgabe angesehen wird. In Clemens Augen ist Fridays for Future eine hippe, großstädtische Bewegung, vor allem von Studenten und angehenden Studenten. In seiner Heimat, der ländlichen Pfalz hingegen, spürte Clemens weder Enthusiasmus noch Interesse an der Bewegung. Ein radikales Kontrastprogramm zu seiner Lebenswelt als Student in Mainz, wie er uns schildert. Die Bundesliga ist in Clemens Heimat das erste Gesprächsthema. Als er dort einst von der Klimabewegung erzählte, traf er nur auf Desinteresse.

Verwundert das? Die Debatten über kulturelle Unterschiede und Konflikte (man denke nur an den mittlerweile berühmten Vergleich des britischen Publizisten David Goodhart in »Somewheres« und »Anywheres«) sind bekannt. Viele Bücher wurden darüber geschrieben. Gerade steht mit »Ein Mann seiner Klasse« von Christian Baron ein Buch auch über das Leben in der pfälzischen Provinz in der Bestsellerliste. Es ist alles nichts Neues. Und doch wirkt der mediale Betrieb, vor allem der linksliberale, immer wieder peinlich berührt, wenn herauskommt, dass ganz Deutschland eben doch nicht so ist wie Berlin Kreuzberg, und nicht alle täglich die gleichen enthusiastischen, aufrüttelnden Herzblattgeschichten aus urbanen Medienbüros lesen – und lesen wollen. »Die Welt«, die manche Journalisten kennen und über die sie schreiben, ist nicht »Die Welt«. Es ist lediglich »ihre Welt«. So widmet Clemens ein eigenes Kapitel auch der Kritik am Journalismus. Demut ginge manchen Journalisten ab, meint er. Und aus Sicht von Clemens ganz besonders den Protagonisten der Klimabewegung – sie hält er überwiegend für elitäre Karrieristen. Sie würden nur einen Weg und nur eine Lebensrealität kennen – ihre.

Wie sehr das stimmt und wir reduzierende Echokammern und entkoppelte Filterblasen haben, mag ein kleines Beispiel demonstrieren. Twitter tobte nach den Ereignissen in Thüringen. Jeder, der diese Tage auf Twitter war, weiß es. Und sicher hat Thüringen auch viele normale Menschen im Land bewegt. Und doch gibt es da ein anderes, unpolitischeres Deutschland. Der Fokus-Journalist Marc Etzold twitterte nach seiner arbeitsreichen Woche nach Thüringen etwa ein Ereignis aus dem Fitnessstudio. Dort sprach er mit dem Fitnesstrainer: »Wie war deine Arbeitswoche?« »Viel los wegen Thüringen«. »Was war in Thüringen?«. Nun kann man den Fitnesstrainer auslachen und herunterputzen, genauso wie den Pfälzer Elektromeister, der lieber über die Bundesliga oder seinen neusten Weber-Grill reden will, anstatt über Klimapolitik. Oder man kann das lassen, sich in Demut üben und für die eigene Sache inklusiv werben. Alle mit ins Boot holen, statt den Zeigefinger zu erheben und zu meinen: So und nicht anders.

Demut üben. Das ist auch die Kernbotschaft von Clemens Traubs Streitschrift. Argumente bringen, Zuhören, breit für die eigenen Anliegen werben, sachbezogen bleiben, andere Meinungen aushalten, Kompromisse suchen, Allianzen bilden, sich nicht in Eifer und Überheblichkeit verlieren. Sein letztes Kapitel plädiert zudem dazu, weg von der Klimamoral hin zu einer Klimatechnikpolitik zu kommen: Green Economy und nicht diffuse Weltrettungssymbolik.

Also ist doch Klimapolitik etwas für Profis – wie der FDP-Vorsitzende Christian Lindner einmal meinte? Es ist beides. Eine Bewegung, die auf Themen aufmerksam macht und Menschen, die nüchtern nach den besten Lösungen suchen.

Zu dieser Nüchternheit zu finden, wünscht Clemens Traub der Klimabewegung »Fridays for Future«. Und sein letztes Kapitel skizziert auch den Weg für »Fridays for Future«.

Er heißt:

»Tech for future«.

Oder wie der grüne Vordenker und ehemalige Vorsitzende der Heinrich-Böll-Stiftung, Ralf Fücks, einmal sagte: Klima-Kids werdet Ingenieure!

Julian Nida-Rümelin – Mit Rationalität gegen die Krise

Julian Nida-Rümelin schafft es seit Jahren einen Drahtseilakt zu meistern. Dieser besteht darin, erfolgreich zwischen theoretischen und praktischen Büchern hin und her zu wechseln. »Der Akademisierungswahn« oder »Über Grenzen denken« heißen seine praktischen Bücher der Realpolitik, die sich aber zwischendurch immer mal wieder mit akademischen Schriften bei Suhrkamp abwechseln. Seiner Theorie bleibt er auch in der Praxis treu. Zuletzt anschaulich erklärt in »Über Grenzen denken«.

Nun legt Nida-Rümelin so eine Art Symposium von Theorie und Praxis vor. Sein neues Buch »Die gefährdete Rationalität der Demokratie« wirkt als Zusammenfassung und Integration der theoretischen und praktischen Gedanken dieses Grenzgängers zwischen Politik und akademischer Philosophie. Zwar hat man manches im Buch schon vorher gelesen. Kapitel 22 »Kooperation in der Demokratie« wirkt wie eine Zusammenfassung von »Demokratie als Kooperation« aus dem Jahr 1999 bei Suhrkamp und Kapitel 23 »Demokratie als Lebensform« als Summary von »Philosophie und Lebensform« von 2009 bei Suhrkamp. Auch die Ausführungen über Freiheit und Gleichheit und die Kritik am Egalitarismus hat man in früheren Büchern schon gelesen.

Aber das macht auch nichts, wenn ein Philosoph immer wieder ansetzt, um seine Kernidee zu umfassen. Nach Martin Heidegger ist Philosophieren ohnehin im Kern das Nachdenken nach einer zentralen Idee – und nicht mehrerer Gedanken. Insofern präzisiert Nida-Rümelin nur weiter, was ihn innerlich umtreibt. Sein neues Buch ist nun Theorie und Praxis zu gleich. »Es geht um die spezifische Rationalität der Demokratie und ihre aktuelle Gefährdung.« Zugegeben: Im Buch geht es mehr um die theoretische Herausarbeitung der Rationalität der Demokratie und weniger um ihre aktuelle Gefährdung. Nida-Rümelin ist kein Soziologe und auch kein Spiegel-Journalist. Er schreibt keine mit Beispielen gespickte Analyse demokratischer Erosion. Er berichtet nicht ausführlich vom Zustand des Westens oder der deutschen Demokratie, sondern er will eher theoretisch zeigen, inwiefern die Demokratie verloren geht, wenn die Rationalität der Demokratie weiter erodiert.

Im Zentrum Julian Nida-Rümelins Denkens steht das, was er »strukturelle Rationalität« nennt. In früheren Arbeiten hat er dies detailliert ausgeführt. In »Die gefährdete Rationalität der Demokratie« reicht ihm dafür ein Satz: »Strukturelle Rationalität meint das Phänomen, dass menschliche Individuen ihre Handlungen, für die sie sich jeweils entscheiden, in den größeren Zusammenhang ihrer eigenen längerfristigen Praxis, aber auch in Strukturen der Interaktion mit anderen Menschen einbetten.« Um zu verstehen, was Nida-Rümelin uns sagen will, ist sein Rekurs auf die ökonomische Entscheidungstheorie entscheidend – auch in diesem aktuellen Buch. Nida-Rümelin will seit Längerem deutlich machen, dass jene Optimierungsstrategien bei einzelnen Handlungen der Entscheidungstheorie nicht das rationale Verhalten als solches charakterisieren können, da es viele Handlungsmotive ausschließen würde, nach denen vernünftige Personen auch handeln. Vernünftige Personen würden zum Beispiel öfter kooperieren, und diese Kooperation werde ja etwa durch Optimierungsstrategien des Utilitarismus meist als nicht-optimale Handlungsoption bewertet. Sofern man nun strukturelle Rationalität unterstellt, ist es daher möglich nicht-optimierende Handlungsentscheidungen erklären zu können.

Vereinfacht gesagt: Julian Nida-Rümelin möchte uns auf rationalem Wege erklären, warum Kooperation in der Praxis mehr stattfindet, als sie in der Spieltheorie zum Beispiel notwendig erscheint. Insbesondere denkt Nida-Rümelin Demokratie als Kooperation. Und so kommt er auch im Fahrwasser von Ernst-Wolfgang Böckenförde zu der Überzeugung, dass Demokratie von Voraussetzungen lebt, die sie selbst nicht garantieren kann.

Und genau darin liegt auch die gefährdete Rationalität der Demokratie. Wenn die Demokratie als Lebensform nämlich zerbricht, wenn immer weniger nach Kooperation gestrebt wird, sondern Absolutheiten, das Rigorose, Moralismus, Hass und Hetze, Freund-Feind-Schemata und Herabsetzungen vorherrschen, dann ist die Demokratie gefährdet, weil der gesunde und normale Modus Vivendi der Zivilgesellschaft gefährdet ist.

Wovon Julian Nida-Rümelin im Kern besorgt erscheint, ist der Verlust dessen, was er den »Konsens höherer Ordnung« nennt. Dabei geht es um die Regeln politischer Urteils- und Entscheidungsfindung. Wer den »Konsens höherer Ordnung« torpediert (sagen wir jemand, der verlorene Wahlen nicht anerkennt und von Wahlfälschung schwadroniert oder ein Donald Trump oder eine AfD die Mehrheitsentscheidungen nicht respektieren und demokratische Entscheidungen dem Verdacht der Illegitimität aussetzen), der stellt sich außerhalb des Demokratischen.

Nida-Rümelin scheint zudem über das grundsätzliche »WIE« demokratischer Aktivität besorgt. Er ist niemand, der Konflikt als schädlich markiert oder wie Jürgen Habermas Konsens im Inhalt idealisiert. Im Gegenteil: Er fordert tendenziell mehr Konflikt, um die offensichtliche Krise der Demokratie zu beheben. Aber wofür Konsens für ihn da sein sollte, ist die normative Grundordnung der Demokratie – WIE man also streitet und wie man trotz aller Konflikte auch durch Konsense Konflikte zu zivilisieren bereit ist. Da scheint der Philosoph doch erhebliche momentane Defizite in der Anerkennung dieser normativen Grundordnung zu sehen. Er hat auch Sorge um den Verlust der lebensweltlichen Dimension von Demokratie. Anders gesagt: Er hat Angst, dass wir Demokratie verlernen. Der bekannte Alt-68er und Philosoph Oskar Negt hat einmal geschrieben:

»Kein Mensch wird als politisches Lebewesen geboren; deshalb ist politische Bildung eine Existenzvoraussetzung jeder friedensfähigen Gesellschaft. Das Schicksal einer lebendigen demokratischen Gesellschaftsordnung hängt davon ab, in welchem Maße die Menschen dafür Sorge tragen, dass das Gemeinwesen nicht beschädigt wird, in welchem Maße sie bereit sind, politische Verantwortung für das Wohlergehen des Ganzen zu übernehmen. Und vor allem: Demokratie ist die einzige politisch verfasste Gesellschaftsordnung, die gelernt werden muss – immer wieder, tagtäglich und bis ins hohe Alter hinein«.

Das umschreibt gut, wovon Nida-Rümelin besorgt ist, nämlich von der Abkehr, die Demokratie als Gespräch miteinander zu verstehen. Er schreibt:

»Die liberale Demokratie ist nur so lange lebensfähig und vital, als sie ein zivilgesellschaftliches und kulturelles Fundament hat. Sobald die demokratische Ordnung für wachsende Teile der Gesellschaft und der Politik lediglich zum Mittel der Verfolgung eigener, nicht demokratischer Agenden wird, ist sie aufs Höchste gefährdet.«

Julian Nida-Rümelin ist aber in der Folge nicht nur ein Kritiker von wildem Lobbyismus und rechtspopulistischen Demokratieverächtern, sondern auch von der postmodernen Avantgarde des Multikulturalismus, denen er die Gesprächsbereitschaft (plastischer gesagt den Konsenswillen) ein wenig abspricht. Nida-Rümelin ist jemand, den das Absolutsetzen der eigenen Agenda gehörig stört. Für ihn ist so keine Demokratie zu machen. Er stört sich an Diskursverweigerung genauso wie er sich über eine im Diskurs selbstvorgenommene Zuweisung für eine angeblich objektive oder moralisch überlegenere Position stört. Nida-Rümelin mag erkenntnistheoretisch von Ludwig Wittgenstein kommen, er mag ein konsequenter Verfolger logischer Demokratietheorie von Kenneth Arrow bis Amartya Sen sein, aber sein heimlicher Aristotelismus ist hier unübersehbar.

Er besteht in dem Wunsch nach Ausgleich. Nida-Rümelin sucht selbst den Konsens zu verkörpern. Nicht zu links, nicht zu rechts. Nicht zu liberal, nicht zu konservativ. Nicht zu kosmopolitisch, nicht zu kommunitaristisch. In besseren Zeiten der Sozialdemokratie hätte man diese Orientierung einfach sozialdemokratisch genannt und heute muss man sie wohl »sozialliberal« oder »sozialdemokratischen Realismus« nennen. Sie unterscheidet sich wohltuend von den neuen Möchtegern-Sozialisten und den feinen linksliberalen Ästheten der SPD, für die Ferdinand Lassalles Realismus kein Ansporn mehr ist, sondern eine vergangene Phase aus der Gründungszeit der Partei, der man nicht nacheifern müsse – davon hier mal abgesehen, dass manche Jusos längst gar nicht mehr wissen, wer Ferdinand Lassalle überhaupt war.

Von Julian Nida-Rümelin kann man jedenfalls »die Mitte« lernen. Sicher sollte man auch manchem widersprechen. In seiner Kritik am (Vulgär-)Keynesianismus verrennt er sich – in meinen Augen. Auch beim Blick auf die Schröder-Jahre der Sozialdemokratie ist mehr romantische Verklärung dabei als nüchterne Analyse – was wohl auch daran liegt, dass Nida-Rümelin selbst als Kulturstaatsminister dabei war und er daher mit Kritik spart.

Aber nochmal: Von Nida-Rümelin kann man die »Mitte« und den Ausgleich lernen. Seine Rationalität ist wohltuend. Sein Versuch nüchterner Beschreibungen innerer wie äußerer Gefährdungen der Demokratie, die es neben der Demokratietheorie im Buch auch gibt, sind ein wohltuender Ausgleich zu den vielen stillen und orientierungslosen Opportunisten der Berliner Politik, den Schreihälsen bei Social-Media, und manchen empörungs- und moralgesteuerten Haltungsjournalisten. Nida-Rümelin trägt seine Verantwortung als Demokrat. Rational bleibend, aber mit emotionalem Nachdruck die Feder führend – wenn es sein muss. Und es muss sein. Denn die »Rationalität der Demokratie« ist real gefährdet. Nicht nur im Buch von Nida-Rümelin. Darauf weist er uns gekonnt hin.

Ulf Poschardt – Das heilige krumme Holz

Ein Sozialdemokrat wird jetzt das Buch eines Liberalen rezensieren. Wer sich da wundert, warum man das tut, oder der dies nicht als adäquat empfindet, sollte erst recht dieses Buch lesen. Denn in diesem Buch geht es um Mündigkeit.

Halten Sie sich also bereit. Diese Rezension könnte Sie verunsichern, sie könnte Sie aus dem Tritt bringen. Sie könnte Ihnen Gewissheiten rauben. Wenn Sie davor Angst haben, dann lesen Sie jetzt nicht weiter. Aber wenn Sie sich verunsichern lassen wollen, lassen Sie uns gemeinsam auf die Reise zur Mündigkeit gehen.

Ein Buch über Mündigkeit, das versteht sich quasi von selbst, muss mit dem berühmten Immanuel-Kant-Zitat beginnen. So auch recht zu Anfang bei Ulf Poschardt. Er kommt immer wieder auf den Mann aus Königsberg zurück, der für viele der Vater des Liberalismus ist, weil er einst meinte, dass der Mensch ein krummes Holz sei, aus dem nichts ganz Gerades gezimmert werden könne. Mündigkeit, so Poschardt, könne daher immer nur ein Individuum sich selbst erobern. Mündigkeit kann einem nicht gegeben werden, nicht zugeteilt werden, man kann dazu nicht erzogen werden: »Mündig wird man in anderen und durch andere, aber nur ganz allein. Jeder muss sich selbst mündig machen.« Oder wie er es an anderer Stelle forciert: »Mündigkeit ist also nichts für Feiglinge«.

Mündig, so scheint es, kann also nur ein liberaler Held sein. So wirkt Poschardts Buch zuweilen. Liberalismus als Erlösung. Und gemeint ist ein Liberalismus des Ichs, nicht ein Liberalismus der Ordnung und der Regulierung, den etwa der Soziologe Andreas Reckwitz gerade mit seinem »einbettenden Liberalismus« zu forcieren scheint. Ohne das Individuum kein Wir, ohne das Individuum keine Erneuerung. Ohne das Individuum ist alles Nichts. Das ist Poschardts Mündigkeit. Dieser Liberalismus ist eine gewisse Verführung. Aber Liberalismus oder Republikanismus muss am Ende eben auch immer Ordnungsinstanz sein. Nur so schafft er Hegemonie und kann sich den Populismen der Gegenwart erwehren.

Der Individualismus von Ulf Poschardt jedenfalls geht einem im Buch zuweilen manchmal auf die Nerven. Aber sein Individualismus ist kein selbstgerechter Individualismus. Das unterscheidet ihn von der neuen postmodernen Avantgarde. Poschardts Neoliberalismus (als Ausläufer seines Individualismus) ist für mich als linker Republikaner auch schwer zu ertragen. Vor allem wenn er Guido Westerwelle für seinen Sozialchauvinismus halb abfeiert oder vom »Verwöhnfell des Staates« schwadroniert – ein Blick in Statistiken hätte ihm auch offenbart, dass der Neoliberalismus keine Erfindung ist, sondern manifeste Realität.

Ein Sozialstaat ist im Idealfall auch eben ein Instrument, welches Mündigkeit stärken kann und sie eben nicht verhindert. Sozialstaat stärkt Freiheit. Sozialliberale wissen das eigentlich. Unter Matthias Platzeck hat man in der SPD ja auch vom »vorsorgenden Sozialstaat« gesprochen und Sigmar Gabriel fordert noch heute einen emanzipatorischen Sozialstaat. Also Mündigkeit und Sozialstaat, das geht schon zusammen. Diesen Gedanken lässt Poschardt aber kaum zu. Nur schüchtern blinzelt ein bisschen Sozialliberalismus bei ihm auf – im Kern scheint Poschardt aber doch eher neoliberal zu sein.

»Die Linke« sowie die linken Intellektuellen kommen bei ihm auch eher nur als Nonkonformisten oder auf bürgerliche Anständigkeit pfeifende unangepasste Intellektuelle gut weg. Poschardt feiert linke Intellektuelle dann, wenn sie gegen den Zeitgeist bohren und wenn sie ihre Individualität ausleben, statt sich zum Sprachrohr der Zeitgeistwellen zu machen. Man kann sich Poschardt als begeisterten Fan von Jean-Paul Sartre vorstellen, wenn der mal wieder aus lauter Sonderbarkeit marxistische Flugblätter in Paris verteilte. Würde dieser Avantgardist des existenziellen Ich-Engagements noch leben, Poschardt würde in seiner Sonderbarkeit keine Naivität, sondern pure Freiheit erblicken.

Poschardt, für die bürgerliche »Welt« als Chefredakteur im Einsatz, ist ein erstaunlicher Mann von innerer Freiheit. Für einen Bürgerlichen ist Poschardt wirklich ein krasser Typ. Frech, begeisternd, manchmal über die Stränge schlagend, tornadomäßig wild, aber auch halt irgendwie sympathisch in seinem Individualismus. Man nimmt dem Mann sein Plädoyer für mehr Individualismus ab, weil er auch einfach so ist. Er spielt es nicht, er täuscht nichts vor. Er war wohl noch nie groß anders. Selbst als er noch Chefredakteur des »SZ-Magazins« war.

Im letzten Jahr erschien bei diesem SZ-Magazin ein Text über die alte Fernsehserie »Lucky Luke«. In dem Text ging es darum, wie viel Sexismus und Rassismus in der Fernsehserie stecke. Gäbe es die »Goldene Himbeere« (den Anti-Oscar und damit die Verleihung für die schlechtesten Filme und Schauspieler) auch für den Journalismus, der Text über »Lucky Luke« wäre der Gewinner des Jahres 2019. Wäre Ulf Poschardt noch Chefredakteur des »SZ-Magazins«, dann hätte seine Individualität darin bestanden, der Journalistin, die den Text geschrieben hat, nicht nur zu sagen, dass dieser Text hier nicht gedruckt wird, sondern er hätte der Journalistin auch eine »Was soll der Scheiß«-Email geschrieben und ihr klargemacht, dass sie nie wieder für das SZ-Magazin schreiben darf, wenn sie noch mal so einen Quatsch anbietet. Und Poschardt würde genau das tun – ohne Rücksicht auf Sentimentalitäten. Für so eine Individualität darf man ihn eigentlich lieben. Klare Kante. Das fehlt ja dieser Tage auch.

Er kann auch eigentlich froh sein, dass er es von der »SZ« zur »Welt« geschafft hat. Denn in der neuen ökobürgerlichen Postille aus München wäre er so schnell ein Outlaw und Exkommunizierter wie man »Kein Tempolimit« nur zu Ende sprechen kann. Die SZ ist längst auf dem Weg zur Parteizeitung der Grünen und Hausblatt für alle Schöngeister der Republik, die sich in regelmäßigen Abständen vom SZ-Feuilleton über die zärtlichsten Romane der Gegenwart und die neuesten Diskurse innerhalb der postkolonialen Kunstdebatte aufklären lassen wollen. Was einen aufregen könnte, liest man da schon lange nicht mehr. Ich habe es weitgehend aufgegeben, die Süddeutsche Zeitung zu lesen. Und als Linker müsste ich sie eigentlich lesen. Aber ich ertrage die Pädagogik der Zeitung nicht mehr. Ich will nicht erzogen werden. Ich will interessante Texte lesen. Ich will auch, dass mir jemand sagt, »was ist«. Was ich dann daraus mache, kann man mir ja als mündigem Bürger selbst überlassen – oder nicht?

Ulf Poschardts Individualismus ist für mich persönlich nichts. Und natürlich macht Poschardt viel Werbung für mehr Individualismus. Aber das heißt nicht, dass das, was er tut, nicht auch bereichernd für mich sein kann.

Er kommt auch damit klar, dass ich ihn als Linker hier und da kräftig angreifen und am nächsten Tag trotzdem wieder sagen kann: In diesem und jenem Punkt stimme ich zu. So in etwa haben das schon Rudolf Augstein und Franz-Josef Strauß miteinander gehalten. Ich finde, so etwas ist eine gute Kultur. Wo man sich treffen kann, das ist etwa der Existenzialismus des Ernstes für die eigene Sache. Wenn selbstbewusste Individuen wissen, was sie wollen, und dafür argumentieren können, dann können sie sich auch sinnvoll reiben und ja, eben zu Kompromissen und sogar Konsens kommen. »Der zwanglose Zwang des besseren Arguments« (Jürgen Habermas) – das ist etwas, wogegen sich selbstbewusste Individuen nicht stellen können, aber auch nicht stellen wollen. Das unterscheidet sie von den linken und linksliberalen Opportunisten und den rechtspopulistischen Ressentimentschürern. Die selbstbewussten Individuen sind in ihrer ganzen Existenzialität also sich immer bewusst, was sie tun und wofür sie sich letztlich ins Offene und ins Risiko wagen.

Das ist eine Stärke. Und die wohl stärkste Stelle von Ulf Poschardts Buch ist folglich auch genau die, an der er über die toten Fahrer der früheren Formel 1 erzählt, die existenzielles Risiko einzugehen bereit waren. Da drängt sich dem Leser auf, was Poschardt will. Er will den Helden, der jenseits aller Ordnung auftritt und verkündet: Souverän ist, wer die Ordnung zerschlägt. Bei seinem PS-Liberalismus kommt Poschardt auch langsam zum wahren Punkt all seiner Bestrebungen. Poschardt kann nämlich ohne seine Technik-Ästhetik und sein Verständnis davon, was man mit dieser Technik als selbstbewusstes Individuum alles machen kann, nicht denken. Einige fragen sich ja sicher auch schon länger, was das mit Poschardt und dem Porsche eigentlich auf sich hat. Worin besteht diese Liebesbeziehung?

Es ist eigentlich einfach. Porsche baute nicht ohne Grund mit dem »Porsche 356« im jungen Nachkriegsdeutschland das schönste jemals gebaute Auto. Die

Anmut dieser autohaften Existenz war ein Versprechen des Wirtschaftswunderlandes: Wir bringen Technik und Stil in eine neue Ära. Wir bauen etwas Neues auf, eine neue Moderne, und sie wird nie mehr so kalt sein wie die Paläste der Nazis, nie mehr so obszön wuchtig und standardisiert wie Hitlers machtpolitische Großbauten. Der »Porsche 356« war ein Statement und selbst Ausdruck von einer neuen Kultur.

War der Käfer noch im Nazireich entworfen und von einem Biedermeier des Taylorismus geprägt, steht der Porsche 356 für eine neue Zeit. Eine Zeit, da standardisierte Industrieproduktion auch ein Licht in die Welt bringen soll. Dieses Licht besteht im Anblick dessen, was produziert wurde und bei dem das Nützliche und Funktionale nun nicht mehr alles waren. Mit dem Porsche 356 wurde vielleicht zum ersten Mal in der Geschichte Freiheit gebaut. Das ist die Freiheit, die Ulf Poschardt im innersten Kern seiner Existenz nachstrebt: Freiheit als Ausdruck. Freiheit als Statement. Er ist ein Ästhet des Industriezeitalters. Wenn er nicht Chefredakteur der Welt wäre, müsste man ihm eine Professur für die »Ästhetik der Technik« an der Universität der Künste in Berlin geben.

Technik berauscht ihn. Ästhetik leitet ihn. Freiheit treibt ihn. So wie er sich an einem Porsche berauschen kann, so kann er sich aber auch daran berauschen, diesen Porsche mit 250 Km/h über die Autobahn zu jagen.

Ulf Poschardt ist jemand voller Leidenschaft und voller Enthusiasmus. Ich muss seinen Individualismus nicht richtig finden. Aber ich darf anerkennen, dass jemand für seine Sache brennt. Ich darf ihm zusprechen, dass er offen, aufrichtig und riskant sein Gesicht zeigt. In Zeiten, wo man oft lieber maximal ängstlich so spricht, dass man eine Linie bei jemanden mit der Lupe suchen muss, da geht Poschardt mit vollem Risiko raus und sagt: Hier stehe ich und kann nicht anders. Dieses Existenzelle, dieses Aufrichtige, das gefällt mir. Man darf es auch ohne Zweifel »Mündigkeit« nennen.

Coronomics – Bloß keine Postwachstums-Esoterik[8]

In diesen Tagen findet man zwei Arten von politischen Büchern in den Sachbuchbestsellercharts. Sehr konservative Bücher à la »Die Welt ist nicht mehr so wie sie war« wie das neue Buch von Peter Hahne »Seid ihr noch ganz bei Trost!«. Oder Bücher wie das von der Ökonomin Maja Göpel »Unsere Welt neu denken«, wo urban-linke Beobachter des Weltgeschehens »Alles muss anders und das ist auch gut so«-Bücher schreiben, und damit nicht selten auch ihre Postwachstumsträume, Verzichtsideologien und »Weniger ist mehr«-Philosophie verkaufen. Maja Göpels neues Buch jedenfalls will anregen, anders zu wirtschaften. Es fordert Umdenken und eine Abkehr – inklusive Wachstumskritik und Lebensartkritik.

Man dachte eigentlich, generelle Wachstumskritik würde nur noch ein Schattendasein innerhalb grün-radikaler Milieus führen, nachdem die grüne Partei sich von der »Club of Rome«-Wachstumskritik Anfang der 1970er Jahre und marxistischen Träumen wie dem von Jutta Ditfurth langsam verabschiedete und im Sinne ihres langjährigen Vordenkers Ralf Fücks eher zu Ideen eines »Green New Deals« und damit zu »Grünem Wachstum« umschwenkte. Postwachstums-Ökonomen wie Niko Paech waren jahrelang eher in Subkulturen dominant. Nun gewinnen sie mit ihrer »Weniger ist mehr«-Philosophie immer mehr Boden und das schon vor Corona. Mitten in der weltweiten Viruskrise scheint für manche endlich der richtige Zeitpunkt gekommen zu sein, vieles in Frage zu stellen, was Jahrzehnte unseren Wohlstand gesichert hat. Die Coronakrise als ein Katalysator für Postwachstums-Ideologien?

In den Mainstream jedenfalls ist die Idee vom Postwachstum spätestens mit »Fridays for Future« eingesickert – auch Luisa Neubauer warb schon eindringlich für Postwachstums-Orientierung. Seit »Fridays for Future« nimmt die neue Ouvertüre der »Weniger ist mehr«-Philosophie einen Stringendo-Ton an, der uns die Abkehr von wachstumsorientierter Politik immer eindringlicher als einzigen Ausweg verkauft. Die Federführer dieser Umkehr sind urbane Eliten, die kaum einen Bezug zur Wertschöpfungsbasis dieses Landes mehr aufweisen. Sie verdienen ihr Geld entweder in der Bürokratie, Universität, einer Partei wie den Grünen oder bei einem eher linksliberalen Medium, haben aber selten eine Fabrik von innen gesehen und wollen auch nicht wissen, wie ein Shopfloor heute aussieht oder welche Rolle Künstliche Intelligenz bei der Industrie 4.0 spielt.

Was die Welt der Industrie 4.0 so spannend macht, wollen sie oft nicht einmal wissen.

Ihr Thema sind die Narrative, über die sie als urbane Beobachter Deutungshoheit erstreben. Ein Gastbeitrag in der freundlich gewogenen und in urbanen Zentren produzierten Zeitung ist da auch oft drin. So schaffen urbane Medien ihre eigene Realität, die mit der in Sindelfingen, Blomberg und Ingolstadt relativ wenig gemeinsam hat. Aber in einer Stadt wie Blomberg, einer kleinen Stadt in Nordrhein-Westfalen, sitzen die Hidden Champions dieser Republik. Phoenix Contact ist es in Blomberg. Eines der führenden Industrie 4.0-Unternehmen hierzulande, die von Elektrotechnik über Automatisationstechnik ein breites Portfolio haben und aus der Provinz heraus Hochtechnologie in alle Welt verkaufen. Diese Unternehmen wie Phoenix Contact schaffen den Wohlstand dieses Landes und die gut bezahlten Jobs.

Das Jahresdurchschnittseinkommen in der Industrie lag 2018 bei 56.143 Euro brutto. In boomenden Dienstleistungsbereichen wie Verkehr und Lagerei, zu denen auch Amazon und DHL gehören, waren es gerade einmal 39.475 Euro. In anderen Dienstleistungsberufen, gerade in denjenigen hippen und kreativen Jobs, die man uns seit der Dotcom-Phase als Zukunft des Kapitalismus verkaufen möchte, wird in der Regel auch weit unter dem Niveau der Industrie entlohnt. Der Hipster in seiner 4er-WG in Berlin Kreuzberg und mit 1.400 Netto, kann sich zwar als kulturelle Avantgarde fühlen, aber den Wohlstand des Landes schaffen die Ingenieure und Facharbeiter bei Unternehmen wie Phoenix Contact.

Deutschland ist ein Industrieland. Aber genau das möchten uns die Öko-Beobachter aus den urbanen Zentren am Liebsten ausreden. Ihr neues Ökotopia hat aber eher nur literarischen Wert als dass dadurch Arbeitsplätze und Wohlstand geschaffen werden. Das neue und oft postindustriell verstandene Ökotopia verzückt Leser. Es sind schöne Texte für Kaminabende. Diese Öko-Belletristik hat mit der deutschen Realität und Wirtschaftsstruktur jedoch wenig zu tun.

Ausgerechnet der externe Schock des Corona-Virus, der eine ökonomische Rezession mit sich bringen wird, kann nun zwei Folgen für die Sichtweise auf Industrie und Wachstum haben:

1. Nach der Corona-Krise könnten diejenigen postindustriellen Postwachstums-Aktivisten mediales Oberwasser gewinnen, und uns eine neue schöne Arbeitswelt von Home-Office Grafikdesignern vorstellen, wo weniger produziert wird. Die Folge wäre: Deutschland würde ärmer.

2. Die Luxusideologie und Verzichtsideologie von manchen »Friday for Future-Aktivisten« und den etwas älteren Bürgerkindern aus dem neuen »Kulturkapitalismus« (Andreas Reckwitz) wird die Corona-Krise nicht überstehen.

Die Postwachstumsideologien aber dürfen nach der Coronakrise nicht gewinnen. Im Gegenteil, wir dürfen stattdessen nicht nur darauf hoffen, dass ein

Bewusstsein zurückkehrt, was den Wohlstand dieses Landes eigentlich schafft, wir sollten auch über eine Reindustrialisierung nachdenken.

7,4 Millionen Menschen arbeiteten laut Statistischem Bundesamt 2017 in Deutschland in der Industrie und im Baugewerbe noch 2,3 Millionen Menschen. Die Industrie-Unternehmen erwirtschafteten 2018 ein Viertel des Bruttosozialprodukts, das Baugewerbe weitere fünf Prozent. Sie sorgen für den volkswirtschaftlichen Wohlstand, der wiederum dafür sorgt, dass vom Finanzbeamten bis zum Ausdruckstänzer Millionen Menschen ein Einkommen haben. Die Industrie exportierte 2018 Waren im Wert von 1295 Milliarden Euro. Die Dienstleistungsbranche hingegen nur im Wert von 290,7 Milliarden Euro. Das sind gewaltige Unterschiede.

Diese Zahlen deuten an, warum man sich nun in keiner Weise auf »Die Welt neu denken«-Diskurse einlassen sollte – zumindest nicht in der naiven »Alles muss anders«-Form dieser Diskurse. Wir können den Kapitalismus neu denken, wir müssen ihn sogar neu denken. Gerecht ist er nämlich immer weniger und ökologisch auch nicht. Warum aber Kapitalismuskritik mit Wachstumskritik einhergehen soll, ist weder offensichtlich noch richtig. Die Zusammenbindung von Ökologie und Ökonomie ist zwar in der Tat eine Jahrhundertaufgabe. Aber dafür steht eine ökologische Industriepolitik bereit, und eben nicht der Verzicht auf Auto, Konsum und die Befreiung von allem Überflüssigen. »Alles anders« muss nicht heißen: Von allem weniger. Es kann auch heißen: Bessere Technik, grünere Industrie und mehr Wohlstand durch deutsche GreenTech.

Wir müssen jetzt also nicht nur De-Industrialisierungsdiskurse verhindern, sondern sollten sogar Re-Industrialisierungsdiskurse führen. Die Corona-Krise hat deutlich gemacht, wie groß die Abhängigkeit auch in existenziellen Bereichen wie der medizinischen Versorgung von China und Indien ist. Durch alle Lager hinweg wird nun gefordert, zumindest solche Teile wieder in Deutschland produzieren zu lassen. Bei der Zurückverlagerung der Produktion in der Pharmaindustrie sollte es jedoch nicht bleiben. Wir brauchen auch eine generelle Debatte über die Rücknahme der Auslagerung von Produktion.

Neue Techniken wie Industrieroboter und 3-D-Druck ermöglichen auch dieses Reshoring der Produktion, weil es nicht mehr die Manpower benötigt, die europäische Unternehmen aufgrund der Lohnkosten einst zum Offshoring der Produktion nach Rumänien, China und Vietnam trieb. Losgröße 1, also individualisierte Unikatsproduktion jenseits der Economies of Scale, gewinnbringend zu produzieren, ist auch längst möglich – der Industrie 4.0 sei Dank. Deutschland kann einen Industrieboom erleben – wenn es denn nur will. Allerdings muss es dafür sehr bald die Grundlagen schaffen: Schnelle Genehmigungsverfahren, eine hohe Akzeptanz bei den Bürgern für die Industrie, eine neue Technikkultur im Land und massive Investitionen in sein Bildungssystem.

Aber das alleine reicht auch noch nicht: Das Reshoring von Produktion und Wertschöpfung zurück nach Deutschland würde nämlich weitere Implikationen haben. Der Energieverbrauch im Land würde massiv steigen und die grünen Hipster werden dann lernen müssen, dass Energie so preiswert sein muss, dass Industrie möglich ist. Der neue Maßstab für den Energiepreis ist die pharmazeutische Fabrik in Leverkusen, nicht das MacBook in der Kreuzberger WG. Der Hipster wird aber noch einen weiteren Lernprozess durchgehen müssen. Er hat nämlich gerade wie andere Millionen von Menschen die Erfahrung gemacht, dass öffentlicher Nahverkehr allein wegen der Ansteckungsgefahr riskant ist. Und dieser wird in der Krise noch ausgedünnt. Das Auto, das außerhalb einer neuen grünen Verzichtsphilosophie nie weg war, wird bleiben. In der Krise fuhr nur Bahn wer keine Alternative hatte. Und wer die Angst angesichts eines niesenden Mitpassagiers erlebt hat, wird ein eigenes Auto haben wollen.

Man kann den Hipster der Kreuzberger WG ja sogar verstehen. Er hat nicht das Geld für ein eigenes Auto und in Berlin fehlt es ohnehin meist an Parkplätzen – vom anstrengenden Berliner Verkehr gar nicht erst zu sprechen. Natürlich neigt der ein oder andere dann dazu, was er selbst nicht hat, bei anderen kritisch zu sehen. Aber offener Neid war nie sonderlich gesellschaftsfähig. Ein neues Ökotopia jedoch, inklusive des antizipierten Endes des Individualverkehrs, hat einen ähnlichen Effekt, nämlich das eigene Besitzlose zum neuen Maßstab gesellschaftlicher Vorbildhaftigkeit zu erklären, mit einer »Weniger ist mehr«-Philosophie diesem die Legitimität und den höheren Sinn zu verleihen und in der Folge die Summe des Individualverkehrs zu begrenzen. Diesen Weg darf das Industrieland Deutschland, insbesondere die Autonation Deutschland, nicht einschlagen. Ein postmaterialistisches Deutschland wird nur einen Effekt haben: Ein materialistisch ärmeres Deutschland.

Die Corona-Krise wird also idealerweise dazu führen, dass der seit Jahren Überhand nehmende Postmaterialismus durch die neue Krisenerfahrung und Erfahrungen des Mangels – man denke nur an die leeren Regale infolge der Hamsterkäufe von Toilettenpapier und Seife – zerstört wird und wieder das wird, was er zuvor war: Eine nicht mehr wirkmächtige Wunschvorstellung postmaterialistischer Gesellschaftsschichten, die keinen Bezug zur Wohlstandsbasis dieser Gesellschaft haben: nämlich der deutschen Industrie.

Oder um es in den Worten des Journalisten Dieter Schnaas zusammenzufassen, der gerade in der »Wirtschaftswoche« in einem Essay zur Corona-Krise schrieb: »Nein, nein, liebe Chefbeobachter, spart euch bitte eure Besinnungsaufsätze über totalitäre Demokratien und klimafreundliche Stillstandsrepubliken – Corona ist kein Stromausfall, der uns daran erinnert, dass im Kerzenschein schön kuscheln ist. Und schon gar kein Ausgangspunkt für Verzichtsdiskurse.« Also jetzt bloß keine Postwachstums-Esoterik.

Wir retten das Klima nicht mit Moral, sondern mit Technologie[9]

Seit fast 50 Jahren glaubt ein großer Teil der Öffentlichkeit an einen fundamentalen Gegensatz zwischen Ökologie und dem Streben nach Wohlstand. Der berühmte Bericht des Club of Rome über die »Grenzen des Wachstums« aus dem Jahr 1972 gab den Anstoß. Es wurde fortan aber nicht nur über die angeblichen Grenzen des Wachstums, sondern auch über seine Qualität geredet – Letzteres ist eigentlich positiv.

Ebenfalls im Jahr 1972 veranstaltete die proindustrielle IG Metall eine Konferenz zur »Qualität des Lebens«. Und das auch noch in Oberhausen – mitten im Ruhrgebiet. Willy Brandts Spruch »Der Himmel über dem Ruhrgebiet muss wieder blau werden«, den Brandt schon 1961 formuliert hatte, wurde nun zum Motto der frühen Vorläufer der ökologischen Bewegung. Damals hieß die grüne Partei Deutschlands SPD. Nicht wenige in der SPD verstanden dies als ein Engagement für die Verbesserung von Lebensverhältnissen – also als Kernanliegen sozialdemokratischer Politik schlechthin.

In diesem Fahrwasser entstand auch die gewerkschaftliche Debatte zur »Humanisierung der Arbeitswelt« – die etwa zur Etablierung von Gesundheitsschutz und Arbeitsschutz in den Betrieben führte. Die zunehmende ökologische Orientierung stieß aber auch die Entwicklung neuer Wirtschaftszweige an. Heute arbeiten Hunderttausende im Bereich der erneuerbaren Energien, und Deutschland ist einer der Technologieführer bei Umweltschutzgütern und GreenTech.

Als die 70er-Jahre vergingen und mit den Ölkrisen nicht nur Rezessionssymptome, sondern auch die Abhängigkeit von endlichen fossilen Ressourcen den öffentlichen Diskurs beherrschten, radikalisierte sich auch die Wachstumskritik. Auf berechtigte Sorgen wurde, wie oft in der Geschichte, weniger mit der Suche nach pragmatischen Problemlösungen geantwortet als mit Aufrufen zur radikalen Umkehr und mit Zweifeln am Überleben der westlichen Zivilisation.

Dennoch blieben die entscheidenden politischen Akteure dieser Zeit von solchen radikalen Vorstellungen unbeeindruckt. Der SPD-Kanzler Helmut Schmidt schmiedete die ersten G-7-Treffen und stützte die internationale Orientierung der deutschen Wirtschaft.

Diese festigte in der Globalisierung ihren hohen Industrieanteil und erarbeitete sich als Exporteur von Anlagen und Wissen schließlich auch eine Rolle als Industrialisierer der Welt. Dauerhaftes Wirtschaftswachstum ermöglichte es, einen guten Sozialstaat zu finanzieren.

Zugleich wuchs mit den Grünen eine – damals – linksradikale Kraft heran, die fundamentale Wachstums- und Zivilisationskritik aufgriff und dieser eine Stimme gab. Zum politischen Habitus der Grünen gehörte bereits in den frühen 80er-Jahren ein grüner Moralismus, dem gesinnungsethische Radikalität wichtiger war als die Suche nach konstruktiven, pragmatischen Lösungen.

Die Luisa Neubauer der damaligen Zeit hieß Petra Kelly, und Jutta Ditfurth nahm Anlauf zu einer marxistischen Variante des grünen Grundthemas. Viele Grüne verband damals eine hohe Emotionalität, die zuweilen in moralischen Rigorismus und die Überheblichkeit moralischer Sicherheiten umschwenkte. Eine Politik des »Wir müssen doch« war die Folge.

In diese Zeit fiel aber auch die Veröffentlichung eines Buches des zeitweiligen Sozialdemokraten Hermann Lübbe mit dem Titel »Politischer Moralismus«. Wer das Buch heute liest, hat ein heftiges Déjà-vu. Lübbe diagnostizierte, dass die Neigung zunehme, auf die Herausforderung von Gegenwartsproblemen moralisierend zu reagieren. Er beschrieb die Unfähigkeit des Moralisten, das »WIE« der Veränderung zu diskutieren: »Die Menschheit endlich zur Vernunft zu bringen – das ist das plausible Programm unseres zitierten Moralisten. Aber wie macht man das? Solange der Moralist auf diese Frage keine Antwort hat, bleibt sein Moralismus unbeachtlich.« Und lakonisch kommentiert Lübbe die Erfolgschancen des Moralisten, mit seinem Moralismus das zu bewirken, was er bewirken will: »Es passt nicht ins Weltbild des Moralisten, dass, was er der Moral anvertraut wissen möchte, sich durch Entmoralisierung ungleich wirksamer bewerkstelligen lässt.«

Heute stehen wir in der Klimapolitik wieder an einer Weggabelung, an der wir uns entscheiden müssen, ob wir den Sirenen der moralisch unterlegten Zivilisationskritik folgen oder doch lieber pragmatische Lösungen suchen wollen. Zwar geht die Bundesregierung mit dem Einstieg in die CO2-Bepreisung einen grundsätzlich sinnvollen Weg. Aber in der öffentlichen Diskussion sind Forderungen nach einem »De-Growth«, also einem Abschied vom Wachstum, oder nach einer »Großen Transformation« hin zu einer öko-sozialistischen Gesellschaftsordnung immer noch laut hörbar.

Dies spiegelt sich auf der regionalen Ebene. Die Lausitz steht mit dem definitiven Ausstieg aus der Braunkohle vor den Herausforderungen des weiteren Strukturwandels. Wer mit den Bürgerinnen und Bürgern in der Region spricht, wird schnell feststellen, dass Vorschläge, den Strukturwandel als Experimentierfeld einer »Großen Transformation« zu nutzen, auf wenig Gegenliebe stoßen.

Die Region wird mit dem Kohleausstieg zwar lediglich rund 8.000 weitere Arbeitsplätze verlieren. Dies sind jedoch gerade die hochproduktiven und bisher auch relativ sicheren Arbeitsplätze, in denen Facharbeiter sehr gut verdienen konnten. Außerdem definiert die Lausitz sich seit langer Zeit als Energieregion, das Selbstverständnis der Region als Zentrum der Energieversorgung prägte lange ein positives Selbstbild.

Vor diesem Hintergrund sollten aus Sicht der Region Möglichkeiten genutzt werden, die Lausitz als Energieregion in die Zukunft zu entwickeln. Dies muss angesichts der Herausforderung des Klimawandels mit massivem technischem Fortschritt einhergehen. Pointiert formuliert: Die Energieregion Lausitz hat die Chance, ein Ort zu werden, der als Exporteur sauberer Energie und der zugrunde liegenden Technologien signifikant die Vereinbarkeit von Wirtschaftswachstum und ökologischer Nachhaltigkeit unterstützt – und zwar über die Region hinaus.

Hierzu sind einige wichtige Schritte notwendig. So stolz die alte Energieregion Lausitz auf ihre Rolle als Energieversorger auch war, so war der Braunkohlesektor doch nie eine besonders unternehmerische und technisch innovative Industrie. Dies lag an der zentralen Rolle einzelner Großunternehmen, die der Entwicklung einer breiten, mittelständischen Wirtschaftsstruktur nicht förderlich war. Es lag aber natürlich auch daran, dass vier Jahrzehnte sozialistischer Zentralplanung ihre Spuren hinterließen.

Ein pragmatischer Ansatz für die Lausitz steht also vor der Herausforderung, drei Dinge zu fördern: eine unternehmerische Kultur, das Entstehen hochproduktiver Arbeitsplätze und, als Voraussetzung für beides, die auf neue Technologien setzende Weiterentwicklung der Energieregion Lausitz.

Um diese drei Ziele zu erreichen, haben Landes- und Bundespolitik bereits einige Weichen sinnvoll gestellt, etwa bei der Ansiedlung einiger neuer außeruniversitärer Forschungseinrichtungen. Hierzu gehören eine für Energieinfrastrukturen zuständige Fraunhofer-Einrichtung in Cottbus und ein DLR-Institut für CO_2-arme Industrieprozesse in Cottbus und Zittau. Auch ein Kompetenzzentrum des Bundesumweltministeriums für die Umwandlung von Windkraft in Wasserstoff kommt in die Lausitz. Dennoch scheint es bisher, als seien die geplanten Investitionen im Zusammenhang mit dem Kohleausstieg noch eher schwach auf das Energiethema fokussiert. Insbesondere das für die CO_2-neutrale Energieversorgung zentrale Thema der Wasserstoffwirtschaft erscheint noch unterbelichtet.

Die Ansiedlung von Forschungseinrichtungen kann für die regionale Wirtschaftsentwicklung wichtige Impulse geben. Die empirische Literatur zeigt, dass solche Einrichtungen zu Ausgründungen von Unternehmen beitragen und, insbesondere als Fraunhofer-Institute, wichtige Forschungsdienstleistungen für die Unternehmen bereitstellen, die mit ihnen kooperieren. Nicht zuletzt bieten sie gut bezahlte Arbeitskräfte und binden hoch qualifizierte Arbeitnehmer an die Region.

Im Idealfall helfen solche Einrichtungen auch, eine räumliche Häufung von Unternehmen einzuleiten, die eine ähnliche Wissensbasis nutzen. Sie profitieren von räumlicher Nähe, weil Wissen überschwappt, weil sich ein spezialisierter regionaler Arbeitsmarkt herausbildet und weil formale und auch informelle Kooperationen leichter zu initiieren sind. Um diese positiven, wachstums- und innovationsfördernden Effekte zu erzielen, braucht es aber kritische Massen. Wieso also die Strukturwandelmittel nicht nutzen, um noch ein großes, auf die Wasserstofftechnologie spezialisiertes Forschungsinstitut anzusiedeln?

Es fehlt allerdings noch etwas in der Lausitz: eine Technische Universität, die finanziell so ausgestattet ist, dass sie mit Spitzenforschung einen konstruktiven Beitrag auch zum Strukturwandel leisten kann. Die BTU Cottbus-Senftenberg befindet sich eher auf Schrumpf- als auf Wachstumskurs. Dies ist problematisch, weil wir aus empirischer Forschung wissen, dass auch Universitäten eine wichtige Rolle für die wirtschaftliche Prosperität einer Region spielen können. Und es ist auch problematisch, weil die neuen Forschungseinrichtungen eigentlich eine exzellent ausgestattete BTU als Partnerin brauchten. Eine konsistente Strategie, die BTU zu einer Energieuniversität in der Energieregion Lausitz auszubauen, könnte einen wichtigen Beitrag leisten, um die drei oben genannten Ziele zu erreichen. Bisher ist der politische Wille hierzu leider nicht erkennbar.

Nicht nur wirtschaftlich, sondern auch demografisch und nicht zuletzt politisch wird für die Region viel davon abhängen, ob es gelingt, eine Wirtschaftsstruktur zu entwickeln, in der hochproduktive Arbeitsplätze vorhanden sind. Die Lausitz hat die Chance, Energieregion zu bleiben. Sie kann dies aber nur bleiben, wenn sie sich eine Vorreiterrolle in CO_2-neutralen Energietechnologien erarbeitet. Die finanziellen Mittel, um dies fokussiert zu fördern, wären derzeit vorhanden. Werden sie sinnvoll genutzt, könnte die Lausitz nicht nur bei der Entkopplung von Wirtschaftswachstum und CO_2-Belastung helfen. Sie könnte damit auch helfen, die fundamentalistische, ökologisch grundierte Zivilisationskritik zu entkräften, die uns seit 1972 als Hintergrundrauschen begleitet.

Die Rückkehr der Verantwortung

Instagram-Videos, moralische Tweets, sinnlose Hashtags, politische Hochglanz-Kampagnen ohne Inhalt. Marketing statt Inhalt. Haltung statt Lösungen. Kommunikation statt politische Arbeit. Zurückdrängen parlamentarischer Arbeit zugunsten von PR-Strategen. Twitter-Stars statt mehr qualifizierte Fachpolitiker. Parlamentarier, die keine eigene Meinung mehr zu haben scheinen und nur noch als Pressesprecher ihrer Partei und Fraktion zu agieren scheinen. Politik ohne das Politische. Davon gab es in den letzten Jahren viel. Das war und ist unsere politische Kultur.

Die SPD wollte mit #Freuropa und #EuropaistdieAntwort auf identitätspolitischen und symbolpolitischen Weg die Europawahl gewinnen, ohne wirklich Inhalte zu haben. Die Grünen sind seit Längerem die Stars der schönen Worte. Klima, Klima, Klima und die moralische Integrität Europas an seinen Grenzen. Die grüne 1 1/2 Themenpartei schaffte es jetzt zwei Jahre lang auf der Klaviatur der Stimmungspolitik unserer postdemokratischen politischen Kultur zu spielen, die Inbrunst, schöne Sprachbilder und die richtige Haltung mehr schätzt als Kärrnerarbeit, Realitätssinn, Verantwortung und Augenmaß.

Ja man verzieh Robert Habeck gar, dass er in einem Wahlkampfvideo den Thüringern endlich die Demokratie bringen wollte. Man schaute nicht so genau hin, ob die Grünen überhaupt inhaltlich etwas Konkretes wollen. Die Symbolpolitik und das gute Dafürsein waren dieser Gesellschaft, jedenfalls weiter Teile der veröffentlichten Meinung, wichtiger als die harten Fragen nach dem »WIE« des richtigen Weges – insbesondere in der Klimapolitik. Der grüne Groupie-Journalismus einer neuen linksbürgerlichen Schicht konnte sogar gar nicht genug davon bekommen, dass hier eine Partei so unbedingt auf der vermeintlich guten Seite steht. Der grüne Schick, dieser neue bürgerliche Lifestyle, der doch bei den Grünen verkörpert werde, der wurde nun zum neuen politischen Goldstandard hochgeschrieben.

So füllten sich die Cover mit Robert Habeck, grünen Themen und der grünen Partei. Die *Zeit* avancierte zur Parteizeitung der Grünen. Die *Süddeutsche Zeitung* folgte ihr. Der *Stern* hörte auf ein kritisches Politikmagazin zu sein und wurde ein grünes Hochglanzmagazin – irgendwo zwischen Reisemagazin, Landlust und Gala 2.0. Es war nun egal, was die Grünen wirklich wollten. Man nahm einfach an, dass sie den besten Weg schon kennen. Die kritische Öffentlichkeit verlor das Kritische.

Die CDU unter Angela Merkel ist seit Jahren eigentlich nur noch eine Leerformel-Partei. Der deutsche Journalismus stört sich daran aber längst nicht mehr.

Und die Kanzlerin sorgte sich im Flüchtlingsherbst 2015 auch um ihr öffentliches Image, wie man heute weiß. Auch das wird ihr nicht vorgehalten. Stattdessen bekam sie zuletzt mal wieder mit »Die Getriebenen« in der ARD ein eigenes Heldenepos verfilmt, obwohl das gleichnamige Buch des Welt-Journalisten Robin Alexander eine kritischere und differenzierte Sicht auf Angela Merkel wagte.

Kaum einer wagte zuletzt noch kritische Fragen zu stellen. Postmoderne Figuren wie der Blogger und Youtuber Rezo erwuchsen. Sie machen Meinung. Sie beherrschen die Aufmerksamkeitsökonomie. Ein Andreas Reckwitz oder Jürgen Habermas müssen in dieser Aufmerksamkeitsökonomie jeden Wettbewerb um Deutungshoheit und Aufmerksamkeit verlieren. Das deutsche Feuilleton lässt die Intellektuellen auch im Stich. Seit Frank Schirrmacher tot ist, gibt es in Deutschland eigentlich so gut wie kein politisches Feuilleton mehr. Bei der *SZ* quillt das Feuilleton von postkolonialen Debatten und Theaterbesprechungen über, das *FAZ*-Feuilleton bringt maximal alle drei Monate mal einen Text, der für Gesprächsstoff sorgt. Einzig das *Zeit*-Feuilleton trotzt noch etwas dem Hang der *Zeit* sich als akademisches Schöne-Welt-Blatt zu inszenieren.

Die Philosophie- und Politik-Professoren ziehen sich in ihre Kolloquien und internationalen Tagungen zurück. Professuren werden danach vergeben, wer EU-Fördergeld oder sonstige Drittmittel einwirbt und fleißig Journalbeiträge verfasst, die am Ende 25 Leser haben. Haben Sie von Rainer Forst, dem akademischen Star der deutschen politischen Theorie, in den letzten Jahren mal etwas gehört? Genau.

Das Parlament ist nicht mehr der Ort für Debatte. Die Exekutive gibt bekannt. Die Exekutive entscheidet. Danach wird darüber berichtet. Darüber debattiert wird nicht mehr. Nicht davor und kaum danach. Nachwuchspolitiker halten opportunistisch still, weil sie ihre Chancen auf gute Listenplätze nicht gefährden wollen. Parteiinterne Diskurse folgen dem Muster der Filterblase und Echokammer. Der Pluralismus ist gefährdet. Parteiintern wie medial.

Politische Debatten finden weniger statt. Das Land ist kaum mehr im Gespräch. Und oben an der Spitze thront Angela Merkel, die seit jeher Politik nicht erklärt und Debatten nicht wagt. Letztes Beispiel dafür ist ihre Beschwerde über #Oeffnungsdiskussionsorgien im Zuge der Lockerungsdebatte um den Corona-Shutdown. Merkel mag nicht gerne debattieren. Dabei lebt eine lebendige Demokratie davon.

Die Corona-Krise könnte nun alles ändern. Das ist nicht nur eine Wunschvorstellung eines Republikaners wie mir, der gerne hätte, dass man mehr miteinander debattiert. Es ist keine normative Unterstellung, damit mein Idealbild von Politik wahr werden möge. Diese seit 1945 nie da gewesene Krise ist eine Art Disruption, die zu gar nichts anderem führen kann als zu einem erhöhten Bedarf an Debatte. Wenn unsere Demokratie jetzt darin versagt, möglichst breit, möglichst frei, möglichst nüchtern, möglichst fair, möglichst pluralistisch, darüber zu debattieren, was diese Krise mit uns, der Gesellschaft und dem Leben macht, und wie die Krise zu bewältigen ist, dann wird der historische Kampf um die demokratische Freiheit mit Füßen getreten.

Jetzt ist nicht die Zeit für Gesinnung. Jetzt ist nicht die Zeit für enge Denkkorridore. Jetzt ist nicht die Zeit für Opportunismus. Jetzt ist nicht die Zeit für Sprechverbote und parteiinterne Selbstzensur. Jetzt ist nicht die Zeit für ängstliche Nachwuchspolitiker, die ihre Karriere nicht gefährden wollen. Jetzt ist nicht die Zeit für Wissenschaftler, die lieber den Mund halten, weil sie sonst falsch verstanden werden können oder Angst haben Stellung zu beziehen, weil ihnen dies die angestrebte Professur kosten könnte oder ihre Kollegen vermeintlich über sie lästern könnten.

Jetzt muss der Mut zur freien Meinung zurückkommen. Nein, nicht diese Boris Palmer Aufregungsmeinung. Nein, nicht Meinungsmache versteckt als Frank Castorfs »republikanischem Widerstand«.

Wie ich in meinen neuen Buch »Verantwortung«[10] argumentiere, ist es Zeit die Symbolpolitik zu überwinden, mehr Realitätssinn zu beweisen und sich der Verantwortung zu stellen, die man als Journalist, als Intellektueller, als Politiker hat, nämlich nach dem besten Weg für das Gemeinwesen zu fragen, dessen Bürger man ist. Verantwortung heißt, für das eigene Land nach dem besten Weg zu fragen. Dies erfordert Gemeinsinn. Dieser Gemeinsinn schließt Pluralismus nicht aus. Wir müssen nicht einer Meinung sein, um zu fragen, was für unser Land das Beste ist. Aber wir müssen uns als Bürger den Mut der Verantwortung aufbürden.

Was wir uns in dieser Corona-Krise und nach dieser Krise nicht mehr leisten können, ist:

Gratismut, Orientierung an der eigenen Peer-Group, Selbstgerechtigkeit, Inszenierung als Guter und Schöner, ästhetische Motivation für politische Meinung, Diskussionsverweigerung mit Menschen anderer Meinung, Verachtung Andersdenkender, Hohn und Spott über politische Gegner, Stummheit aufgrund von Karrieremotiven, Stummheit aufgrund der naiven und infantilen Überzeugung, dass lieber nichts zu sagen für einen besser ist, das Zurücklehnen in Safe Spaces, in dem man nicht mit Meinungen konfrontiert wird, die einem nicht gefallen, und vor allem ideologische Haltung und das bewusst selektive Interpretieren von Realität aufgrund ideologischer Motive. Das müssen wir alles hinter uns lassen.

Corona wird Politik und Debatte verändern. Corona muss sie verändern. Wenn wir jetzt nicht wieder offener werden für die Demokratie und uns vor Augen führen, dass wir als Bürger zu dieser offenen Demokratie unseren Teil leisten müssen, dann wird dieser Epochenbruch ein neues autoritäres Zeitalter einläuten. Bürger sind keine Befehlsempfänger. Sie kümmern sich idealerweise selbst um ihre Demokratie. Als Politik (was von Polis kommt) in den antiken Stadtstaaten (der Polis) noch räumlich klein umgrenzt war, konnte der Bürger seiner Verantwortung noch gut gerecht werden. Moderne und große Demokratien machen es dem Bürger schwerer. Aber er darf sich nicht zum Zuschauer und Publikum degradieren lassen. Ein Bürger ist ein Handelnder. Er nimmt Teil oder er versteht nichts von der Herrschaft des Volkes. Ein Bürger ist mündig.

In meinem Buch »Verantwortung« mache ich John F. Kennedys Satz zu meinem Leitsatz: »Frage nicht, was dein Land für dich tun kann, sondern was du für dein Land tun kannst«. Es ist höchste Zeit diese Lehre der Verantwortung anzunehmen. Nach Corona haben wir dazu keine Ausreden mehr. Wir müssen als Bürger mehr Verantwortung verlangen und selbst wagen.

Und jeder Politiker, Journalist und Intellektuelle ist auch ein Bürger. Sie müssen neue Vorbilder der Verantwortung werden. Es ist die Zeit für neuen republikanischen Mut gekommen.

Plädoyer für Jugendtechnikschulen – Jugend forscht, Jugend musiziert, Jugend schraubt![11]

Als der Plattenspieler seiner Schwester nicht mehr funktionierte, fühlte sich der elfjährige Jens König dazu berufen, Hand an ihn anzulegen. Mit Schraubendreher und Taschenmesser öffnete er ihn. Dann suchte er nach dem Fehler und ging daran ihn zu beheben. Als die Operation am rotierenden Musikabspielgerät beendet war und Jens stolz die erste Platte auflegte, schlugen Flammen aus dem Plattenspieler. »Mein Reparaturversuch ging daneben, meine Schwester sprach eine Woche nicht mit mir, aber von Reparatur zu Reparatur wurde ich besser.« Heute arbeitet Jens nach einem Elektroingenieursstudium bei einem der großen, deutschen Autobauer. Den Grundstein für seine Karriere legte er, da ist er sich sicher, mit seinen Versuchen als Handwerker. »Jeder gute Ingenieur ist eine Art Daniel Düsentrieb. Er muss Ideen haben und sie ausprobieren. Je früher je besser. Nur so kann man etwas lernen« – sagt er.

Für Kinder wie Jens mit Interesse an Technik gibt es nur wenige Angebote. 929 Jugendmusikschulen, an denen Kinder ein Instrument lernen können, gibt es in Deutschland. Jugendtechnikschulen wie in Berlin, Taubertal oder Fellbach sind hingegen selten. Für ein Land wie Deutschland, das vom Export von Produkten wie Maschinen, Elektrotechnik und Autos lebt, ist das ein Problem. Denn auch wenn die Schulen das theoretische Wissen in Fächern wie Mathematik, Physik oder Chemie vermitteln, fehlt den Kindern oft der Bezug zur Praxis.

Frank Zopp vom Zentralverband des Deutschen Handwerks befürwortet den Ausbau von Schulen für Kinder mit Interesse an Technik: »Wenn sich die Einrichtung von Jugendtechnikschulen stärker in Deutschland verbreitet, kann das nur im Interesse des Handwerks sein. Technische Anwendungen durchdringen zunehmend unseren Alltag, gerade angesichts der fortschreitenden Digitalisierung. Auch die Herausforderungen der Zukunft werden wir nur bewältigen können, wenn wir ausreichend qualifizierte Technikerinnen und Techniker haben, die zum Beispiel innovative Konzepte der Energieerzeugung und -nutzung in die Tat umsetzen können.«

Die wirtschaftliche Stärke Deutschland beruht auf den technologischen Fähigkeiten seiner Industrien. Als Gründe, warum er die erste Tesla-Fabrik in Deutschland bauen will, gab Elon Musk die hohe Qualität der Ingenieure und Facharbeiter an. Der damalige Bundespräsident Horst Köhler sagte in einer Rede 2005: »Wir müssen um so viel besser sein, wie wir teurer sind.« Seinen Lebensstandard wird dieses Land nur halten können, wenn es den Satz Köhlers ernst nimmt und in die technische Ausbildung seiner Kinder und Jugendlichen investiert. Und dazu gehört es auch, den Spaß und die Begeisterung für Technik zu wecken. Mehr Techniker braucht das Land.

Ein OECD-Report »Bildung auf einen Blick 2019« verkündete zuletzt allerdings Besorgniserregendes: Danach hat die deutsche Jugend weniger Lust auf den Ingenieur. Das Interesse am Studium sinkt. Bundesbildungsministerin Anja Karliczek übte sich angesichts der Ergebnisse des Reports in Downplaying: Alles nicht so schlimm. Aber natürlich ist es schlimm. Bei IT-Spezialisten etwa besteht mittlerweile eine Rekordlücke. So sehr es stimmt, dass Mangel in Pflegeberufen und in Erziehungsberufen auch ein Problem sind, aber die deutsche Industrie erwirtschaftet immer noch – und wird es weiterhin – den Großteil des deutschen Wohlstandes. Fachkräftemangel bei MINT-Berufen wird eines der größten Probleme der deutschen Wirtschaft werden – angesichts des demographischen Wandels und eines immer noch fehlenden umfassenden Einwanderungsgesetzes gilt das ohnehin.

Jugendtechnikschulen können helfen, das Interesse an technischen Ausbildungsberufen zu steigern. Seit Jahren nehmen mehr junge Menschen ein Studium auf als eine Berufsausbildung. »Weil ein Studium meist länger dauert«, schreibt der Soziologe Aladin El-Mafaalani in seinem Buch »Mythos Bildung«, »gibt es mehr als doppelt so viele Studierende wie Auszubildende.« Es ist also wichtig, Jugendliche für Ausbildungsberufe zu interessieren und ihnen vor allem, wenn sie aus bildungsfernen Schichten stammen die Möglichkeit zu geben, sich zusätzlich zu qualifizieren. Denn, schreibt El-Mafaalani, immer öfter machen Abiturienten eine Ausbildung vor dem Studium. Den Betrieben stehen sie dann später oft nicht als Mitarbeiter zur Verfügung.

Handwerk und Industrie sind nicht sexy. Aber die Jobs in der verarbeitenden Industrie sind gut bezahlt. So mancher hippe Ausdruckstänzer träumt vom durchschnittlichen Jahresdurchschnittseinkommen in der Industrie: Das lag 2018 nach Angaben des Bundesamtes für Statistik bei 56.143 Euro brutto. Sich auf der Bühne oder mit einem Instrument ausleben zu können, ist eher die Grundlage für ein schönes Hobby und nicht für eine sichere Existenz. Viele Eltern wollen sich ihre Sprösslinge aber anscheinend lieber beim Klavierunterricht oder im Zeichenkurs vorstellen, um ihnen die angeblich so entscheidende Kreativität für den neuen »Kulturkapitalismus« (Andreas Reckwitz) zu vermitteln. Dabei sind eigentlich viele der neuen großen IT-Konzerne, wie Apple und Co., anfangs in Garagen entstanden. Ihre Gründer waren Bastler – wie Steve Jobs. Mozartliebhaber pushen nicht das Bruttosozialprodukt. Das tun die Garagenschrauber.

Die Jugendtechnikschule setzt hier an. Natürlich kann sie nicht kurzfristig Linderung schaffen. Aber langfristig. Und sie wird noch einen schönen Nebeneffekt haben. Denn während die Jugendmusikschulen eher etwas für Kinder der Oberschicht und gebildete Mittelschichtsfamilien sind, die es gerne sehen, wenn ihr Kind auch ein Instrument beherrscht, so wären Jugendtechnikschulen etwas für Kinder mit Migrationshintergrund. Größere Brüder und Schwestern türkischstämmiger Mädchen und Jungen etwa, arbeiten öfter in handwerklichen Berufen oder als Arbeiter. Die familiären Affinitäten zu praktischer Arbeit sind größer.

Kurzum, Kinder mit Migrationshintergrund würden von Jugendtechnikschulen weit mehr angezogen werden und hätten mit dem Angebot eine tatsächliche Verbesserung ihrer Bildungs- und Lebenschancen zu erwarten. Außerdem gehören türkische Familien überproportional zu den »kleinen Leuten«. Sie haben in der Regel nicht das Geld für teure Musikinstrumente oder teure Sporthobbies der Kinder. In Jugendtechnikschulen können daher Kinder mit Migrationshintergrund basteln, ausprobieren und lernen. 3-D-Drucker, Computer, Software, kleine Maschinen und Materialien braucht man nur einmal anschaffen und wären für alle verfügbar.

Nun sind neue Jugendtechnikschulen nicht einfach durch ein paar Spenden oder Industrie-Konzerne mit Interessen zu gründen. Auch die Anzahl von 929 Musikschulen wird man kaum erreichen. Vielleicht wäre die Gründung von 300 Jugendtechnikschulen bis 2025 und deren Finanzierung bis 2040 zu Anfang ein gutes Ziel. Der Staat muss hier ran. Bund und Länder. Die Anschubfinanzierung dieser bundesweit 300 Jugendtechnikschulen könnte vielleicht 600 Millionen Euro kosten – Erfahrungswerte gibt es nicht und daher ist das hier eine reine Schätzung. Aber Industriekonzerne mit fester Verwurzelung – etwa in Baden-Württemberg, Bayern, Nordrhein-Westfalen – hätten durchaus auch Interessen diese Jugendtechnikschulen dann später nach der Gründung mitzufinanzieren – sei es durch Spenden oder Privat-Public-Partnerships.

Personal, Ausrüstung und vor allem Gebäude und Räume werden Geld kosten. Der Staat muss aktiv werden. Aber bei den Milliarden-Überschüssen und nicht genutzter Steuerpotenziale – wie einer seit Jahren überfälligen Erbschaftssteuerreform – wird man Geld auftreiben können. Wie bei allem in der Politik: Man muss Prioritäten setzen und etwas wollen. Jugendtechnikschulen sollte man wollen. So teuer wären sie nicht. Und auch ihre dauerhafte Weiterführung nicht. Natürlich muss Personal dauerhaft bezahlt werden, Technik in regelmäßigen Abständen erneuert werden und Fixkosten der Gebäude und Räume gedeckt werden. Aber das ist alles machbar. Man muss nur wollen. Techkids und deren Ausbildung – wir müssen schlicht bereit sein, uns das etwas kosten zu lassen.

Coronomics – Sperrt die Läden auch sonntags auf!

Dieser Tage braucht unser Land viele kreative Ideen, um die wohl größte ökonomische Krise der Nachkriegszeit zu überstehen. Zum Beispiel wäre es schlimm, wenn infolge der Pandemie unzählige Läden für immer dichtmachen müssten und dadurch die Innenstädte mehr als ohnehin schon veröden. Daher schlage ich vor: Der Einzelhandel sollte vorübergehend auch sonntags öffnen dürfen; sagen wir – für ein Jahr.

Dafür sprechen sowohl ökonomische als auch psychologische Gründe – die zusammenhängen. Zunächst die psychologischen: Man darf die Menschen nicht dauerhaft daran gewöhnen, weitgehend auf den Online-Handel umzusteigen. Das passiert aber, wenn Kunden die Innenstädte meiden; auch weil die Regierung ihnen im Zweifel dazu rät. Klar ist: Durch Corona haben viele Menschen gerade Bedenken, sich in den nächsten Monaten in Innenstädten und Shopping-Meilen aufzuhalten. Das wird den Konsum des stationären Einzelhandels dauerhaft einbrechen lassen, vor allem an normalerweise starken Verkaufstagen wie dem Samstag.

Zweitens kann es der Regierung eigentlich nicht recht sein, wenn bald die Innenstädte samstags wieder voll sind. In der Mannheimer Fußgängerzone beispielsweise standen schon am vergangenen Samstag viele Menschen vor den Geschäften Schlange, dicht an dicht – häufig ohne Mundschutz. Wären die Läden zusätzlich an allen Sonntagen geöffnet, beispielsweise von 13 bis 19 Uhr, dann würde sich der Kundenstrom etwas entzerren. Und die Menschen könnten leichter Abstand halten.

Schaut man auf die ökonomischen Gründe, erscheint auf den ersten Blick ein gängiges Gegenargument plausibel. Es lautet: Die Kaufkraft steigt nicht, nur weil ein Verkaufstag mehr zur Verfügung steht. Man kann eben jeden Euro nur einmal ausgeben. Wegen der Lohnausfälle durch Kurzarbeit, steigender Arbeitslosigkeit und Vermögensverlusten sinkt die Kaufkraft zudem. Was bringt da also ein einjähriger verkaufsoffener Sonntag?

Angesichts der aktuellen Konsum-Zurückhaltung sehr viel: Gerade jetzt hilft jeder Anreiz, einkaufen zu gehen. Für den Dienstleistungssektor ist der Konsum nun mal zentral. Die Regierung kann noch so viele Kreditgarantien und Nothilfen geben – wenn die Leute nicht mehr kommen, wird es für Einzelhandel, Gastronomie und Hotelgewerbe existenziell. Allein der Einzelhandel habe während der vierwöchigen Schließungen von Geschäften aus dem Nicht-Lebensmittel-

Bereich annähernd 30 Milliarden Euro Umsatz verloren, schätzt der Handelsverband Deutschland. Als Folge der Pandemie befürchtet er bis zu 50.000 Insolvenzen in der Branche. Je mehr Gelegenheiten die Menschen also demnächst haben, in die Läden zu kommen, umso besser.

Zudem würden Verkäuferinnen und Verkäufer mit einer Bereitschaft zur Sonntagsarbeit noch einmal mehr signalisieren, dass sie in schweren Zeiten an der Seite ihrer Arbeitgeber stehen. Ein Signal, das diese honorieren sollten, wenn demnächst vielleicht über zwölf Euro Mindestlohn debattiert wird. Gewiss, eine erhebliche Erhöhung ist in der momentanen Lage nicht leicht durchzusetzen. Aber die Arbeitgeber dürften sich wohl kaum total verweigern, wenn die Beschäftigten ein Jahr lang ihre Betriebe beherzt dabei unterstützten, wieder etwas davon hereinzuholen, was in der Zeit des Shutdowns verloren gegangen ist. Übrigens wird auch ein höherer Mindestlohn den Konsum weiter ankurbeln.

Arbeitnehmervertreter werden nun wahrscheinlich einwenden, dass man den Beschäftigten des Einzelhandels unbedingt Pausen gönnen muss – erst recht nach den schweren Wochen zu Beginn der Pandemie. Dem lässt sich entgegenhalten, dass durch eine Sonntagsöffnung auch Neueinstellungen realistischer würden. Arbeitslosigkeit könnte dadurch verringert werden. Auch Dienstleistungsgewerkschaften – die sich üblicherweise mit jeder Veränderung bei der Arbeitszeit schwertun, weil sie jede Konzession als Kontrollverlust werten – können diesmal mit der Öffnung offensiv umgehen. Das zeigt ein Blick nach Finnland, wo Sonntagsarbeit möglich ist. Die Beschäftigten bekommen für diese Stunden einen deutlich höheren Lohn. Für viele bei uns im Einzelhandel wäre so etwas auch eine Chance, Lohnausfälle wieder reinzuholen. Kurzum: Es spricht aus ökonomischen Gesichtspunkten gerade viel für die Öffnung der Sonntagsarbeit.

Und erst recht aus den eingangs genannten psychologischen Gründen. Schließlich kann es keinesfalls im Interesse einer Gesellschaft sein, dass durch die Folgen von Corona Social Distancing zur neuen kulturellen Norm wird. Dass eine weitere Atomisierung der Gesellschaft entsteht, in der Menschen misstrauischer, ängstlicher, distanzierter, unsolidarischer miteinander umgehen, weil sie in Zeiten des Abstands verinnerlicht haben, zunächst auf sich selbst zu achten. Anders gesagt: Der Neoliberalismus könnte durch Corona weiter gewinnen, vielleicht nicht sofort ökonomisch, aber definitiv kulturell. Die gängigen Plädoyers für mehr Solidarität haben nur einen Sinn, wenn sich die Menschen nach Corona nicht noch stärker aus den Augen verlieren, sondern stattdessen wieder mehr in den Blick nehmen. Ohne die Präsenz des anderen geht das aber nicht.

Als Moralelite verliert man die Normalen

In einer vor kurzem veröffentlichen Ausgabe der Wochenzeitung »Die Zeit« macht der scheidende Präsident des Bundesverfassungsgerichts, Andreas Voßkuhle, der »liberalen Elite« den Vorwurf, mitverantwortlich für den Aufstieg des Populismus zu sein und die normalen Leute zuletzt vernachlässigt zu haben. »Viele Menschen haben das Gefühl, mit ihren Problemen alleingelassen zu werden. Sie haben den Eindruck, dass ihre Interessen nicht hinreichend berücksichtigt werden«, so Voßkuhle. Der »großen Mitte«, in seiner Definition, »all jene, die nicht offensichtlich benachteiligt sind, sondern die eher unter dem Radar ein normales Leben leben«, habe die Politik zuletzt »vielleicht zu wenig Aufmerksamkeit entgegengebracht«.

Diese Kritik von Voßkuhle wurde in den letzten Jahren in verschiedenen Facetten immer wieder vorgetragen. Erst gerade jüngst hat der Politikprofessor Jan Zielonka einen ähnlichen Vorwurf erhoben und äußerte im Interview mit dem IPG-Journal seine Überzeugung, dass am Aufstieg des Populismus die liberalen Eliten selbst schuld seien. »Sind sie zu stark, bist du zu schwach« – hieß es dort provokant.

Es wurde auch eine rege Debatte um die sogenannte »Identitätspolitik« geführt, die seitdem als Symbol für die Entfremdung einer liberalen Elite von der Normalbevölkerung gilt. Nur bewirkt hat sie nichts. Zumindest nicht in der politischen Linken hierzulande. Die Union ist hingegen bedacht kulturell stinknormal zu sein, oft bis zur Grenze des Biederen und Langweiligen. Man denke an die Aussage von Union-Fraktionschef Ralph Brinkhaus, dass Nackensteak-Esser das Rückgrat unserer Gesellschaft seien. Dafür wurde er bei Twitter von Linken mit Hohn und Spott überzogen. Die Union befeuert zwar auch Politikverdrossenheit (auch so ein Vorwurf an die liberale Elite) mit ihrem Leerformel-Konservatismus und mit ihrer inspirationslosen Technokratie (noch so ein Vorwurf an die liberale Elite, nämlich technokratisch zu sein). Aber auf kultureller Ebene erlebt man bei Christdemokraten eigentlich selten, dass sie sich irgendwie für bessere Menschen halten. Bevormundend sind sie auch selten. Sie versuchen Biedermänner und Frauen zu sein. Halt irgendwie normal. Auch wenn ihre Normalität dann eben bieder wirkt.

Normale Menschen jedenfalls gehen morgens arbeiten und sind froh am Wochenende auch mal auf ihrer Terrasse oder ihrem Balkon grillen zu können. Sie buchen Pauschalurlaub zum Beispiel eher nach »Malle« und nicht Yoga-Erlebnis-Backpacking-Urlaub in Indien und Nepal. Sie möchten, dass Arbeit sich lohnt, sie möchten ordentliche Schulen und Straßen. Normale Menschen sind die, für die der ehemalige US-Präsident Bill Clinton einmal die Formel »work hard and play by the rules« prägte. Es ist ein unspektakuläres Leben, was die Mehrheit in diesem Land führt. Ihre Interessen und Wünsche sind nicht komplex. Aber die politische Linke erreicht diese Menschen weniger, weil zu viele politisch Linke die Normalität mittlerweile missachten – und manchmal sogar verachten. Die Konsequenz: Mittlerweile ist die Union genau so stark wie Rot-Rot-Grün zusammen und die AfD stabil bei rund 10 Prozent – auch wenn sie in der Krise Federn ließ.

Aber warum entsteht der Eindruck, dass es zumindest in Teilen der politischen Linken zu einer Vernachlässigung normaler Leute gekommen ist? Ein Blick auf die Themen und die Art und Weise der Themenbearbeitung helfen hier weiter.

Die dominierenden Themen dieser »liberalen Elite« in den letzten Jahren waren weltanschaulicher Natur. Viele politische Sachfragen, insbesondere die Klimapolitik und Migrationspolitik, wurden durch Moralisierung der realpolitischen Adressierung entzogen. So wurde das emotionale Befürworten von mehr Klimapolitik schon politisch – ohne dass konkret nach dem »Wie« dieser Klimapolitik gefragt wurde. Dabei ist die realpolitische Debatte über das »Wie«, also über Instrumente und Wege, der eigentliche politische Akt. Moral wurde aber selbst zu einer politischen Antwort.

Deutschland konnte im Zuge des Aufstiegs von »Fridays for Future« eigentlich kein sachbezogenes Gespräch über die betriebswirtschaftlichen Wege, volkswirtschaftlichen Potenziale und politischen Mittel für eine CO^2-ärmere Wirtschaft führen. Auch jene grünen Realisten, die eine Entkopplung von Wirtschaftswachstum und Emissionen und Umweltschädigung durch mehr GreenTech für realisierbar halten, gingen in einem moralischen Chor unter, der nach individueller Konsumveränderung, Verzicht, neuem Öko-Lifestyle und einer diffusen Form von Klimaachtsamkeit rief. Klimapolitik wurde also primär subjektiviert. Sie wurde zur Aufgabe von Individuen erklärt und in diesem Zuge zu einer individuellen moralischen Pflicht erklärt – mit moralischen Sanktionen für jene, die sich nicht eindeutig zu dieser Pflicht bekennen. Das Politische verschwand so.

Genauso verhielt es sich mit der Migrationspolitik. Politisch wurde es hier eher da, wo über die persönliche Sichtweise auf Migration gesprochen wurde. »Welche Haltung hast du dazu?« – entscheidet also zuweilen schon darüber, wo jemand politisch zu verorten ist. Auch hier wurde seitens etlicher linker politischer Aktiver eher eine emotionale Klarheit eingefordert, anstatt nachhaltige Lösungen für eine globale Migration zu erarbeiten, die ja nicht einfach abebbt, sondern ein Phänomen ist, mit dem man sich auch in den nächsten Jahren noch zu beschäftigen hat. Aber diese realpolitische Beschäftigung wurde seit 2015 erschwert, weil die Einforderung emotionaler Klarheit schon die politische Debatte dominiert und für sachbezogene Lösungskompetenzen da nicht mehr viel Platz ist – und man diese Lösungen im Grunde der Bürokratie überlässt oder einfach in die Zukunft verschiebt.

Wirft man der »liberalen Elite« dann aber die Vernachlässigung pragmatischer Lösungskompetenzen vor, verpufft dieser Vorwurf weitgehend. Die Konsequenz dieses Vorwurfs impliziert nämlich auch eine habituelle Änderung. Twittern kann jeder, aber nach Lösungen in einer komplex gewordenen Welt zu fragen, bedeutet die Kompetenz eben auch haben zu müssen. Realpolitik ist nichts für Rookies.

Viel lesen, komplexe Sachverhalte verstehen und eigenes Nachdenken sind gefordert. Anders gesagt: Man muss sein politisches Handwerk beherrschen. Der Eindruck verhärtet sich aber, dass Social Media und Medientraining dem politischen Nachwuchs wichtiger sind als sich als Fachpolitiker zu qualifizieren. Dieses Phänomen scheint vor allem linke Nachwuchspolitiker zu betreffen. Sie wollen offensichtlich mehr Stimmungspolitiker als Fachpolitiker sein. Einzelne als fähig geltende Minister können so den Eindruck einer Kompetenz-Ermangelung nicht mehr wirklich verbessern. Das Bild der SPD beispielsweise als einer Partei, der personell Charakterköpfe und ministrabler Nachwuchs händeringend fehlen, bestätigt und verstärkt sich durch eine Konzentration des Personals auf stimmungsvolle Social-Media-Prosa und zitierbare Allgemeinplätze für die Presse.

Nimmt man etwa den direkten Vergleich zwischen Union und SPD zur Hand, wird das Ausmaß der Kompetenzvernachlässigung offensichtlich. Der Unterschied bei der Wirtschaftskompetenz etwa, liegt bei 42 zu 9 Prozent – wie eine Analyse von Infratest Dimap im Januar ergab. Auch in fast allen anderen Politikfeldern wird der Union deutlich mehr zugetraut als der SPD.

Seit der Corona-Krise ist das Vertrauen und vor allem das Zutrauen in die Kompetenzen der Union noch einmal gewachsen. Laut einem aktuellen RTL/ntv-Trendbarometer des Instituts Forsa trauen 47 Prozent der Bundesbürger der Union zu, mit den Problemen in Deutschland am besten fertig zu werden, während es bei der SPD nur 6 Prozent sind. Bei diesen Unterschieden kann man als SPD natürlich keine Wahl gewinnen.

Anders gesagt: Nur mit Moral und Randgruppenfokussierung gewinnt man keine Wahl. Die gewinnt man nur, wenn man die normalen Leute, die Mehrheit, durch Kompetenz überzeugt. Es wäre Zeit, dass eine SPD bei 14 Prozent, eine Linke bei 7 Prozent und eine zusammenbrechende grüne Partei (die allerdings als einzige der drei »linken« Parteien von der identitätspolitischen Wende profitierte) das langsam mal verstehen. Ansonsten regiert die Union auch die nächsten Jahre das Land, während einem als politische Linke nicht mehr bleibt als gegenüber der Union, AfD und FDP die richtige Haltung anzumahnen und zudem SPD oder Grüne der Steigbügelhalter für einen Kanzler der Union sein dürfen. Die Ignoranz und Arroganz gegenüber der Normalität müssen also enden.

Corona wird zum Brennglas für die digitale Schwäche Deutschlands

Vor Corona war der Trend schon erkennbar: Rückkehr der Machtpolitik, neue Formen der Nationalökonomie und Abkehr vom Internationalismus. Vom kosmopolitisch-idealistischen Glauben der 1990er Jahre ist wenig übriggeblieben. Die nationalen Eigeninteressen kommen zurück – ja sind längst zurück. Die Welt, wie wir sie seit dem annoncierten »Ende der Geschichte« (Francis Fukuyama) kannten, gibt es nicht mehr. Die als »liberal order« bekannt gewordene Ordnung multilateristischer Lösungen von immer mehr liberalen Demokratien, die nach einer für alle sinnvollen Global Governance suchen, gibt es so nicht mehr. Die Welt wird gerade eine andere.

Es entsteht immer mehr eine neue bipolare Ordnung 2.0, eine G2-Welt, die durch den Kampf zwischen China und den USA um Hegemonie geprägt ist. Donald Trumps Protektionismus und sein Handelskrieg sind dafür die sichtbarsten Anzeichen. »America first« oder »China first« sind dabei keine Zuschreibungen politischer Programme, die nach einiger Zeit auch durch neue Programme wieder abgelöst werden. Sie sind vielmehr ein Ausdruck einer generellen Trendverschiebung. Es geht nun um eine neue technologische und wirtschaftliche Weltführerschaft.

Das Militär spielt in der neuen geopolitischen Zeitenwende weniger eine Rolle. Ein neuer Kalter Krieg wäre das falsche Bild. Auch ohne Donald Trump und Xi Jinping würde das Silicon Valley mit Chinas Industriebossen und Tech-Giganten um das technologische Leadership konkurrieren. Die US-Politik, auch unter einem Demokraten Joe Biden, würde keine sofortige Rückkehr zu multilateral harmonischeren Zeiten einläuten. Was begonnen wurde, kann nicht einfach beendet werden.

Denn schon vor Corona haben US-Firmen damit begonnen, China zu verlassen, wie kürzlich neue Daten der Beratungsfirma »Kearney« zeigten. Die chinesische »Made in China 2025«-Strategie in bestimmten Branchen Weltspitze zu werden, ist ein lang angelegtes Projekt, welches technologische und wirtschaftliche Souveranität und Unabhängigkeit zum Ziel hat. Corona wird dieses Projekt nur beschleunigen und intensivieren.

Corona müsste also für Deutschland und Europa ein Diskussionsbeschleuniger dafür sein, was der Umbau von Lieferketten und Wertschöpfungsketten für politikökonomische Folgen mit sich bringt und wie auf die neue G2-Welt reagiert werden muss. Corona müsste aber auch für die deutsche Öffentlichkeit und die

Regierung das Brennglas sein, um genauer hinzusehen, wo das Land technologisch abgehängt ist. Das Corona-Brennglas müsste so vor allem für die Defizite der Digitalisierung sensibilisieren.

Im Bereich der Digitaltechnologie ist das deutsche Abseits am Deutlichsten. In der Corona-Krise merkte die deutsche Bevölkerung, dass schon vor Wochen Südkorea erfolgreich Tracing-Apps einsetzte, während wir hierzulande immer noch keine App haben. Der informierte Zeitungsleser konnte auch erfahren, dass US-Techkonzerne in der Krise sogar profitieren, während deutsche Industrieriesen an der Börse nachgeben. Nach der Krise wird das Silicon Valley eine prall gefüllte Kasse haben, um weitere Investitionen zu starten, während deutsche Industrieriesen darauf hoffen müssen, dass die Welt bald wieder Autos, Maschinen und Anlagen kauft.

Digitalisierung schafft also immer mehr Wertschöpfung. Schon im letzten Jahr stellte eine Untersuchung des *European Center for Digital Competitiveness* der ESCP Europe Berlin fest, dass die drei Top-US-Konzerne wertvoller als alle 763 börsennotierten Unternehmen in Deutschland sind. Nach der Corona-Krise könnte allein Amazon wohl wertvoller sein. In den Top 10 der Länder mit der größten digitalen Wettbewerbsfähigkeit, die das Schweizer *International Institute for Management Development* jährlich untersucht, liegt Deutschland auch nur auf Platz 17.

Bis 2030 sollen in China 150 Milliarden Dollar in Künstliche Intelligenz investiert werden. Eine einzelne chinesische Stadt wie Shanghai will bis zum Jahr 2021 dreizehn Milliarden Euro bereitstellen. Deutschland sieht in der KI-Strategie gerade mal drei Milliarden Euro bis 2025 vor. Laut OECD belegt Deutschland beim Glasfaseranteil an Breitbandanschlüssen mit 3,6 Prozent Platz 32. Bei Spitzenreiter Südkorea sind es 81,7 Prozent.

Die Corona-Krise zeigt zudem die verschlafende Digitalisierung in der Schule. Laut der ICILS-Studie 2018 nutzen nur vier Prozent der deutschen Achtklässler jeden Tag digitale Medien im Unterricht. In Dänemark sind es 91 Prozent. Nur 26 Prozent der deutschen Schulen verfügen über einen WLAN-Zugang. In Dänemark 100 Prozent. Dabei wurden 5,5 Milliarden Euro für die Digitalisierung der Schulen bereitgestellt – erst nach jahrelangem Ringen. Das Geld ist aber mitnichten schon in den Schulen angekommen. Im Gegenteil: Der Digitalpakt kommt überhaupt nicht voran. Hinzu kommt, dass die GEW die digitale Mindestausstattung aller Schulen auf rund 21 Milliarden Euro schätzt. Das Geld, das nicht ankommt, ist also generell zu wenig.

Auch bei IT-Spezialisten, die für eine erfolgreiche Digitalindustrie notwendig sind, besteht mittlerweile eine Rekordlücke. Auch das hat Gründe. Laut einer internationalen Bildungs-Vergleichsstudie zeigen in Mathematik nur fünf Prozent aller Grundschulkinder in Deutschland ein Leistungsniveau, das der höchsten

Kompetenzstufe zuzuordnen ist. In den asiatischen Teilnehmerstaaten der Studie verfügen 30 bis 50 Prozent aller Kinder über ein entsprechendes Leistungsniveau. Deutschlands Schulsystem versagt hier.

Corona ist ein Brennglas. Es zeigt uns in Europa unsere Schwächen. Die größte Schwäche ist technologischer Natur. Insbesondere in der Digitalindustrie. Wenn Deutschland und Europa nicht an ihrer digitalen Schwäche arbeiten, werden sie im 21. Jahrhundert keine Rolle mehr spielen.

Corona macht Wirtschaft zum Topthema

Das sind alles keine guten Nachrichten für die deutsche Volkswirtschaft, die in den vergangenen Jahren in einer selbstzufriedenen Wohlstandsblase lebte und ein unerschütterliches Unverwundbarkeitsgefühl hatte:

Bis Mai wurden bereits mehr als zehn Millionen Anzeigen für Kurzarbeit getätigt. Im Mai kamen nun weitere 1,06 Millionen Anzeigen dazu.

2,8 Millionen Menschen waren im Mai arbeitslos gemeldet. Fast 170.000 mehr als im April. Und 577.000 mehr als im Mai 2019.

Folgen der Coronakrise, zu deren Kosten das Ifo-Institut jüngst Berechnungen erstellt hat. Dort heißt es: »Je nach Szenario schrumpft die Wirtschaft um 7,2 bis 20,6 Prozentpunkte. Das entspricht Kosten von 255 bis 729 Milliarden Euro.« Weiter: »Eine einzige Woche Verlängerung der Teilschließung verursacht den ifo-Berechnungen zufolge zusätzliche Kosten von 25 bis 57 Milliarden Euro und damit einen Rückgang des Wachstums um 0,7 bis 1,6 Prozentpunkte.«

Der Präsident des Kieler Instituts für Weltwirtschaft, Gabriel Felbermayr, erwartet die »Mutter aller Rezessionen«. Der Handelsverband (HDE) fürchtet 50.000 Insolvenzen in seiner Branche.

Dazu kommen Absatzprobleme der deutschen Industrie in Ländern, die deutlich heftiger vom Virus getroffen wurden: Auto-Neuzulassungen haben sich in der EU im März halbiert. In Italien und Spanien brachen sie im März sogar um 85,4 beziehungsweise 69,3 Prozent ein. Der März war aber eigentlich nur ein halber Lockdown-Monat.

Und dieser Sommer ohne die üblichen Touristen wird in den europäischen Südländern so hohe volkswirtschaftliche Kosten verursachen, dass dort für ein bis zwei Jahre kaum irgendwer ein deutsches Auto kaufen wird. Zwar werden der geringe Ölpreis und die Angst vor Infektionen in überfüllten Bussen und Bahnen mittelfristig zu einer Renaissance des Individualverkehrs führen. Doch das Motto dürfte sein: Eher einen Dacia als einen Daimler.

Die neue globale Rezession und diese Virus-Krise reißen Deutschland also hart aus seiner Illusion eines unaufhaltsamen Fortschritts und der Fiktion ökonomischer Stabilität. Seiner geliebten Illusion: Wohl kein Land der Welt wollte an das am Anfang der 1990er Jahre ausgerufene »Ende der Geschichte« (Francis Fukuyama) so gerne glauben wie unser Land. Zehn Jahre Wirtschaftsstabilität und Aufschwung seit 2009 verfestigten dann noch das Bild der Unverwundbarkeit.

Das Narrativ der »Autobahn des Fortschritts« (Pankaj Mishra) führte aber auch zu einer politischen Themenverschiebung. Weil die Wirtschaft ja lief, brauchte man nun andere Ideenfelder. Nur welche? Der Kalte Krieg war auch zu Ende und damit der Systemwettbewerb. Liberal wurden bald alle. Die Linken wurden kulturell liberal und forcierten Freiheitsbewegungen wie die Ehe für alle, Kindertagesstättenausbau für mehr ökonomische Freiheit der berufstätigen Frau, offene Grenzen für Migration, erst innerhalb Europas und dann ab 2015 auch länger für Asylsuchende.

Bei der Migration ist die Änderung hin zu einer sehr liberalen Haltung am Offensichtlichsten. Die Gewerkschaften waren es nämlich, die stets bei Einwanderung und Asyl bremsten, während die Arbeitgeberverbände für offene Grenzen waren, um Lohndruck zu erzeugen. Die deutsche Linke fühlte sich über Jahrzehnte dem deutschen Arbeitnehmer verpflichtet: den Sozialstaat zu schützen, Beschäftigung in der beginnenden Globalisierung zu sichern und volkswirtschaftlichen Wohlstand zu fördern. Das war ihr materieller Fokus.

Und dieser Materialismus zog sich durch eigentlich alle Politikfelder. Bildungspolitik wurde ökonomisch gedacht (Bildungsexpansion), so auch Innere Sicherheit (mehr Geld für Stellen oder Ausrüstung bei den Sicherheitsdiensten), Forschungspolitik (was kann der Staat fördern). Ja, selbst der Feminismus war ökonomisch geprägt. Er fragte danach, was die Integration von Frauen in den Arbeitsmarkt erleichterte oder den Gender-Pay-Gap mildern kann, während heute der Feminismus zunehmend Rollenbilder problematisiert und als ein weltanschaulicher Kulturfeminismus auftritt, der die Identität und Selbstverständnisse von Frauen und Männern zum Thema hat.

Insgesamt war die Modernisierung des Landes überwiegend ökonomisch unterlegt, in dem Sinne, wie das Land sich neu aufstellen muss, um als Ganzes gerechter, aber auch wohlhabender zu werden. Das änderte sich in der identitätspolitischen Wende der Linke zu einer liberalen Kulturlinken. Modernisierung ist heute oft kulturell und weltanschaulich verstanden.

Entsprechend verschwanden Arbeiter und Handwerker immer mehr aus dem Funktionskörper der Partei. Stattdessen kamen mehr Studentinnen und Studenten hinein. Und nicht nur, weil es gesamtwirtschaftlich lange gut lief, sondern auch durch das soziale Kapital, das die Immatrikulierten in der Regel mitbringen, entstand innerhalb linker Parteien eine immer postmaterialistischere Funktionärsschicht. Die bezieht ihr Gehalt im öffentlichen Dienst, an Universitäten, oder gleich als Berufsrepräsentanten der Parteien.

Betriebsräte, die noch das Wissen über konkrete Probleme aus ihren Betrieben in die Parteien einspeisten, sind auch immer weniger dort zu finden. So kann es passieren, dass Postmaterialismus programmatisch und personell das Bewusstsein einer Partei bestimmt. Die Grünen prägen diesen kulturakademischen Habitus am Stärksten – auch weil ihr Akademisierungsgrad am höchsten ist. Aber unter den Jusos sind junge Menschen ohne Studium der Geistes- und

Sozialwissenschaft oder der Juristerei auch kaum noch zu finden. Dabei beträgt die Akademisierungsquote in der Bevölkerung nur 17,6 Prozent.

Was die politische Linke in der Folge dieser postmaterialistischen Entwicklung nicht mehr sonderlich interessierte, waren politikökonomische Initiativen und Alternativen zu entwickeln. Diese politikökonomische Sprachlosigkeit der Linke hatte sodann aber auch Folgen bei den Wahlen. Wirtschaftskompetenz etwa erkannte man nun mehr bei der politischen Rechten. Die Neoliberalen und liberal-konservativen Pragmatiker blieben sich nämlich seit der neoliberalen Revolution in Großbritannien und den USA und Helmut Kohls »geistig-moralischer Wende« erstaunlich treu.

Sie blieben neoliberal und forcierten die Geschichte der Globalisierung weiter, die alle Boote hebt, wenn sie nur möglichst dereguliert ablaufen könnte. Nachdem »New Labour« und die »Neue Mitte« scheiterten, waren sie es nun, die als Einzige wirklich Wirtschaftspolitik betrieben, während die politische Linke sie dabei als Steigbügelhalter entweder unterstützte oder eben kein Interesse mehr hatte, überhaupt einen Unterschied zu ihnen zu markieren und sich lieber mit einem progressiven Kulturliberalismus profilierte.

Seit geraumer Zeit hat sich diese zuletzt als »progressiver Neoliberalismus« (Nancy Fraser) kritisierte liberale Allianz weitgehend überlebt. Bernie Sanders, Jeremy Corbyn, Kevin Kühnert sind nur einige Namen eines »New Wave Socialism«. Sozialdemokratische Parteien sind zwar überwiegend weiterhin kulturell liberal bis hyperliberal, aber in der Sozial- und Steuerpolitik rücken eigentlich fast alle Parteien der sozialdemokratischen Parteienfamilie von »New Labour« und ihrer Annäherung an neoliberale Positionen ab.

Seit Neustem wird ihnen daher nicht mehr zum Vorwurf gemacht, dass sie nicht links genug seien, sondern vielmehr sogar zu links. Bernie Sanders und Jeremy Corbyn seien vor allem daran gescheitert, dass soziale Ungleichheit und Besteuerung der Reichen eigentlich ihre einzigen Themen seien. Dem neuen Führungs-Duo der SPD wird zunehmend vorgeworfen, eigentlich jede Woche eine neue Steueridee zu haben, sonst aber recht blass und innovationslos zu sein. Kevin Kühnert wird sein demokratischer Sozialismus als kindliche Übertreibung eines Dauerstudenten ohne Realitätssinn ausgelegt.

Innerparteiliche Kämpfe müssen die SPD-Linken in der Sozial- und Steuerpolitik auch kaum noch führen, seitdem der rechte Flügel der SPD, der Seeheimer Kreis, bei Fragen des Mindestlohns oder der Steuerpolitik nahezu so links ist, wie der pragmatischere Teil des linken Flügels der Partei. Die Forderung eines Lastenausgleiches zur Bewältigung der Corona-Folgen wird nicht nur von Saskia Esken erhoben, sondern auch von Sigmar Gabriel. Eine Vermögenssteuer befürwortet heute der ehemalige Generalsekretär des Neue-Mitte-Kanzlers Gerhard Schröders, nämlich Olaf Scholz.

Der Materialismus ist auf einer Ebene also bereits zurückgekehrt, nämlich bei der »sozialen Frage«. Weltanschauliche Fragen werden nun durch Corona nicht einfach sofort verschwinden. Spätestens im heißen Sommer wird »Fridays for Future« beispielsweise wieder mit Klimasymbolik aufdrehen. Aber Corona wird realpolitische Diskussionen um Arbeitsplätze, wirtschaftlichen Wohlstand, Digitalisierung, geopolitischen Wettbewerb Europas mit China und den USA zurückbringen.

Die kommende Rezession führt Politik also zunehmend auf den Boden der Tatsachen zurück. Mit diesem Boden der Tatsachen ist hier die Ökonomie gemeint. Wirtschaftspolitik wird im Zentrum der Debatten dieses Jahres und des Wahlkampfes im nächsten Jahr stehen. Die Union ist es, die bislang von dieser Rückkehr des Materialismus am Stärksten profitiert. Das liegt daran, dass sie seit Langem bei der Wirtschaftskompetenz, aber auch in fast allen anderen Politikfeldern, ein höheres Vertrauen genießt als ihr zentraler Mitbewerber SPD. Der Unterschied bei der Wirtschaftskompetenz etwa, liegt bei 42 zu neun Prozent, wie eine Analyse von Infratest Dimap im Januar ergab. Seit der Corona-Krise sind das Vertrauen und vor allem das Zutrauen in die Kompetenzen der Union noch einmal gewachsen.

Laut einem RTL/ntv-Trendbarometer des Instituts Forsa von Anfang Mai trauen 47 Prozent der Bundesbürger der Union zu, mit den Problemen in Deutschland am besten fertig zu werden, während es bei der SPD nur sechs Prozent sind. Das sind gewaltige Unterschiede. Die SPD hat ihre politikökonomischen Kompetenzen aus beschriebenen Gründen schleifen lassen, was sie nun in der Krise dazu zwingt, dem Aufstieg der Union nur zuschauen zu können. Ihr wird schlicht nicht genug zugetraut.

Die linken Parteien, insbesondere die SPD, sollten die Corona-Krise daher auch als ihre programmatische Reinigung auffassen. Corona bringt das Ende der Identitätspolitik. Aber nur, wenn dieses Ende von Funktionären der linken Parteien anerkannt wird, und wenn begonnen wird sach- und realpolitische Kompetenzen (vorrangig in der Wirtschaftspolitik) zurückzugewinnen, kann die Corona-Krise zu einer Rehabilitierung der politischen Linke beitragen.

Wenn es schließlich auch gelingen sollte, in der Klimapolitik und Migrationspolitik eine materialistische Wende einzuläuten, könnte die politische Linke erheblich zu einer Deradikalisierung politischer Diskurse beitragen und den rechten Populismus zurückdrängen. Und zudem insgesamt bei Wahlen wieder zulegen. Das gilt vorrangig für die SPD. Sie könnte der größte Gewinner einer materialistischen Wende werden.

Um eine materialistische Wende einzuläuten, muss man sich aber der Komplexität des 21. Jahrhunderts stellen. Nur die Fähigsten aller Parteien können innerhalb einer materialistisch geprägten Kultur aufsteigen. Moralisch kann jeder sein. Kompetent zu sein, erfordert Arbeit und Anstrengung. Niemand soll daher sagen, dass es auf dem Boden der Tatsachen einfach ist, einen stabilen Stand zu haben.

Auf dem Parkett des Realismus werden nur einige brillieren können. Aber sie könnten unsere Demokratie nach Corona in eine neue stabilere Phase führen. Nach Jahren des Aufstiegs des Populismus, sollte daher eine Chance in Corona gesehen werden. Jetzt ist die Zeit für eine Disruption der politischen Kultur gekommen. Die Demokratie kann nur gewinnen, wenn wir etwas in der Themenfokussierung ändern.

Der SPÖ fehlt der Anti-Kurz

Beobachtet man dieser Tage Österreich aus dem deutschen Nachbarland, so fällt dem nüchternen Zeitungsleser auf, dass Sebastian Kurz nach zeitweiligem zugreifenden Leadership, nun zunehmend die Lage in seinem Land über den Kopf wächst und er vor allem planlos erscheint, wie denn der für Österreich so wichtigen Tourismusindustrie wieder auf die Beine zu helfen ist.

Dem nüchternen Zeitungsleser fällt aber auch auf, dass die österreichische Sozialdemokratie mit inneren Querelen auf sich aufmerksam macht und ihr es nicht gelingt, dem jungen Kanzler etwas Substanzielles entgegenzusetzen. Die ÖVP ist in den Wahl-Umfragen nach wie vor mehr als doppelt so stark und kratzt an der absoluten Mehrheit. Die Sozialdemokratie dümpelt bei 16-18 Prozent herum, welche die Grünen mittlerweile auch erreichen. Die FPÖ ist eingebrochen. Aber die Sozialdemokratie ist weit entfernt den Kanzler stellen zu können. Eher eröffnet ihr ihre elektorale Lage eine triste Perspektive darauf, wer in der nächsten Legislaturperiode der ÖVP als Mehrheitsbeschaffer dienen darf. Grün oder rot untermalte Große Koalition unter schwarzer Führung – das scheint die Perspektive für Österreich zu sein, sollte der junge Kanzler es nicht noch auf eine absolute Mehrheit bringen.

Der Absturz der Sozialdemokratie auf besagte 16-18 Prozent bescherte ihrer Vorsitzenden Pamela Rendi-Wagner auch zurecht eine Führungsdebatte, die sie nun einstweilen mit der parteiintern gewonnenen Vertrauensfrage bis auf Weiteres zuschüttete. 71,4 Prozent an Zustimmung, bei einer Beteiligung von 41,3 Prozent, erhielt sie in der SPÖ Mitgliederbefragung. Eine schwache Beteiligung ohne große Aussagekraft. Aber die Zahlen entfalten ja in der Regel ihre eigene Wirkmächtigkeit. In der Corona-Krise scheint sie kaum Akzente zu setzen, obwohl die Corona-Krise ihr als Ärztin eigentlich als Drehbuch des SPÖ-Wiederaufstiegs und ihres eigenen geschrieben scheint. Aber diese Steilvorlage verpufft. Derweil macht die Partei vielmehr damit Schlagzeilen, ob SPÖ-Rebellen nun eins auf die Mütze bekommen oder halt nicht. Destruktive Selbstbeschäftigung darf man das nennen. Rendi-Wagners Appell für ein Konjunkturpaket ist natürlich richtig. Aber selbst der Kanzler Kurz wird wissen, dass in der Krise keynesianische Ökonomie gefragt ist und nicht das neoliberale Einmaleins.

Woran liegt also die so offenkundige und für die traditionsreiche und stolze SPÖ so schmerzvolle Krise, die als einst mächtige Partei zusätzlich noch die Erfahrung machen muss, dass ein junger Mann in seinen 30er Jahren das Land prägt, während sie mit sich selbst unzufrieden und intern gespalten über eine Zuschauerrolle nicht mehr hinauszukommen scheint?

Ein paar Statistiken zur deutschen SPD können bei der Antwort auf die Frage helfen. Der Unterschied im Zutrauen in die Kompetenz seitens der deutschen Bevölkerung in Christdemokraten und Sozialdemokraten wird immer größer. Bei der Wirtschaftskompetenz etwa, liegt der Unterschied von Union und SPD bei 42 zu 9 Prozent – wie eine Analyse von Infratest Dimap im Januar ergab. Auch auf fast allen anderen Politikfeldern wird die Union für weit kompetenter gehalten als die SPD. Seit der Corona-Krise ist das Vertrauen und vor allem das Zutrauen in die Kompetenzen der Union noch einmal gewachsen. Laut jüngstem RTL/ntv-Trendbarometer des Instituts Forsa trauen 47 Prozent der deutschen Bundesbürger der Union zu, mit den Problemen in Deutschland am besten fertig zu werden, während es bei der SPD nur 6 Prozent sind. Wie soll eine Partei reüssieren, die so derart weit abgehängt ist? Ein Land gibt man schließlich nur denen in die Hände, denen man es zutraut. So einfach ist das.

Ähnliches darf für die SPÖ attestiert werden. Der SPÖ fehlt der fähige Macher an der Spitze, der Anti-Kurz, der als Kanzler denkbar ist – was Pamela Rendi-Wagner schlicht nicht ist und das parteiinterne Zweifeln an ihr einen berechtigten Grund gegeben hat. Der Sozialdemokratie sind zunehmend Charakterköpfe abhandengekommen, die man als Staatsmann oder Staatsfrau betrachtet und zur Führung des Landes befähigt sieht. Außer Hans-Peter Doskozil hat die SPÖ niemanden. Und die SPÖ erkennt nicht, dass sie mit ihm die besten Chancen hat.

Die SPÖ, wie die deutsche SPD, erscheinen zudem zaghaft und stets bemüht, dass der eigene Laden ihnen nicht auseinanderfliegt. Politische Energien für politische Innovation, Wandel des Landes und harte Auseinandersetzung mit dem politischen Gegner bleiben da kaum übrig. Richtungsentscheidungen werden vertagt. Politische Konflikte, wie mit der Mitgliederbefragung in Österreich, aber auch dem jüngsten Führungscasting der SPD, werden nicht final geklärt. So bleibt die Sozialdemokratie in einer Schwebe. Sie macht mit sich selbst Schlagzeilen, aber nicht mit Politik.

Aber was für eine Politik bräuchte sie eigentlich? Darin liegt nämlich auch ein zentrales Problem der Sozialdemokratie. Kaum einer weiß mehr, wofür sie eigentlich steht, da sie in den letzten Jahren ihre programmatische Präzision zugunsten weltanschaulicher Haltungsfragen weitgehend aufgegeben hat. Sie wollte als Wertepartei erkennbar sein – etwa in der Migrationsfrage. Sie suchte nach der Dominanz über gesellschaftspolitische Deutung. Ihre pragmatischen Lösungskompetenzen zeigte sie dem Wahlvolk kaum mehr.

Zudem hat die generelle Vernachlässigung politischer Ökonomie zugunsten seichterer Themen der Sozialdemokratie in Österreich wie in Deutschland das Zutrauen in die Führungsqualität geraubt. Wiener und Berliner Kreise haben sich mit identitätspolitischer Selbstbespiegelung in energieraubende Werte- und Theoriediskurse verzettelt anstatt materielle Interessen ihrer Repräsentierten und die gesamtwirtschaftliche Wohlfahrt des eigenen Landes in den Vordergrund zu rücken. Zuletzt wurde die europapolitische Dimension der Sozialdemokratie auf eine binäre Logik der emotionalen Befürwortung des europäischen Projekts reduziert. Oder haben sie von Pamela Rendi-Wagner oder der deutschen SPD zuletzt ökonomisch zentrierte Diskurse über Eurobonds, die aus der Zeit gefallenen EU-Verträge und ihre Verschuldungsregeln oder eine industriepolitische Antwort auf die geopolitische Konkurrenz mit China und den USA gehört? Genau: Gähnende Leere.

Eine Rückbesinnung auf politische Ökonomie ist momentan auch kaum wahrscheinlich. Ist die Corona-Krise einigermaßen überstanden, wird der junge konservative Kanzler Kurz mit dem Vorwand krämerischer Seriosität sehr wahrscheinlich Diskussionen über Schuldentilgung und Ausgabenkürzungen beginnen.

Was wird da aber die SPÖ tun? Sie wird wohl keine Antwort haben, weil sie sich für politische Ökonomie eben nicht mehr sonderlich interessiert. Das ist aber grotesk falsch. Sie könnte nämlich auch betonen, dass Verschuldung eigentlich kein großes Problem ist, weil wir auch aus ihr herauswachsen können. Sie könnte eine massive und langfristig orientierte Investitionsoffensive fordern und sie könnte damit mit dem jungen Kanzler in heftige politische Auseinandersetzung gehen. Sebastian Kurz also politikökonomisch zur Weißglut treiben und damit endlich wieder Kontur gewinnen. Die SPÖ könnte fordern die Schulen und Hochschulen zu den Kathedralen des 21. Jahrhunderts zu machen, in dem sie so finanziert, dass die junge Generation mit mehr Zuversicht in die Zukunft blickt. Sie könnte einen »RedGreenDeal« initiieren, welcher technologische Antworten auf den Klimawandel sucht, anstatt die Sensibilität für den Klimawandel nur moralisch einzufordern und das schon für politisch zu halten. Sie konnte den Sozialstaat verteidigen – und zwar gegen jeden ÖVP-Versuch ihn zu beschneiden. SPÖ und SPD könnten als deutschsprachige Allianz auch wieder mehr Mitsprache in Europa verlangen.

Für die Sozialdemokratie ist viel möglich. Aber nur mit Kompetenz und Mut. Solange das beides kaum gegeben ist, kommt das Zutrauen in die Sozialdemokratie nicht zurück.

Sozialdemokratie und Verantwortung

Staatstragend. Das ist oft ein Attribut, welches man über die SPD hört. Sie dient dem Land. Erst das Land, dann die Partei. Man hörte es oft, um die Partei wieder und wieder in die Große Koalition zu führen. Obwohl die Partei es nicht wollte und sie in den letzten Jahren damit stets einen unglücklichen Eindruck mit sich selbst machte.

Die Lust auf das Regieren hat die SPD nie ausgezeichnet. Verantwortung. Macht. Bittere Pillen schlucken. Das schmerzt diese Partei immer wieder. Und doch tut sie es sich immer wieder an. Zuweilen wirkt sie nur noch als ein großer Regierungsapparat, ohne Meinung, ohne Kompass, ohne eigenen Willen. »Postideologie« nannte man das unter dem »Dritten Weg« von Gerhard Schröder. Die SPD solle sich von ideologischem Ballast befreien und eine Macherpartei werden. Die bessere CDU. Und so schleppte diese SPD-Technokratie sich durch fast alle Regierungen der letzten 20 Jahre. Die Botschaften gingen ihr aber aus. Und auch die politische Energie.

Diese politische Energie suchte man zuletzt dadurch wieder zu gewinnen, dass man sich als »Haltungslinke« inszenierte, die für die besseren Werte steht, die progressiv voran geht und die die Gesellschaft freier gestalten wolle. Fortschritt im Denken, das war der Ansatz – ohne dass Sozialdemokraten lange und viel darüber nachdachten, was sie da eigentlich predigten und was ihr Denken da nun ist.

Dieser Haltungslinken gingen dabei viele Wähler verloren. Dieser Haltungslinken ging auch der nüchterne Blick auf die Realität sowie das Mundwerk verloren, welches die »Tacheles«-Kanzler wie Helmut Schmidt noch auszeichnete. Sozialdemokraten waren seit Ferdinand Lassalle Menschen, die sagten, was ist. Wirklichkeitsbezug war ihre Auszeichnung. Gerade dieser war ihr Asset gegenüber der konservativen Bismarck-Elite, die stets so tat, als sei in Deutschland alles gut verwaltet. Sozialdemokraten bohrten da stets nach und legten offen, wie es denn wirklich aussieht. Und sie arbeiteten hart, um Ideen zu entwickeln, wie es für alle voran gehen könne.

Sozialdemokraten gaben sich nie zufrieden. Sie wollten immer mehr. Aber vor allem im materialistischen Sinne mehr: Mehr Wohlstand, mehr soziale Sicherheit, bessere Arbeit, bessere Bildung. Doch zuletzt waren Sozialdemokraten viel zu zufrieden. Sie mussten ja auch stets ihre Erfolge in der Regierung rechtfertigen. Natürlich konnten viele da nicht einfach sagen: Eigentlich haben wir viele Probleme im Land.

Nur in einem gesellschaftspolitisch liberalen Denken wollten Sozialdemokraten noch vorankommen – so schien es. Ansonsten signalisierten sie: Es läuft doch ganz gut hier in Deutschland. Diese Botschaft nahmen ihnen erst Geringverdiener übel, dann die untere Mitte und dann verabschiedeten sich noch Teile der oberen Mittelschicht, die sich von dieser Erzählung vom Fortschritt in der Haltung angesprochen fühlte, zu den Grünen, die diese Erzählung einfach schöner erzählen. Kulturell und ökonomisch verlor man also den Kompass. Wohl kaum eine Partei hat so eine große Diskrepanz zwischen ihrer Funktionärsschicht und deren Projekten, Vorstellungen und Ideen und den Interessen und Wünschen ihrer – ehemaligen – Wählerschaft. Zwar ist durch die Individualisierung und die Verschiebung der Lebenswelten zwischen den Gesellschaftsteilen es nicht einfacher geworden als Volkspartei noch genügend integrierende Botschaften zu senden, die Menschen unterschiedlicher Lebensrealitäten erreichen. Aber die SPD versuchte lange einseitig diese Klasse zu erreichen, die der Soziologe Andreas Reckwitz die »neue Akademikerklasse« nennt. Die »alte Mittelklasse«, die zentrale Wählergruppe der SPD, erreicht sie weniger. Die »neue Unterklasse« erreicht sie ebenfalls kaum bis gar nicht.

Seitdem die SPD ökonomisch einen Linksschwenk vollzog, erreicht sie nun die neue Akademikerklasse kaum mehr und gewinnt in der »neuen Unterklasse« auch kaum wen zurück. In der alten Mittelklasse gewinnt sie weder kulturell noch sonderlich ökonomisch. Die SPD hängt zwischen allen Stühlen und findet keinen Weg für sich mehr, um zu definieren, wen sie eigentlich repräsentiert und womit. Stattdessen wirken die jungen Politikstudenten und Soziologiestudenten, die in die Partei eintreten, so, als wollten sie eigentlich nur sich selbst repräsentieren und unterstellen dabei, dass doch alle so sind wie sie selbst. Sie betreiben also Identitätspolitik, was oft auch heißt: Politik zu betreiben, die ihnen selbst gefällt.

Das ist aber nicht die Aufgabe von Politik. Die Aufgabe von Politik liegt vielmehr im Lösen von Problemen und dem Sicherstellen von Repräsentation. Repräsentative Demokratie bedeutet nämlich Interessen zu repräsentieren. Aber genau das tut der Funktionärskörper der SPD weniger. Vielmehr hat dort ein Eigenleben eingesetzt. Die Identitätspolitik, hier in der Definition der Selbst-Repräsentation, verhindert auch einen Fokus auf Problemlösen und den Blick auf die eben auch manchmal schmutzige Realität. Stattdessen fokussiert die Identitätspolitik auf Werte und Haltung derjenigen, die sich selbst über diese Haltung ihrer politischen Orientierung und Verortung vergewissern. Identitätspolitik ist wie ein Sprechen in den Spiegel. Man überzeugt vor allem sich selbst damit.

Verantwortungspolitik hingegen bedeutet, zu wissen, dass die Aufgabe von Politik darin liegt, für das Land eine gute ökonomische Entwicklung zu ermöglichen, Probleme zu lösen sowie Repräsentant von Partikularinteressen zu sein. In dem Austausch zwischen Idealen des Gemeinwohls und der Interessendivergenz muss eine Volkspartei arbeiten. Ihre Aufgabe ist die Integration verschiedener Aspekte zu einem Gesamtnarrativ und einer guten Politik für das Land und der eigenen Wähler. Dafür ist ein politischer Gemeinsinn zu finden – und zwar die sozialdemokratische Variante dieses Gemeinsinns. An dieser Aufgabe scheitert die SPD seit Jahren. Das zu ändern, ist die Botschaft meines Buches »Verantwortung«.

Die SPD muss mehr 1998 wagen

Auf der linken Seite dominiert gerade ein linkes Sprachordnungsamt und Zeigefingerregime während dasselbe sich im Sinne klassischer Doppelmoral auch die freizügige Beleidigung Andersdenkender leistet. Zuletzt zu beobachten rund um die Debatte einer zutiefst danebengegangenen *taz*-Kolumne.

Zwar ist dieser herrschaftliche Moralismus auf Seiten linker Publizisten und Aktivisten, wie der *taz*-Autorin, deutlich sichtbarer. Aber auch Funktionäre der SPD, Grünen und Linke sind davon erfasst. Für die SPD ist dieser herrschaftliche Moralismus das größte Problem, weil sie sich mit Fokus darauf von einer Volkspartei zu einer Funktionärspartei schrumpft, der die Wahrnehmung für die Interessen der Normalbevölkerung zunehmend abhandenkommt. Die normalen Bürger gehen dann lieber zur Union, die laut ZDF-Politbarometer mittlerweile sagenhafte 45 Prozent in der politischen Stimmung erreicht.

Aber schlechte Zahlen für die SPD scheinen in der SPD wohl nur noch mit einem fatalistischen Achselzucken entgegengenommen zu werden. Insofern begnügt man sich in der SPD gerade mit Recht haben und moralischer Überlegenheit. Während man der Union es überlässt die Wahlen zu gewinnen. Anders gesagt: Wenn man schon verliert, dann wenigstens mit gutem Gefühl: Moralismus als Trostpreis. Sonst hat man ja nichts mehr. Aber versuchen wir dem Fatalismus doch mal zu entkommen und fragen: Wie kann denn für die SPD wieder der Aufstieg möglich werden?

Im Grunde ist es einfach und die Antwort heißt »Innovation und Gerechtigkeit«. Das war das Wahlkampfmotto der SPD 1998. Nach Jahren überfälliger Modernisierung und einer Überhand nehmenden Reformmüdigkeit der letzten Kohl-Jahre traten Oskar Lafontaine und Gerhard Schröder vereint an. Lafontaine sammelte den linken Flügel und brachte volkswirtschaftlichen Sachverstand und den Gerechtigkeitssinn mit in das SPD-Paket. Gerhard Schröder symbolisierte den wahr gewordenen Traum der sozialdemokratischen Bildungsexpansion, der vom kleinen Mann den Aufstieg zum respektierten Rechtsanwalt schaffte und der mit Manager-Gen versehen den Habitus ausstrahlte, dass er das Land wirklich modernisiere wolle und könne – und damit letztlich die Reformen bringen könne, die das Land dringend brauchte.

Aber 1998 hatte die SPD noch hohe Kompetenzzuschreibungen. Und das nicht nur bei ihren Brot-und-Butter-Themen der sozialen Gerechtigkeit, sondern eben durch Schröder und Lafontaine auch bei Wirtschaft, durch Otto Schily bei Innerer Sicherheit, durch Hermann Scheer bei Umwelt und Energie. Diese Kompetenzen hat die SPD heute als neue Fahnenappell-Linke leider verloren.

Infratest Dimap hatte im Januar für den ARD-Deutschlandtrend Parteikompetenzen abgefragt. Während man sich über die Werte bei Wirtschaft (Union 42, SPD 9) und Kriminalitätsbekämpfung (Union 46, SPD 9) schon gar nicht mehr wundert, überrascht, dass die SPD auch in der Bildungspolitik, der Gesundheitspolitik und der Altersversorgung schlechtere Kompetenzzuschreibungen als die Union hat. Durch diese Kompetenzwerte im Rücken konnte die Union nun in der Corona-Krise auch sofort und umfassend elektorale Zugewinne erreichen – Kompetenzwerte wurden da einfach umgemünzt. Laut ZDF-Politbarometer von Mitte Juni sind ihre Werte bei der Wirtschaftskompetenz sogar noch mal gestiegen. Die Union erreicht hier nun einen Wert von 53 Prozent. Die SPD einen Wert von 10 Prozent. Die Union zieht der SPD davon.

Bei solchen Werten kann die SPD wiederum keine Wahl gewinnen. Selbst wenn der Kanzlerkandidat Olaf Scholz heißt. So etwas kann ein Mann allein nicht aufholen. Wir haben es hier mit einer tiefgreifenden Krise der SPD, ja des ganzen linken Lagers zu tun. Eine SPD als Juso-Social-Media-Bekenntnislinke wird wegsterben. In der SPD müssten die Realisten und Kompetenten aller Bereiche übernehmen, ansonsten wird die SPD mittelfristig bei französischen Verhältnissen, also unter 10 Prozent stehen. Olaf Scholz kann bei so desolaten Werten für die Gesamtpartei auch im Wahlkampf alleine nicht viel mehr als 18 Prozent holen. Er bräuchte ein Kompetenz-Team. Zum Beispiel Gewerkschaftler ins Team, die Flanke in der Inneren Sicherheit schließen und endlich viel mehr Wirtschaftskompetenz (das auch personell unterlegen). Olaf Scholz braucht das beste Team der Welt. Ansonsten kann er und die SPD einpacken.

Es gilt jetzt, sich Kompetenzen zurückzuerobern. Die Themen liegen dafür auf der Straße. Digitalisierung, Defizite des Bildungssystems, soziale Absicherung, Lohnentwicklung, Zukunft und Transformation der Autoindustrie und der Energieindustrie, Forschungspolitik und Innovation, Mietpreisentwicklungen, geopolitischer Systemwettbewerb mit China und dem Silicon Valley.

Wir sind 2020 in der gleichen Situation wie 1998. Das Land braucht Reformen und Modernisierung. Einen Aufbruch. 1998 hat die SPD als Reformlinke diesen Aufbruch verkörpert. 2020 könnte sie davon nicht weiter entfernt sein. Vielleicht erinnert man sich, was man 1998 besser machte.

Plädoyer für eine allgemeine Dienstpflicht – Dienen und erwachsen werden[12]

Freiheit. Sich nicht reinreden lassen. Tun, was man will. Keine Verpflichtungen eingehen. Sich an Bevormundung stören. Aber ist dies wirklich Freiheit? Der liberale Philosoph Isaiah Berlin unterschied einst zwischen der negativen Freiheit »von« etwas und der positiven Freiheit »zu« etwas. Die negative Freiheit ist jene Freiheit von Einschränkungen und Behinderungen.

Sie wurde zum Inbegriff des Liberalismus und der Liberalismus zur *Conditio sine qua non* freiheitlicher Gesellschaften erklärt. Zuweilen wird diese negative Freiheit pervertiert, indem Libertäre Steuern per se für Raub halten oder Aufstände gegen Mundschutz-Maskenpflichten während der Corona-Pandemie veranstalten.

Negative Freiheit wird dann zur blanken Unvernunft, wenn wie jüngst in den USA Demonstranten Schilder hochhalten mit der Aufschrift »Gebt mir Freiheit oder den Tod«. Nur in einem Land wie den USA, wo die Freiheitsidee so sehr auf eine reine Nicht-Einmischung reduziert ist, kann es in Krisen wie dieser, die Solidarität, Gemeinsinn und Zusammenhalt erfordert, so derart zu einer Politisierung von belanglosen Pflichten wie der Maskenpflicht kommen.

Davon abgesehen, dass Maske zu tragen auch als Egoismus angesehen werden könnte (als Selbstschutz), scheint es so, dass unter Teilen der Amerikaner jede Anordnung, jede Regulierung, jedes gemeinschaftliche Organisieren nur noch als Akt der Bedrohung quasireligiöser Freiheitskulte begriffen werden kann.

Das Ergebnis dieses religiösen Freiheitskultes mit seinem Fanatiker im Weißen Haus sehen wir gerade: Die mächtigste Nation der Welt kriegt die Pandemie nicht in den Griff, leidet ökonomisch und büßt immer mehr Respekt in der Welt ein.

Aber was ist mit der positiven Freiheit gemeint? Isaiah Berlin deutete die positive Freiheit als den Wunsch, sein eigener Herr zu sein, was für ihn hieß, politische Partizipationsrechte zu haben, um daran teilzuhaben, wie regiert wird.

Anders gesagt: Während für den Amerikaner mit Farm in Kansas Freiheit eher heißt, mit seinem Maschinengewehr in seinem Vorgarten auf Coladosen zu ballern, mit seinem Colt unter der Jacke in seinem dicken Ford Pick-up in die Stadt zu fahren und sonst im Grunde in Ruhe gelassen zu werden, möchte der andere gerne darüber mitreden, was im Kongress beschlossen wird. Unsere Verfassung, wie die Verfassung der USA, garantiert beides: das Recht, in Ruhe gelassen zu werden, und die Möglichkeit, auf das Gemeinwohl zu wirken.

Für Isaiah Berlin stand die positive Freiheit zwar unter einer Entartungsvermutung. Er witterte Jakobinertum, zu viel Rousseau, wenn die negative Freiheit zugunsten der positiven Freiheit leidet. Es könnte ja Menschen geben, die im Namen der Freiheit am Ende denen zu viele Vorschriften machen wollen, die einfach nur in Ruhe gelassen werden wollen.

In der momentanen Krise sehen wir aber, wie wichtig es ist, dass man im Sinne des Wohls aller noch zu gemeinsamen Verabredungen kommen kann. Ein religiöser Freiheitskult behindert hier nur. Die Debatte über Pflichten des Bürgers ist somit durch die neue Realität neu entfacht.

Insofern ist ein neuer Horizont etabliert, der nun eine neue Sensibilität in ganz anderen politischen Fragen ermöglicht. Wie der Debatte über einen allgemeinen Dienst. Diese Debatte hat unfreiwillig die aktuelle Wehrbeauftragte Eva Högl eröffnet. Sie möchte wieder über die Wehrpflicht diskutieren.

Der Vorstoß ist dabei bei fast allen Parteien auf Ablehnung gestoßen. Vor allem der Zusammenhang, in dem sie die Wiedereinführung diskutierte, ist verfehlt. Högl suggerierte, dass sich Rechtsextremismus in einer Berufsarmee zu viel ausbreiten könnte.

Der gewichtigste Grund gegen die Wiedereinführung ist die nötige Transformation der Bundeswehr in eine Hightech-Armee. Eine Wehrpflicht würde die Bundeswehr und ihr Personal überfordern und nichts zur Einsatzfähigkeit und heute benötigten Flexibilität der Truppe beitragen.

Man würde die Einsatzbereitschaft der Bundeswehr, so der SPD-Obmann im Verteidigungsausschuss, Fritz Felgentreu, für »fünf bis zehn Jahre lahmlegen«. Außerdem müssten die Wehrpflichtigen den Mindestlohn bekommen dafür, dass sie um Sportplätze rennen, im Wald joggen und ein bisschen Schießübungen machen. Ist es das wert?

Am treffendsten hat es die Verteidigungsministerin, Annegret Kramp-Karrenbauer, selbst kommentiert: »Es geht nicht darum, die Wehrpflicht wieder einzuführen. Es geht um die Frage eines Dienstes für die Gesellschaft.« Darum geht es in der Tat. Wir brauchen eine Debatte über ein allgemeines Dienstjahr.

Aber was wären denn die schlagenden Gründe für ein allgemeines Dienstjahr? Um es vorweg zu sagen: Das Crowding-out der normalen Beschäftigten beispielsweise in der Pflege durch Dienstverpflichtete darf nicht als Totschlagargument gegen die Einführung genutzt werden – abgesehen davon ist das beim Pflegemangel auch Humbug. Genauso wenig wie die verfassungsrechtlichen Herausforderungen (Grundgesetz müsste wohl geändert werden) das Projekt ersticken sollten, bevor die Debatte richtig beginnt. Aber warum brauchen wir die Dienstpflicht nun?

Erstens: Kennenlernen anderer Schichten:

Der Soziologe Andreas Reckwitz ist mittlerweile dafür berühmt, dass er eine Veränderung der Gesellschaft in eine Drei-Drittel-Gesellschaft diagnostiziert. Seine Klassensoziologie unterteilt in eine »neue Akademikerklasse«, »alte Mittelklasse« und »neue Unterklasse«. Die mehr oder weniger offene Pointe seiner Analyse ist: Diese Klassen haben immer weniger Kontakt, Verständnis und Bezug zueinander. Sie leben im Grunde irgendwie auch nebeneinander her.

Plakativ gesprochen: Ihnen ist der Gemeinsinn, das WIR, abhandengekommen. Ein allgemeines Dienstjahr bringt Menschen nun wieder in Kontakt. So muss das Rich Kid aus Blankenese mit dem Hauptschüler ein Jahr lang etwa Pflegedienst leisten – natürlich hier zum Mindestlohn. Wo sollen sie sich sonst noch begegnen?

Zweitens: Ein bisschen Erdung:

Die Begründung hierfür muss mit einer kleinen Geschichte beginnen. Ein Freund von mir (arbeitet in einem Großkonzern) erzählte mir letztens etwas über deren Praktikantin. Er erzählte mir, dass diese Praktikantin Aufgaben zugeteilt bekam und nicht nur ein bisschen unzufrieden schaute, sondern sich einfach weigerte, diese Aufgaben zu machen.

Warum erzähle ich das? Ich glaube, wir haben gerade eine ziemlich narzisstische junge Generation bei vielen Akademikern, denen man erzählt hat, dass die Welt nur auf sie wartet, sie eigentlich nur fragen müssen, was sie wollen und wer sie sind, und die so sehr in einem Anspruchsdenken hängen, dass sie vergessen, dass die Welt sich eben nicht um sie dreht.

Arbeitsleistung gilt nicht mehr unbedingt als Bringschuld, sondern wird eher gegeben, wenn die Umgebung dafür als passend erachtet wird. Arbeit soll Spaß machen, zur Selbstverwirklichung beitragen und prestigeträchtig sein.

Als Praktikantin muss man folglich direkt an den CEO berichten. Alles andere ist unter der eigenen Würde. Auch hier würde das Dienstjahr einen Down-to-earth-Effekt auslösen können. Das Dienstjahr wäre also gegen eine Infantilisierung der Gesellschaft. Dienen und erwachsen werden.

Drittens: Gesellschaftliche Bindungskraft:

Ein Dienstjahr kann zu einer Bindung an das Gemeinwesen beitragen. Es kann für eine Einstellung sorgen, dass man nicht nur Bürger mit Rechten, sondern auch Mitbürger mit Pflichten ist. Unsere Demokratie kann ohne aktive Demokraten nicht stabil bleiben. In Zeiten der Polarisierung, nicht nur im Internet, ist Zusammenhalt auch wichtiger denn je.

Die Sozialdemokratie im elektoralen Niemandsland[13]

Die Situation der SPD und der SPÖ ist vergleichbar. Die konservativen Parteien CDU/CSU und ÖVP liegen jeweils um die 40 Prozent weit vorne, während die Grünen eher Richtung 20 Prozent und die sozialdemokratischen Parteien eher Richtung 15 Prozent – in Deutschland sogar darunter – gehen.

Das eigene Tappen im elektoralen Niemandsland wird von den sozialdemokratischen Parteizentralen zurzeit mit der wehmütigen Klage weggewischt, dass junge, urbane, zumindest irgendwie progressiv vermutete Wähler nun mal zu den Grünen gingen, während auf dem Land und in den Mittelstädten die Menschen lieber die Konservativen bevorzugten. Also sei die Sozialdemokratie zerquetscht in der Mitte quasi ohne Auftrag. So bemitleidet sich die Sozialdemokratie wehleidig selbst, ohne den Willen erkennbar zu zeigen, strategisch, personell und programmatisch wieder aus der Zwickmühle gesellschaftlicher Ausdifferenzierung und substanzieller Leere herauszukommen.

Doch in der Leere gibt es Lautstärke und moralgesäuertes Gezwitschere, und zwar von denen, die wir die Social-Media-Bekenntnis-Linke nennen: Die neuen urbanen Sozialdemokraten – überdominant, weil überdominant sichtbar mit ihren Social-Media-Accounts – wollen so immer mehr Wähler dazu bringen, ihre ganz persönliche Haltung zu beklatschen. Man will den Wähler nicht mehr in dessen Interessen erreichen oder abholen, sondern der Repräsentierte soll mit dem Repräsentanten total verschmelzen – und zwar anhand der eigenen Werte und eben nicht der Interessen.

Vielen geht es mehr um ihren eigenen »linken Lifestyle« und das Prinzip, reale Probleme der Menschen scheinen ihnen oft nebensächlicher. Bei den Grünen-Funktionären und manchen ihrer Wähler klappt diese Verschmelzung sogar zuweilen ganz gut. Gesunde vegetarische Ernährung, ein bisschen Yoga, Entschleunigungsprosa und Klimabewusstsein reichen für manche schon, bei den Grünen ihr Kreuz zu machen. Lebensführung übersetzt sich dann in politischen Zuspruch. Das sind vor allem postmaterialistische Schichten, die sich um ihr eigenes ökonomisches Befinden keine Gedanken machen müssen. Da können andere Dinge auch wichtiger werden, wenn man keine Existenzängste hat.

Die neuen Sozialdemokraten stellen sich hier strategisch dümmer an. Die neuen Hauptstadtfunktionäre sind im festen Glauben, eine irre Koalition von Sozialhilfeempfängern und der oberen Mittelschicht zusammenschrauben zu können, indem sie den einen die vermutete Haltung und den anderen das Geld geben. Das war vor Jahren noch anders. Da forcierte man einen »progressiven Neoliberalismus« (Nancy Fraser). Der neue ökonomische Schwenk nach links ist insofern richtig. Nur erreicht er nicht die Kernklientel.

Denn: Die neuen Sozialdemokraten vernachlässigen die untere Mittelschicht und die materialistisch orientierte obere Mittelschicht ökonomisch wie habituell. Aber auch bei den oft als diffamierend bezeichneten »Abgehängten« erreichen sie kaum jemanden, weil diese sie nicht als ihre natürlichen Verbündeten ansehen, sondern als Almosenverteiler mit privilegiertem Leben.

Die Sozialdemokraten zeigen keinen Emanzipationswillen mehr für die abgehängten Schichten, diesen zum Aufstieg zu verhelfen. Zur Erinnerung: Die Arbeitervereine der frühen Sozialdemokratie waren genau das: Bildungsvereine für sozialen Aufstieg und mehr gesellschaftliches Gewicht gegen die formell gebildete Bourgeoisie. Wissen ist Macht. Die Arbeiterbewegung wusste es einmal. Leistung, Aufstieg, Sicherheit. Das war das erfolgreiche Credo der Sozialdemokratie von Bruno Kreisky und Willy Brandt.

Heute ist das anders. So manche Vertreter der alten Arbeiterparteien reden lieber über Mittel des Sozialstaats als über Mindestlöhne, was arbeitende Geringverdiener noch mal insofern enttäuscht, weil sie glauben, dass sie mit Sozialhilfeempfängern gleichgesetzt werden. Die Sozialdemokratie muss für alle ein besseres Leben erkämpfen. Aber Wähler registrieren schon oft sehr genau, wer wie über was redet. Und bei den neuen Sozialdemokraten spüren viele einen Pseudomaterialismus, der eine rein theoretische Akademikerveranstaltung ist. Sowohl die »abgehängten« Schichten spüren es, als auch Handwerker, Krankenschwestern, Facharbeiter, Lageristen, Polizisten, also die nicht akademische Mittelschicht, die durch Umwälzungen in der Welt, steigende Mieten, geringe Lohnsteigerungen oder Arbeitsplatzabbau sich ihres sicheren Platzes in der Gesellschaft beraubt sieht.

Und die Sozialdemokratie holt sie nicht ab, sondern schwätzt ihnen theoretisch etwas vor. Sie hat die Glaubwürdigkeit und Authentizität verloren, weil Rhetorik Substanz ersetzt hat. Was wir brauchen, ist eine Sozialdemokratie »alten Schlags« und vernünftiger Rückbesinnung. Man findet sie noch im Burgenland, in Niedersachsen oder in Teilen Nordrhein-Westfalens, Hamburgs oder Brandenburgs. Da gibt es noch eine Sozialdemokratie, die die Breite der Gesellschaft anspricht und auch personell abbildet und die auf Symbolpolitik zugunsten von normativer Politik verzichtet, denn Politikersatz ist nun mal keine Politik. Mehr Mindestlohn und gerechte Besteuerung zu verlangen und auch umzusetzen, eine gute Wirtschaftsförderung mit klugen Ideen zu betreiben und die innere Sicherheit zu gewährleisten, dies hingegen ist Politik.

Linke Realpolitik, von der die Menschen etwas haben. Davon braucht die Sozialdemokratie mehr. Oder eben Sozialdemokraten »alten Schlags«. Nämlich den Materialisten, den Arbeiter der Politik, den Macher, den Reformer. Politiker sollten etwas für Menschen erreichen wollen. Dafür werden sie gewählt, um in einem insgesamt reaktionären Globalgefüge vorwärts zu blicken und Hoffnung zu vermitteln. Wer das nicht versteht, soll halt freier Schriftsteller oder Freizeitpolitikkommentator bei Twitter werden oder eine Sekte gründen, aber doch bitte nicht ein politisches Mandat verlangen.

Die Jakobiner überdrehen jetzt

Im Religionsunterricht hat jeder bestimmt mal etwas von der Ursünde gehört. Der Sündenfall, der nach christlicher Theologie durch den verbotenen Verzehr der Frucht vom Baum der Erkenntnis zustande kommt, begründet die Unheilsgeschichte der Menschheit. Die Vertreibung aus dem Paradies gilt als Symbol für die Schwäche des Menschen und seine Bestrafung.

Die Ursünde oder Erbsünde beschreibt die Erbschaft dieser Sünde für alle Menschen. Jeder Mensch wird so in die Sünde hineingeboren und hat sie sozusagen unwiderruflich an sich kleben. Er ist nicht frei, sondern belastet.

Aber der Katholizismus zum Beispiel fand immer neue Wege, das Böse und Schlechte in sich auszurotten, welches man qua Geburt übertragen bekommen habe. Die harmloseste Reinigung vom Schlechten ist noch die Taufe. Von der Erbsünde abgesehen, gab es auch immer wieder katholische Wege, mit den Sünden aller Art umzugehen – jenseits vom einfachen Beichten. Ablassbriefe waren zwischenzeitlich im Mittelalter der Renner, um sich quasi freizukaufen.

Aber es geht noch rigoroser. Man kennt sicher auch die Geschichten von den Mönchen und der Selbstgeißelung. Die Vollkommenheit und Erlösung glaubten manche Katholiken nur durch Selbstbestrafung zu lösen. Reinheit, so die Idee, kommt durch Härte zu sich selbst.

Protestanten waren in ihrem Streben nach Reinheit auch lange sehr hart. Bei Protestanten gibt es zuweilen eine lange Liste der Selbstkasteiung. Der englisch-amerikanische Puritanismus ist voll von einem positiven Bild von Askese und harter bis leidender Arbeit, die mit der bedingungslosen Pflicht zu einem frommen und moralisch einwandfreien Leben einherging. Vor allem frühe US-Siedler und Farmer hatten sich dieser Form des Protestantismus verschworen.

Man dachte nun eigentlich, diese religiöse Härte würde der Vergangenheit angehören. Doch sie kommt gerade im postmodernen Gewand zurück. In einer neuen Anti-Rassismus-Bibel »White Fragility« der Autorin Robin DiAngelo, die gerade auf Deutsch erscheint, wird etwa eine neue puritanische Bußphilosophie entwickelt, die es weißen Menschen nahezu als unerfüllbare Lebensaufgabe auferlegt, sich moralisch zu reinigen und ihrem nahezu selbstverständlichen Rassismus zu entkommen.

DiAngelo ist von einer neuen Form des Biologismus nicht weit weg, wenn sie meint, dass Weiße praktisch genetisch dazu verurteilt sind, Rassisten zu sein. Wie es oft ist: Wer Erlösung will, muss also ihr Buch kaufen, um den Leitfaden zum Bußetun zu haben.

Und dann eben ganz hart zu sich selbst sein und den inneren Rassisten austreiben. Es erinnert an ein dogmatisches Christentum: Wir können das Böse nicht tilgen, aber wir müssen es versuchen. Platz für differenzierte Sichtweisen gibt es hier nicht.

Robin DiAngelo ist dabei nur das Extrembeispiel einer linken Strömung, die anhand von Herkunft und feststehenden Merkmalen Menschen wieder in Gruppen sortiert und selektiert. Früher wollten Linke Unterschiede einebnen, um den Weg zu einer universalistischen Emanzipation frei zu machen. In der Absehung vom Besonderen des Subjektes lag schon für die Aufklärer der Weg zu einem allgemein verbindlichen Fortschritt.

Menschenrechte und Bürgerrechte sind Ausdruck einer verrechtlichen Verallgemeinerung, die ohne die Idee der Gleichheit nicht denkbar ist. Heute wollen Linke, zumindest jene der identitätspolitischen Strömung, von Identitäten ausgehen und wollen den Schritt zu einer Verallgemeinerung gar nicht mehr gehen, sondern erwarten moralische Zustimmung zum subjektiven Gefühl oder gleich zu der als absolut gesetzten Benachteiligung der als benachteiligt definierten Gruppe.

Wer Opfer und wer Täter ist und warum, wird also in testamentsartiger Weise festgelegt, und die Identitätslinke versetzt sich selbst in die Rolle des kirchlichen Konzils, was festlegt, was die reine Lehre ist und was die Gläubigen zu glauben haben.

Mit diesem neuen religiösen Zug entfernen sich die Vertreter dieser linken Strömung aber selbst von historischen Vorbildern der Bürgerrechtsbewegung, der es, wie es der Name schon sagt, um gleiche Rechte ging. Martin Luther King forcierte noch die Idee der Farbenblindheit, in der Hoffnung, man möge seine Kinder nicht mehr nach ihrer Hautfarbe, sondern nach ihrem Charakter bewerten, und er kämpfte dafür, dass alle vor dem Gesetz wirklich gleich sind. Die heutigen Aktivisten wollen hingegen immer weniger etwas über Gleichheit hören.

Der stärkste Wandel liegt aber in der Form der Begründung: Gefühle werden zu Argumenten. Die eigene Identität, wie auch immer man sie nun fühlt, zur Wahrheit. Folglich wird auch alles rassistisch, was ein Aktivist als rassistisch fühlt. Dieser Rassismuskritik kann man auch nicht widersprechen, man kann nur zugeben, dass man Bußarbeit zu tun hat.

Wer hier nicht folgt, wird gecancelt. Woke-Culture und Cancel-Culture sind nichts anderes als eine logische Folge: Gebote und Verbote erfordern nun mal Sanktionen. Das ist die neue religiöse Seite einer falsch verstandenen Tugend. Seit Robespierre und den Jakobinern reden wir dabei von Tugendterror.

Klassische Dialektik: Die gute Sache wird selber böse. Oder wie die Philosophin Hannah Arendt nicht müde wurde zu betonen: Wer seine moralische Urteilskraft nicht nutzt, sondern tut, was »man« nun mal zu tun hat, der kann auch mit dem Bösen paktieren, ohne es selbst zu verstehen.

Identitätspolitik, das Mitteilen von Ungerechtigkeitserfahrungen und erlebter Diskriminierung, die viele Afroamerikaner etwa in der Tat erleben, wird durch eine Schuld-und-Sühne-Philosophie pervertiert.

Ein Beispiel für die USA: Eine rechtlich oder ökonomisch verstandene Identitätspolitik wäre es, afroamerikanische Wohnviertel mit mehr Finanzen auszustatten, bessere Schulen zu bauen, mehr Community-Manager einzustellen, das absurde private Gefängnissystem der USA abzuschaffen, aus der Polizei eine Bürgerpolizei zu machen anstatt eine aggressive Cowboytruppe.

In Deutschland bedeutet es, Kinder mit türkischen, arabischen, afrikanischen Wurzeln besser in der Schule zu unterstützen, mehr Familienmanager bei Jugendämtern und Sozialarbeiter in Schulen zu haben, bei Bewerbungen ein egalitäreres System zu entwickeln, bei dem Mustafa nicht oft unter Hans auf dem Bewerbungsstapel landet.

Vieles ist also ohne Recht und ohne allgemeine Beschlüsse gar nicht für die als Opfer beschriebenen Gruppen verbesserbar. Ja, Neukölln muss genauso gute Schulen haben wie Wilmersdorf und der Taunus. Das wäre Emanzipation. Das würde Fortschritt für jene bringen, in deren Namen oft weiße Kinder des Bildungsbürgertums zu sprechen glauben.

Von Twitter-Wokeness haben die Betroffenen meist erst mal nichts. Man kann Fortschritt nicht mit Gefühlen und moralischer Verordnung lösen. Was will man auch mit moralischem Zwang zu Läuterungsbekundungen erreichen? Ist mehr Geld für die Schule nicht besser? Oder zwölf Euro Mindestlohn für den türkischen Kellner?

Was soll die Symbolpolitik voranbringen, wenn man auch eine Polizeireform oder eben die Abschaffung eines Privatgefängnissystems haben könnte? Was nützt es, über »White Fragility« zu philosophieren und an der diffusen Machtübernahme der Deutungshoheit zu arbeiten, die man in einer pluralen Demokratie mündiger Bürger sowieso nie vollständig erreicht? Das ist doch vergebene Lebensmüh.

Wären die Aktivisten der rigorosen Variante der Identitätspolitik ehrlich zu sich selbst, würden sie sehen, dass ihr politisches Konzept nicht mehr sonderlich demokratisch ist. Es läuft auf eine progressive Diktatur hinaus oder eben eine Kirche. Abbitte und Buße gehören aber nicht in demokratische Diskurse. Debattiert lieber mehr miteinander, als zunehmend übereinander moralisch zu urteilen. Und Ursünden überlassen wir doch besser dem theologischen Seminar.

Deutschland soll grüner werden, mit aller Macht[14]

In Deutschland greift eine Ökotopie um sich. Alles soll grüner werden. Aber wie? Darüber wird kaum gesprochen. Bilder gehen um die Welt und werden für Symbolpolitik ausgeschlachtet. Alles soll grüner werden. Konsumenten sollen sich bitte umstellen, anders konsumieren, weniger konsumieren, wir auf Wachstum verzichten, böse Kraftwerke sofort abgeschaltet, böse Industrien bestreikt werden.

Es wird »Druck« gemacht. Aber wohin? Mittlerweile hat nicht nur ein Kulturkampf gegen das Auto die mediale Öffentlichkeit erfasst, nein, die mediale Stimmung geht sogar dahin, dass produzierendes Gewerbe doch irgendwie von gestern ist. Macht man nicht heute Geld mit Plattformökonomie, mit Unternehmen wie Facebook und Google? Da reichen doch ein MacBook und ein Chai Latte auf dem Tisch.

Davon abgesehen, dass Deutschland bedauerlicherweise bei der Plattformökonomie kaum eine Rolle spielt, wirkt der grüne Sturm gegen die Grundlagen unseres Wohlstandes verblendet. Er geht von Jugendlichen aus, meist Fridays-for-Future-Aktivisten, die nur ein Leben in Wohlstand kennen. Wie er erwirtschaftet wird, wissen sie nicht. Die Grünen, die akademischste Partei und die Partei eines postindustriellen Bürgertums, befeuern die Transformation unserer Gesellschaft. Aber wohin? In den Postindustrialismus?

7,4 Millionen Menschen arbeiteten laut Statistischem Bundesamt 2017 in Deutschland in der Industrie. Die Industrieunternehmen erwirtschafteten 2018 ein Viertel des Bruttosozialprodukts, und die Industrie exportierte 2018 Waren im Wert von 1295 Milliarden Euro. Die Dienstleistungsbranche hingegen nur im Wert von 290,7 Milliarden Euro. Das sind gewaltige Unterschiede.

Mit jedem Industriearbeitsplatz fällt auch ein Job weg, in dem deutlich besser als im Dienstleistungsbereich bezahlt wird: Das Jahresdurchschnittseinkommen in der Industrie lag 2018 bei 56.143 Euro brutto. In boomenden Dienstleistungsbereichen wie Verkehr und Lagerei, zu denen auch Amazon und DHL gehören, waren es gerade einmal 39.475 Euro.

Die wichtigsten deutschen Handelswaren 2019 waren Kraftwagen und Kraftwagenteile (224 Milliarden Euro) und Maschinen (196 Milliarden Euro). Die Autoindustrie und der Maschinenbau sind Deutschlands Wohlstandsquelle. Mit Dienstleistungen hingegen verdienen wir eher wenig: Peanuts – um es mal auf dem Punkt zu bringen. Fridays for Future will nun laut einer kürzlich vorgestellten Machbarkeitsstudie zur Begrenzung der Erderwärmung auf 1.5 Grad den Autoverkehr bis 2035 halbieren. Ein Suizidkommando für den deutschen Wohlstand, wie man an den genannten Zahlen sehen kann. Man kann nun die Abhängigkeit von Auto- und Maschinenbau für fatal halten – aber an der Realität dieser Abhängigkeit kann man von heute auf morgen nichts ändern.

Die Autoindustrie gibt viel Geld für Forschung aus: Rund die Hälfte der Ausgaben von Forschung und Entwicklung des verarbeitenden Gewerbes entfiel 2018 auf die Autoindustrie. Postindustrialismus ist für Deutschland keine Option. Insbesondere ein Deutschland ohne Autoindustrie ist, rein volkswirtschaftlich gesehen, keine Option. Daher ist es suizidal, einen Kulturkampf gegen diese Industrie zu führen.

Und von dem frommen Wunsch abgesehen, eine Welt ohne Autos zu haben, stimmt das mittlerweile weitverbreitete Narrativ überhaupt, dass wir eine völlig neue Mobilität mit viel weniger Autos in der Zukunft haben werden?

Wir haben eine Gegenthese: Das autonome Auto wird den ÖPNV platt machen. Wir werden eher weniger Regionalzüge haben und mehr kleine autonome Autos in Großstädten. Entweder mit Sharingmodellen oder als Individualverkehr. Digitale Taxis verdrängen so den öffentlichen Verkehr. Sie werden nur dann auch ÖPNV sein, wenn ein Unternehmen wie die Berliner BVG sie betreibt, anstatt die Plattform Uber. Menschen, die in Kleinstädten und Dörfern wohnen, werden ohnehin am Auto festhalten. Das Auto wird also gegen die Kulturkämpfer triumphieren.

Der Kulturkampf hingegen schadet dem Land. Es geht eher darum, wie Deutschland Weltmarktführer und Innovationsführer im Autobereich bleibt. E-Fuels, Wasserstoffverbrenner, Elektrobatterie, Hybride, Brennstoffzelle. Bei allen alternativen Antriebskonzepten muss Deutschland Spitze werden. Aber ganz oben muss der Kampf um das beste autonome Auto stehen. Und dafür müssen wir im Bereich IT aufholen.

Bis zum jüngsten Konjunkturpaket wollte die Forschungsministerin lediglich drei Milliarden Euro bis 2025 für die deutsche KI-Strategie bereitstellen. Nun wurde es etwas erhöht. Aber bis 2030 sollen in China 150 Milliarden Dollar in Künstliche Intelligenz investiert werden. Auch bei IT-Spezialisten, die für eine erfolgreiche Digitalindustrie notwendig sind, besteht mittlerweile eine Rekordlücke.

Auch das hat Gründe. Laut einer internationalen Bildungs-Vergleichsstudie zeigen in Mathematik nur fünf Prozent aller Grundschulkinder in Deutschland ein Leistungsniveau, das der höchsten Kompetenzstufe zuzuordnen ist. In den asiatischen Teilnehmerstaaten der Studie sind es 30 bis 50 Prozent aller Kinder.

Wer soll hierzulande also die Algorithmen und Codes schreiben, die wir für das autonome Auto brauchen? Die westlichen Informatikstars sitzen im Silicon

Valley. Auch in Asien gibt es wachsende Autoriesen, die aus einem Reservoir von immer neuen Talenten schöpfen können. Nach der DAAD-Bildungssystemanalyse für China waren dort 2017 knapp über 44 Millionen Studenten eingeschrieben. Im selben Jahr gab es rund 6,6 Millionen Absolventen und 56.000 fertige Doktoren. China will eigentlich überall Technologieführer werden. Auch in GreenTech. Was haben wir dagegen? Grüne Haltung und Moral?

Das neue Ökotopia fühlt sich für viele sicher gut an, weil sie das Gefühl haben, bei etwas Großem dabei zu sein. Aber wenn unsere Betriebe in unserer Volkswirtschaft das nicht monetarisieren können, dann werden wir als Volkswirtschaft nur ärmer, während der Klimawandel trotzdem weiter geht.

Die Klimakids, die jetzt Plakate malen und Klima-AGs an Gymnasien besuchen, denen muss endlich einer sagen: »Studiert Maschinenbau und IT. Baut neue grüne Technik. Bringt das emissionsfreie, autonom fahrende Auto auf die Straße.« Damit tun sie mehr für das Klima als mit Demos und Plakaten. Auch die Einstellung der Deutschen zu Technik muss sich ändern. Nichts von Naturwissenschaften und Technik zu verstehen, darf nicht weiter als schick gelten, die Verweigerung gegen jeden technischen Fortschritt nicht als wohlüberlegte, verantwortliche Haltung. Und die deutsche Angst vor Neuem muss sich auch ändern.

Ob Gentechnik, Digitalisierung, Mobilfunk oder Kernkraft: Fast alle neuen Technologien zogen in Deutschland mehr Proteste als Erfinder an. Wir motzen uns seit langem die Zukunft madig. Auch darum gibt es heute die gefährliche Abhängigkeit von der Automobilindustrie, und diese Abhängigkeit hat ihren Grund in einer seit den 1980er-Jahren grassierenden Technologiefeindlichkeit.

Sollen wir also mit den härtesten Datenschutzregeln oder gleich mit Verboten das autonome Auto hierzulande verunmöglichen? Mit der Konsequenz, dass es trotzdem kommt, wir es aber nicht mehr bauen? Denken Sie einmal drüber nach, wie viel Mut Sie für die Zukunft haben wollen. Und ob Ihnen der Wohlstand genauso wichtig ist, wie die Vorstellung eines grünen Deutschlands?

Der E-Auto-Hype und die Realität

E-Autos bestimmen die Diskussion um die Zukunft des Antriebs wie nie. Kein Fernsehabend vergeht, wo nicht das neue E-Auto von VW, Audi oder Renault beworben wird. Nach Tesla drängen nun die großen Volumenhersteller mit E-Autos auf den Markt. War das E-Auto mit dem Porsche Taycan oder mit Tesla S-Modell eher etwas für die Oberschicht, wollen VW und andere nun mit E-Autos der Kompaktwagenklasse dem E-Auto zum Durchbruch verhelfen.

Bei 15,6 Prozent lag im September 2020 der Marktanteil von E-Autos bei den Neuzulassungen in Deutschland. Aber gut die Hälfte von den 15.6 Prozent sind Plug-in-Hybride. Der Trend geht allerdings deutlich nach oben. Darauf bauen auch deutsche Autobauer. Volkswagen will etwa bis 2028 70 neue E-Modelle auf den Markt bringen. Und VW ist sich mit seiner E-Strategie so sicher, dass es von der Regierung verlangt, auf die Elektrobatterie zu setzen und kaum bis gar nicht auf E-Fuels und Wasserstoff, wie in der Süddeutschen Zeitung zu lesen ist. Konterkariert wird dieser VW-Vorstoß davon, dass die VW-Tochter Porsche angekündigt hat, in E-Fuels-Forschung zu investieren. Auch die VW-Tochter Audi forscht zu E-Fuels.

Man fragt sich nun irritiert, warum Volkswagen hier bloß so energisch ist. Wie soll CO2-Neutralität im Verkehr hergestellt werden, wenn fast der ganze Bestand an Fahrzeugen noch mit Verbrennungsmotor fährt und sich der Anteil der E-Autos auch nicht rasant ändert? Laut einer repräsentativen Bosch-Umfrage würden sich heute immer noch die Hälfte für einen Verbrenner entscheiden. Und VW schrieb selbst 2019 zu seinen E-Plänen: »Der E-Anteil in der Flotte soll bis 2030 auf mindestens 40 Prozent steigen«. Das heißt: VW verkauft 2030 immer noch 60 Prozent Verbrenner. Und diese Verbrenner sollen dann nicht mit synthetischen Kraftstoffen fahren, die klimaneutral sind, sondern mit umweltbelastendem Benzin und Diesel? Das klingt nicht nach einer sonderlich durchdachten Strategie. Von den 60 Prozent wären auch Potenziale für das Wasserstoffauto möglich.

Das Thema Wasserstoff wird von VW aber nur durch Audi behandelt – und das auch eher stiefmütterlich. Davon abgesehen, dass Wasserstoff auch für die Produktion von E-Fuels zentral ist, weil diese mit (grünem) Wasserstoff und mit CO2 aus der Umgebungsluft hergestellt werden, hört man zur Brennstoffzelle wenig von den deutschen Autobauern – besonders wenig von VW. Zwar sagen einige Experten, dass es in Zukunft ohnehin eine Arbeitsteilung der Antriebe geben wird: LKW, Busse und kleinere Nutzfahrzeuge werden eher mit der Brennstoffzelle fahren, und PKW mit der Elektrobatterie. Aber vor allem asiatische Autobauer scheinen dort anderer Meinung zu sein. Bis zum Ende des Jahrzehnts wollen etwa Toyota und Hyundai jeweils 500.000 Wasserstoffautos produzieren. China könnte 2030 etwa 1 Million Brennstoffzellenautos auf der Straße haben, schätzen Experten.

Dafür spricht, dass China jüngst ein Milliarden-Förderprogramm für die Brennstoffzelle aufgesetzt hat. Zwar sind 1 Million oder 2 Millionen Wasserstoffautos bis 2030 nichts gegen die 22 Millionen E-Autos, die allein VW in den nächsten zehn Jahren verkaufen will, aber darum geht es auch nicht. So sagte der Autoexperte Andreas Radics im Interview mit »Automobil-Industrie-Vogel«: »Der von Deutschland eingeschlagene Weg, Brennstoffzellen in erster Linie für Lkw, Schiff- und Luftfahrt zu nutzen, greift langfristig zu kurz. Länder wie China, Korea und Japan haben erkannt, dass der Pkw zwar nicht die Anwendung der ersten Stunde, sehr wohl aber der künftige Volumenträger der Brennstoffzellen-Technologie sein und ihr so zum Durchbruch verhelfen wird.« Mit anderen Worten: Was kommt nach 2030, wenn die Autobauer weltweit vielleicht 40-50 Prozent E-Auto Flottenanteil haben? Sollen dann weiterhin 50 Prozent klimaschädliche Verbrenner verkauft werden, oder eben besser klimafreundliche Verbrenner und Wasserstoffautos?

Diese Frage des Anteils der E-Autos ist auch keineswegs sicher beantwortet. Es stellen sich nämlich erhebliche Infrastrukturfragen, die natürlich für die Kaufentscheidungen von Konsumenten ein zentraler Faktor sind. So machte Christian Tribowski für das Handelsblatt Research Institut 2019 eine Rechnung auf: »Allein für eine Million Elektro-PKW müssten 100.000 Ladesäulen installiert sein. Zum Vergleich: In Deutschland standen im Jahr 2017 gerade einmal – mit sinkender Tendenz – 114.000 Zapfsäulen zur Verfügung, die fast 46 Millionen zugelassene PKW problemlos versorgten. Die Infrastrukturkosten für die adäquate Anzahl von Ladesäulen wären damit enorm. Eine öffentliche Ladesäule kostet mit Installation und Wartung etwa 10.000 Euro, wie die Nationale Plattform Elektromobilität im Jahr 2014 berechnet hat.«

Das heißt dann: »Für jeweils eine Million E-Autos wären also eine Milliarde Euro an Investitionen notwendig, wenn Skalen- und Lerneffekte unberücksichtigt bleiben. Die Anzahl der notwendigen Ladesäulen liegt aber im Millionenbereich, wenn alle zugelassenen PKW irgendwann einmal elektrisch betrieben werden sollten. Noch nicht in der Kalkulation berücksichtigt ist der Ausbau des Stromnetzes, der durch diese hohe Anzahl an Ladesäulen notwendig wird.«

Kurzum: Der Aufbau der Ladeinfrastruktur ist schweineteuer. Allein für Deutschland reden wir von Multi-Milliarden-Investitionen bis 2030 – und das zusätzlich zu der bestehenden Tankstellen-Infrastruktur. Also warum nicht die bestehende Tankstellen-Infrastruktur nutzen – für Wasserstoff und E-Fuels? Man müsste das sowieso, wenn etwa VW bis 2030 eben »nur« 40 Prozent E-Anteil an seiner Flotte haben will und man beim Rest nicht nur mit fossilen Verbrennern weiter machen will.

Woher kommt also der Widerstand gegen Wasserstoff und E-Fuels? Es erklärt sich einfach nicht. Zwar muss ein Konzern wie VW nun mehr auf E-Autos setzen, weil die EU-Gesetzgebung die EU-Flottenemissionswerte so niedrig setzt, dass VW handeln muss, wenn es bei Nicht-Einhaltung der Grenzwerte nicht Milliarden an Strafzahlungen leisten will. VW kann gerade nichts anders. Stimmt schon. Das ist aber noch lange kein Grund, gegen Wasserstoff und E-Fuels zu pöbeln.

Von den jüngsten Durchbrüchen beim Wasserstoffauto wurde hier noch gar nicht gesprochen. Das Deutsche Zentrum für Luft- und Raumfahrt (DLR) hat gerade ein Wasserstoffauto präsentiert, was wohl nicht mehr als 15.000 Euro kosten würde. Bei der Rückumwandlung von Methanol in Wasserstoff hat das Leibniz-Institut für Katalyse gerade zudem mit dem Kaskade-Verfahren einen Durchbruch errungen. Auch die Kosten für die Produktion von Wasserstoff könnten bald rasant sinken.

Berücksichtigt man all diese Argumente für Wasserstoff, fragt sich, wo der leidenschaftliche E-Hype bloß herkommt? All die Argumente für Wasserstoff werden nun meist mit dem vermeintlichen Totschlagargument beendet, dass Batterieautos einen sehr viel besseren energetischen Wirkungsgrad haben. 70 Prozent bei der Batterie, etwa 30 Prozent bei Verbrennern und 20-30 Prozent bei der Brennstoffzelle. Mit anderen Worten: Bei der Batterie geht weniger Energie verloren und bei der Brennstoffzelle verpufft am meisten Energie. Danach sollen die Diskussionen um den Antrieb der Zukunft bitte beendet werden – zugunsten der Batterie. So leicht ist es aber nicht.

Wahrscheinlich wird in der Tat das Stadtauto der Zukunft und der Kompaktwagen (die Golf-Klasse) der Zukunft batterieelektrisch fahren. Aber bei den Vielfahrerautos Passat, Audi A6, BMW 5er etc., und auch bei SUVs ist das Rennen noch nicht entschieden. Fest steht: Es bleibt zum Beispiel bei VW die Frage, womit die 60 Prozent Autos denn fahren sollen, die laut Konzernstrategie 2030 eben nicht Batterieautos sein sollen? Es gibt da keine Alternativen zu E-Fuels, Wasserstoffverbrennern oder der Brennstoffzelle. Und was werden die Öl-Multis Shell, BP, Total, ExxonMobil tun? Die bauen keine E-Ladesäulen, die wollen das weiterhin bei ihnen getankt wird – eben dann irgendwann Wasserstoff oder E-Fuels. Energetische Wirkungsgrade werden das Rennen nicht entscheiden, sondern Kostensenkungen beim Wasserstoff und die Interessen der Öl-Multis. Die Öl-Multis haben nämlich längst verstanden, dass die Kohlenstoffära bald endet und die Wasserstoffära kommt.

Zuletzt gibt es noch ein entscheidendes Wertschöpfungsproblem für Autobauer. Laut einer aktuellen Studie der Boston Consulting Group könnte viel von der Wertschöpfung der Autobauer zu den Zulieferern gehen – insbesondere den Batterieproduzenten. Bei der Lithium-Batterie sind deutsche Hersteller und Zulieferer aber vor allem von asiatischen Produzenten ziemlich abgehängt. Hier ginge also Wertschöpfung verloren. Volkswagen versucht das Problem etwa mit dem Herr zu werden, dass sie auf die nächste Generation der Batterie setzen, nämlich die Feststoffbatterie. Hierfür haben sie sich mit dem Start-up QuantumScape zusammengetan – das Start-up kommt aber auch aus den USA. Die Gefahr besteht, dass Automobil-Wertschöpfung aus Deutschland abwandert, weil man zu einseitig auf eine Tunnellösung setzt.

Deutsche Autozulieferer wie Bosch scheinen hingegen auch mehr auf die Wertschöpfungskette mit Brennstoffzellen zu setzen. Aber wenn VW sich der Brennstoffzelle verweigert, fällt Bosch natürlich ein Kunde weg. Mit der Gefahr, dass sich ein Brennstoffzellen-Wertschöpfungsnetzwerk eher in China, Japan und Südkorea bildet. Also ein doppelter Wertschöpfungsverlust für Deutschland droht hier – bei Batterie und Brennstoffzelle.

Man kann VW verstehen. Sie mussten etwas tun. Sonst würde die EU sie bestrafen. Natürlich ist Europa der größte Markt neben China für VW. Das heißt aber noch lange nicht, dass die Autowelt ab 2030 nicht ganz anders aussieht. Technologieoffenheit schadet nie. Technologieoffenheit ist vielmehr der Garant dafür, dass man nicht katastrophal falsch liegen kann.

US-Wahlen – Die Illusion der Identitätspolitik

Die größte Niederlage bei der US-Wahl haben mal wieder die Demoskopen errungen. Sie lagen wieder so falsch, wie man nur falsch liegen kann. Konstant haben sie uns in fast allen wichtigen Swing States einen soliden Vorsprung von Joe Biden erklärt und auch einen soliden Vorsprung in eigentlich allen Wählergruppen.

Überall erzählte man sich, dass Donald Trump nur die Wahl gewinnen könne, wenn er vor allem das »weiße« Amerika noch einmal mobilisiere, bevor es demografisch in den nächsten Jahren ohnehin zur Minderheit werde. Man sah Trump auch tatsächlich nervös werden, weil er hektisch die weißen »Seniors« und die weißen »suburban women« umwarb.

Weiße Vorstadtfrauen würden sich von ihm abwenden, so sagten es die Demoskopen, ebenso die alten Amerikaner in ihren Seniorenanlagen, die Trump mit seiner katastrophalen Corona-Politik verloren hätte. Und Afroamerikaner würden sowieso stramm zu Joe Biden stehen – dem besten Freund von Barack Obama. Und Hispanics beziehungsweise Latinos werden Trump auch nicht wählen – wegen der Mauer zu Mexiko, wegen seiner Rhetorik, wegen seinem Rassismus. Eigentlich sei es aus für Trump. Die Werte von Biden besser und stabiler als die von Clinton in 2016. Reicht also dicke für Biden.

Gekommen ist es mal wieder anders. Eine Grafik der »Edison Exit Poll«, die der linke(!) Anwalt und politische Analyst Matt Bruenig in der Wahlnacht bei Twitter postete, ergab nämlich, dass Trump ausgerechnet bei den Wählergruppen im Vergleich zu 2016 zugelegt hat, von denen die Wahrsager der Demoskopie es nahezu ausgeschlossen hatten, dass Trump hier auch nur einen Blumentopf gewinnt.

Bei »weißen Frauen« habe er zwei Prozent zugelegt. Bei afroamerikanischen Männern und Frauen jeweils vier Prozent. Bei »Latino« Frauen und Männern jeweils drei Prozent. Bei den »weißen Männern« (seiner als Kernwählergruppe deklarierten Wählergruppe) habe er im Vergleich zu 2016 hingegen fünf Prozent verloren. Diese Exit Poll steht im diametralen Widerspruch zu den Behauptungen der Identitätspolitik, die davon ausgeht, dass Afroamerikaner und Hispanics null-komma-null Gründe hätten, für die Republikaner zu stimmen – für einen sexistischen und rassistischen Trump schon gar nicht. Zwar sind nicht alle linken Identitätspolitiker so naiv, zu glauben, an Trump fänden Hispanics und Afroamerikaner eigentlich nichts und müssen ihn sogar als Anti-Christen ansehen. Aber sie laufen schon oft mit dem festen Glauben durch die Welt, dass die Werte dieser Menschen kaum bis gar nicht von Trump repräsentiert werden können. Wer nicht die richtige Haltung hat, kann doch nicht gewählt werden.

Und trotzdem ist es 2020 passiert. Sogar noch mehr als 2016 – obwohl alle mittlerweile wissen, was Trump für einer ist. Die Daten der von Matt Bruenig geposteten Edison-Grafik kommen schon hin (obwohl sie online nicht zu finden ist). Nämlich dann, wenn man die New-York-Times-Grafiken zu den Edison Exit Polls von 2016 und 2020 vergleicht. 2016 bei Trump: 58 Prozent bei Weißen, 8 Prozent bei Afroamerikanern, 29 Prozent bei Latino. 2020 bei Trump: 57 für Weiße, 12 Prozent bei Afroamerikanern und 32 Prozent bei Latinos. Also mehr Wähler 2020 für Trump bei Latinos und Afroamerikanern.

Nun können die Demoskopen-Wahrsager, die abermals ihr Waterloo erlebten, sich zwar noch mit dem Argument rausreden, dass die Exit Polls gar nicht so viel aussagen würden, weil viele Wähler schon vorher oder per Brief gewählt haben und man am Wahltag eben mehr republikanische Wähler nach dem Urnengang befragen konnte als demokratische Wähler. Und daher sei so eine Exit Poll überhaupt kein repräsentatives Sample und deshalb für Rückschlüsse auch unbrauchbar. Also Vorsicht und strickt keine Narrative, die nicht stimmen. So wird die Demoskopen-Verteidigung sein. Vielleicht ist das nicht völlig abwegig und hat ein paar Argumente auf der eigenen Seite. Aber trotzdem ist es eine Ausrede aus dem eigenen Versagen. Zudem hat man bei CNN gestern gehört, dass diese Exit Polls auch für die »early voters« repräsentativ seien.

Man macht sich die Welt hier also so wie sie einem gefällt. Wer will als Demoskop schon zugeben, dass er versagt hat?

Wie auch immer die Wahl heute oder in den nächsten Tagen ausgeht (ich hoffe selbst auf Joe Biden):

Das Ende der Identitätspolitik wurde im November 2020 besiegelt.

Wer in Deutschland 2021 als linke Kraft eine Wahl gewinnen will, muss das anerkennen oder er kann schon mal die Niederlage einpreisen. Entweder man begeht jetzt eine materialistische Wende oder man wird am Wahlabend mal wieder nichts anderes in TV-Kameras reden können als: »Wir müssen jetzt sorgfältig analysieren, woran die Niederlage lag«. Man hat diese Sätze schon zu oft aus Mündern von linken und sozialdemokratischen Generalsekretären gehört. Das sind die immer gleichen Entschuldigungen.

Man muss jetzt endlich den Kurs ändern. Kein Hauptstadtjournalist in Berlin glaubt momentan bei der Performance der SPD noch an eine Kanzlerschaft der SPD – und der Linkspartei traut man schon recht nichts mehr zu.

Am Ende des Tages werden eben nicht aus verschiedenen Teil-Wählergrüppchen eine satte Wählerschaft, die einen in das Kanzleramt trägt. »Wirtschaft« war neben der Corona-Krise in den USA das Thema. Und bei Wirtschaft wurde

Donald Trump mehr zugetraut – eben auch von Wählern, die identitätspolitische Merkmale haben, von denen behauptet wird, für sie sei eine Wahl Trumps eigentlich ausgeschlossen. Das Patchwork der Minderheiten ist kein Siegesrezept. Diese identitätspolitische Illusion wurde jetzt bei dieser US-Wahl endgültig offenbart. Nicht alle Latinos und Afroamerikaner haben die »Werte«, die man ihnen im (linken) demokratischen Lager zu schreibt und sie müssen schon gar nicht die materiellen Interessen haben, die man ihnen zu schreibt – bestes Beispiel dafür sind die Exil-Kubaner in Florida, bei denen man nur Sozialismus sagen muss, damit sie republikanisch wählen.

Für die deutsche Linke gilt nun: Wer nicht hören will, muss fühlen. Das zeigt uns die US-Wahl mal wieder mit deutlicher Härte. An Stelle der SPD und der Linkspartei würde ich jetzt endlich reinen Tisch mit den eigenen politischen Lebenslügen machen.

SPD – Ohne Wirtschaftskompetenz wird es nichts

Zu den Regelmäßigkeiten des jeden Monat neu erscheinenden *ZDF*-Politbarometers gehört es, die »Wirtschaftskompetenz« abzufragen. Genauer werden nur die Bewertung der Wirtschaftskompetenz der CDU/CSU und SPD abgefragt (zumindest nur sie werden präsentiert).

Für den Dezember ergab die Befragung, dass 46 Prozent der Union Wirtschaftskompetenz zu billigen. Und lediglich 9 Prozent das auch über die SPD sagen. Im November lag die Union sogar bei 55 Prozent und die SPD bei 9 Prozent. Im November lag der Unterschied also bei 46 Prozent. Das sind gewaltige Unterschiede.

Nun ist dieser Unterschied nichts Neues. Die Zeitreihe des ZDF-Politbarometers geht zurück bis 2004. Seitdem ist die SPD immer weit abgeschlagen unter der Union. Nur ein paar Mal hat sie es seit 2004 über 20 Prozent Wirtschaftskompetenz geschafft, während die Union zugleich nie unter 20 Prozent gefallen ist.

Erklärt diese Grafik nicht auch, zumindest zum Teil, warum die Union seit sehr langer Zeit in den Sonntagsumfragen weit vor der SPD steht und die SPD konstant Wähler und Wahlen verliert? Während die Union nämlich seit 2013 immer um die 40 Prozent liegt, ist die SPD von circa 20 Prozent immer weiter abgerutscht. Zuletzt hatte sich die Wirtschaftskompetenzzuschreibung bei 10 Prozent und weniger eingependelt. 2017 ging es im Frühjahr einmal etwas hoch, da wo der Martin Schulz Hype war. Seitdem Abwärtstrend.

2005 hatte Gerhard Schröder Angela Merkel aber auch ein sehr enges Rennen geliefert und holte deutlich über 30 Prozent der Stimmen. Obwohl die Wirtschaftskompetenz der Partei damals bei nur knapp 20 Prozent lag. 2005 allerdings, dem Jahr als Angela Merkel zum ersten Mal antrat und gemeinsam mit dem »Professor aus Heidelberg«, Paul Kirchhof, eine radikale Steuerpolitikreform forcierte, war die Wirtschaftskompetenzzuschreibung der Union so gering wie selten in den letzten 16 Jahren.

Offensichtlich irritierte der Merkel'sche Neoliberalismus des Leipziger Programms der CDU und die radikale Steuerpolitik der Union dieser Jahre – man denke auch an Friedrich Merz und seinen Bierdeckel – die Wähler und schreckte sie ab. Nach 2005 ging es dann für die Union nämlich schnell wieder nach oben, während die SPD im tiefen Kompetenztal verharrte. Seltsam ist es allerdings, dass die Werte der Union eigentlich nur Anfang 2005 sehr schlecht waren, aber sich im Laufe des Jahres erholten und um den Wahltermin herum schon wieder bei gut 40 Prozent lagen.

Eigentlich war also zur Wahl hin der Vorteil der guten Bewertung bei der Union – obwohl der Wahlkampf 2005 zum Endspurt immer mehr Richtung SPD drehte. Allein an der Wirtschaftskompetenz kann es also nicht gelegen haben, warum die SPD auftrumpfte. Der Unterschied zwischen Union und SPD lag aber eben zu Anfang 2005 nur bei ein paar Prozent – auch wenn auf geringem Niveau. Die Wirtschaftskompetenz einer Partei dominierte nicht – so wie sie es heute tut.

Noch aufschlussreicher ist eine Grafik über die Wirtschaftskompetenz, deren Zeitreihe bis 1998 zurückreicht, und die sich ausgerechnet in einem von der SPD selbst nach der Wahlniederlage 2017 beauftragten (und als Aufarbeitung der Niederlage gedachten) Bericht findet, nämlich »Aus Fehlern lernen«. Auf Seite 22 dieses Berichts ist zu lesen, dass die »Problemlösungskompetenz Wirtschaft« – erhoben auch hier von »Forschungsgruppe Wahlen«, genauso wie das *ZDF*-Politbarometer – 1998 bei der SPD bei 33 Prozent lag und die der Union bei 37 Prozent. 2002 bei 31 Prozent (SPD) und 36 Prozent (Union). Also nah beieinander und die Wahlergebnisse der SPD waren deutlich jenseits der 30 Prozent. 1998 sogar bei über 40 Prozent.

Die Grafiken zur Wirtschaftskompetenz verraten demnach, dass die SPD zuletzt Wahlen gewann (1998 und 2002) als sie als wirtschaftskompetent eingestuft wurde. Im Bericht »Aus Fehlern lernen« erfährt man auch, dass die »Problemlösungskompetenz Arbeitsmarktpolitik« und die »Problemlösungskompetenz Zukunft« seit 1998 nur einen Weg kennen: nach unten. Man muss kein schlauer Fuchs sein, um hier mehr als eine Korrelation zwischen Wahlergebnissen der SPD seit 1998 (die kennen auch nur den Weg nach unten) und ihrer Kompetenzzuschreibung auszumachen.

Man darf, ohne Demoskopen verärgern zu wollen, auch von einer Kausalität sprechen. Aber warum setzt die SPD dann heute so wenig auf Wirtschaft, Arbeit, Industrie? Warum versucht sie nicht alles, um in diesen Bereichen ihre Werte zu verbessern? Insbesondere bei Wirtschaft? Einen Beschluss des SPD-Parteivorstands zu einer neuen Industriepolitik sucht man seit langem vergebens. Zur Transformation der Autoindustrie gibt es keinen Beschluss – auch wenn die SPD zwischenzeitlich mal mit Hilfeideen für Autozulieferer auffiel. Zur Digitalisierung gibt es auch nichts. Die SPD ist da einfach ziemlich blank. Und kommt in den Umfragen zeitgleich nicht von der Stelle. Mag man hier einen Zusammenhang erkennen?

In einem sehr unschönen Verriss der SPD, schrieb der SZ-Journalist Mike Szymanski gerade: »Der letzte wirkliche Impuls aus dem Willy-Brandt-Haus war das Sozialstaatskonzept, das die Hartz-IV-Politik ablösen soll; Andrea Nahles hatte es 2019 präsentiert.« Das ist nun bald zwei Jahre her.

Wenn die SPD wirklich ins Kanzleramt will, und Olaf Scholz glaubt man es, dass er es wirklich will, dann muss in der Partei grundsätzlich und in der Parteizentrale im Besonderen, nun ein radikales Umdenken stattfinden. Weniger Identitätspolitik, weniger Social Media, und mehr Inhalt, Konzepte und Kompetenz.

Daher soll es hier eine rhetorische Frage sein, ob folgende Stellenausschreibungen, die sich Anfang Dezember auf der Internetseite der SPD fanden, so Sinn ergeben:

- Referent/in in der Artdirektion
- Sachbearbeiter/in in der Pressestelle
- Mitarbeiter/in im Referat Projektorganisation
- Referent/in für Online Marketing
- Zwei Referent/Innen für Social Media
- Referent/in für Personal
- Redakteur/in Text
- Referent/in in der Pressestelle
- Drei Mitarbeiter/Innen Beteiligung und Mobilisierung

Leider fand sich dort keine einzige Ausschreibung für einen Referenten, der etwas Inhaltliches tun soll. Die sinkende Kurve der Kompetenzzuschreibung sollte da niemanden wirklich wundern. Die Wahlergebnisse dann auch nicht – wenn man eine Kausalität unterstellt. Sowas kommt eben von sowas.

Für einen linken Neo-Schumpeterismus[15]

Der bekannte niederländische Intellektuelle Rutger Bregman schrieb im Mai dieses Jahres einen Grundsatztext über den Zustand des Kapitalismus. Der Text fiel mitten in die totale Ungewissheit der Corona-Krise, die im Mai tatsächlich die Systemfrage sehr realistisch erschienen ließ. Bregmans Text war überschrieben mit »The neoliberal era is ending. What comes next?«

Der Text handelt auch von Umverteilung, die nun gekommen sei, und spricht von den »drei gefährlichen französischen Ökonomen«, Thomas Piketty, Emmanuel Saez, Gabriel Zucman. Umverteilung und Ungleichheit also? Wieder die alte, ohnehin linke Leier? Mehr Kapitalismuskritik? Die politische Linke in den USA war mit Hillary Clinton zwar einem »progressiven Neoliberalismus« (Nancy Fraser) erlegen und diese Denke hatte auch in Deutschland über Jahre sein Unwesen getrieben – zulasten der SPD und zugunsten der Grünen. In Frankreich brachte der »progressiven Neoliberalismus« mit Macron und En Marche sogar eine ganz neue Partei hervor.

Aber es ist nicht so als sei seit Hillary Clinton und Peer Steinbrück nichts passiert. Eine Linkswende war im Gang – bei der man mittlerweile eher fragen muss, ob sie zu weit geht. Mehr Steuern für Reiche ist doch neuer Dauersound bei der SPD und der linke Flügel der US-Demokraten rückte die Demokraten insgesamt nach links. Selbst Macron musste unter dem Eindruck der »Gelbwesten« Luft aus seiner wirtschaftsliberalen Agenda lassen. Bald wird nun eine Keynesianerin US-Finanzministerin sein. Das Umverteilungsthema muss ein Intellektueller wie Bregman also gar nicht mehr herbeischreiben. Es ist längst zurück.

Weitgehend neu ist allerdings ein weiterer Ökonominnen-Name von der Bregman in seinem Text berichtet: Mariana Mazzucato. Und ihr, so erklärt Bregman es, ginge es nicht so sehr um Steuern und Umverteilung des Wohlstandes. Es ginge ihr um Wohlstandsschaffung. Wie kann das aber links sein? Schafft im Kapitalismus nicht der »Markt« den Wohlstand?

In ihrem Buch »Das Kapital des Staates« schlägt Mazzucato die Idee des »Unternehmerstaates« vor. In ihrer Lesart trägt dieser zu einer Art schöpferischen Zerstörung bei und zwar durch staatliche Innovationsförderung. War für Joseph Schumpeter der Unternehmer ein Typus Mensch von besonderer Art, und würde dieser innovative Unternehmer mit neuen Technologien und disruptiven Geschäftsmodellen ganze Produktionsformen umgestalten und neu schaffen, und damit Schumpeters berühmte »schöpferische Zerstörung« ursächlich auslösen, erzählt Mazzucato eine andere Geschichte der Innovation.

Anschaulich ließe sich das machen, wenn man in Apple-Gründer Steve Jobs das schumpetersche Idealbild das kreativen Zerstörers sieht. In ihrem Kapitel »Der Staat hinter dem IPhone« zerrupft Mazzucato aber ein wenig das Heldenepos. Sie zeichnet dort nach, wie Basistechnologien, die heute das IPhone prägen, von staatlicher Forschungsförderung und militärischem Beschaffungswesen abhängig gewesen sind. In Mazzucatos linkem Neo-Schumpeterismus ist der Staat nicht primär ein Instrument, um die Risiken des globalen Kapitalismus abzufedern, und die Verlierer zu entschädigen, sondern der Staat »übernimmt Risiken und schafft damit neue Märkte.« Mazzucato schreibt: »Ein Unternehmerstaat investiert in Bereiche, in die der private Sektor nie investieren würde, selbst wenn er die Mittel dazu hätte.« Und so entwirft sie eine neue linke Erzählung: »Einem großen Teil der keynesianischen Linken fehlt eine Wachstumsagenda, die Reichtümer schafft und zugleich umverteilt. Sie wird möglich, wenn man die Lehren von Keynes und Schumpeter kombiniert.«

Für die USA arbeitet sie vier Beispiele kluger Innovationsförderung heraus. Erstens die DARPA (die Defense Advanced Research Projects Academy der US-Regierung). Zweitens: SBIR (Small Business Innovation Research). Drittens: den Orphan Drug Act und viertens die National Nanotechnology Initiative. In Ergänzung zur DARPA ist zudem die ARPA-E zu nennen, eine Behörde des Energieministeriums, die die Rolle der DARPA für grüne Industriepolitik nachahmt.

Wie sieht es dahingegen mit so einem linken Neo-Schumpeterismus in Europa aus?

Erstens ist es um den allgemeinen Geist Schumpeters in Europa nicht gut bestellt – wie auch der junge Gründer Sam Ginn in der *Neuen Zürcher Zeitung* schrieb: »In Europa aber scheut man leider Risiken und verurteilt Scheitern als Schande. Bevor man hier überhaupt nach Investoren sucht, erarbeitet man einen ›realistischen‹ Geschäftsplan – mit einem konkreten und umsetzbaren Ziel, so risikoarm wie möglich. Investoren wollen Gewinne sehen: von technologischen Höhenflügen wird abgeraten, Ideen zu neuen Geschäftsstrategien werden mit Hinweis auf bewährte Methoden ausgeredet.« Staatliche Innovationsförderung kann aber schließlich nur zu Innovationen und monetarisierten Geschäftsmodellen führen, wenn sie durch mutige Menschen aufgegriffen wird.

Zweitens gilt es aber zu fragen: Was hat Europa von den Erfolgen US-amerikanischer Innovationsförderung gelernt? Durchaus etwas muss man hier sagen. In Schweden gibt es seit 2001 die »Vinnovia«. Eine Behörde für Innovation mit einem Jahresbudget von rund 300 Millionen Euro. Und Schweden schneidet bei Innovationen europaweit weit überdurchschnittlich ab. Nach Vorbild der DARPA wurde in Deutschland unlängst die Innovationsagentur SprinD mit Sitz in Leipzig gegründet, die genau das tun soll, was Mazzucato sich wünscht: Risiken eingehen und investieren, wo privates Venture-Kapital sich noch nicht traut und zudem als Ankerinvestor bei vielversprechenden Projekten agieren. In den kommenden zehn Jahren sollen SprinD rund eine Milliarde Euro zur Verfügung stehen. Außerdem hat Deutschland mit den außeruniversitären Forschungseinrichtungen (Fraunhofer, Max-Planck, Helmholtz, Leibniz) eine Art Innovationsnetzwerk, was ordentlich finanziert ist.

Ein linker Neo-Schumpeterismus würde hier fordern, die Ausgaben für die außeruniversitären Forschungseinrichtungen perspektivisch drastisch zu erhöhen. Warum nicht eine Verdopplung ihrer jährlichen Mittel mittelfristig anvisieren und die deutsche Forschungsförderung komplett neu aufstellen – inklusive mehr Staatsinvestitionen? Ebenso bei SprinD: Warum nur eine Milliarde in zehn Jahren? Warum nicht 5 Milliarden Euro in zehn Jahren? Oder 10 Milliarden Euro? Bis 2030 sollen in China 150 Milliarden Dollar in Künstliche Intelligenz investiert werden. Eine einzelne chinesische Stadt wie Shanghai will bis zum Jahr 2021 13 Milliarden Euro bereitstellen. Und wir wollen wirklich wegen ein paar Milliarden Euro kämpfen?

Deutschland ist zudem bei der digitalen Wettbewerbsfähigkeit weit abgeschlagen, hat eine schlechte Patent-Quote und zu allem Überfluss noch Nachwuchs-Probleme im MINT-Bereich (während China dort reüssiert), sehr schlechte Mathematik- und Naturwissenschafts-Kenntnisse von Schülern (laut aktueller TIMSS-Studie), und eine völlig verkorkste Digitalisierung der Schulen.

Aber wir brauchen in Deutschland solide Staatsfinanzen – ja? Das muss Priorität haben? Das ist wirklich das Letzte, was Deutschland gerade braucht. Deutschland muss investieren. In Straßen, Breitband und Köpfe und Ideen. Vor allem in Köpfe und Ideen. Das Entscheidende im 21. Jahrhundert ist das Humankapital. Das Geldkapital gibt es im Überfluss – es sucht sich ja sogar mittlerweile negative Rendite, wie deutsche Staatsanleihen, weil es nicht mehr weiß wohin.

Aber das Geldkapital braucht auch eine gewisse Sicherheit – deswegen geht das Geldkapital auch nicht in die riskantesten Investments, wo es u.a. auf Renditen jahrzehntelang warten muss – nennen wir hier die Beispiele Grundlagenforschung und Materialforschung. Da muss der Staat einspringen, wie Mariana Mazzucato meint. Der Staat muss quasi der mutigste und geduldigste aller Investoren sein – bis zum Preis dessen, dass ein Investment nichts einbringt, sich als Sackgasse erweist, oder erst in 50 Jahren Renditen einfährt. Anders gesagt: Die Idee für das Touchscreen wurde auch Jahrzehnte davor erfunden, bevor es ins IPhone kam.

Linke Politik kann und muss auch das sein: ein Zukunftsinvestor. Linke Wachstumspolitik ist linke Politik schlechthin. Eine Politik der Visionen. Das ist, was Linke auch auszeichnet – während die Konservativen für das Verwalten da sind.

Vor allem die Solidität des Staatshaushaltes darf kein Gegenargument werden. Staatliche Schulden gibt es für Deutschland momentan quasi umsonst. In diesem Jahr hat der Bund sogar beim Schuldenmachen deutlich verdient – durch Zinseinnahmen kamen mehr als sieben Milliarden Euro zusammen, wie Spiegel Online berichtete. Das Geld ist also da für Innovationsförderung. Man muss sie nur wollen.

Auch selbst wenn die Frage der Solidität des Staatshaushaltes so drängend wäre, bliebe da ja immer noch die Möglichkeit die Einnahmen des Staates zu erhöhen – durch höhere Steuern für Reiche. Da würde sich der linke Kreis zur Umverteilung auch wieder schließen. Und darüber hinaus wird deutlich, dass ein linker Neo-Schumpeterismus kein Gegensatz zur Umverteilung ist, sondern eine Ergänzung. Wohlstandsverteilung und Wohlstandsschaffung können beides linke Politiken sein. Mit letzterer würde die politische Linke, insbesondere die SPD, auch wieder stärker die schmerzlich gelittene Wirtschaftskompetenz zurückgewinnen, die ihr drastisch verloren ging.

Varianten des Kapitalismus – Die Rückkehr zum deutschen Modell

»Wettbewerb als Entdeckungsverfahren« – das ist die optimistische Philosophie von Friedrich August von Hayek und anderer Neoliberaler, die uns den Markt als Wegweiser in die Zukunft empfehlen, welcher von unsichtbarer Hand alles von alleine zum Guten führt. Ordnung entstehe »spontan« und Preise, Zinsen, Wettbewerb ordnen von sich heraus und schaffen den Weg in die Zukunft. Dafür dürften den Marktteilnehmern kaum Hindernisse in den Weg gelegt werden.

Es gibt aber kapitalistische Gegenbilder zu diesem auch als »liberale Marktwirtschaft« bezeichnetem kapitalistischen System. In der politikwissenschaftlichen Forschung spricht man von »varieties of capitalism«. Es gibt also nicht nur ein kapitalistisches System, sondern verschiedene Modelle. Und für Deutschland spricht man von »koordinierter« oder »kooperativer« Marktwirtschaft. Im Gegensatz zum angelsächsischen Modell der liberalen Marktwirtschaft wird also für Deutschland unterstellt, dass der Kapitalismus hier anders funktioniert.

Tut er das? In Deutschland gibt es die Sozialpartnerschaft, es gibt ein eng verzweigtes Verbändewesen, Arbeitgeber sind in Verbänden organisiert, viele Arbeitnehmer noch in Gewerkschaften. Das alleine führt zu mehr Notwendigkeit an Kooperation und Koordinierung.

Nun wird diesem »deutschen Modell« des »Rheinischen Kapitalismus« allerdings auch seit längerem eine Erosion unterstellt, wodurch der »Neoliberalismus« und damit das Modell der »liberalen Marktwirtschaft« in Deutschland spätestens seit den 1980er Jahren immer mehr dominiere. Dies habe primär drei Gründe:

Erstens gebe es weniger Tripartismus – also Zusammenarbeit von Staat, Arbeitnehmer- und Arbeitgebervertretern. So gab es etwa noch unter Wirtschaftsminister Karl Schiller in den späten 1960er Jahren die sogenannte »Konzertierte Aktion«. Sie war eine Art kollektives Verhandlungsforum, in dem wesentliche Stakeholder der Gesellschaft miteinander diskutierten und schauten, wo Konsens oder zumindest Kompromiss möglich war. Es waren regelmäßige Treffen, die aber irgendwann nicht mehr stattfanden.

Zweitens: Die Macht der Gewerkschaften und die Tarifbindung ging zurück und die Macht des globalisierten Kapitals stieg. Eine Erosion der Gewerkschaften, so die These, führe also zu einer Erosion des deutschen Modells.

Drittens: Das deutsche Modell machte auch die sogenannte »Deutschland AG« aus. Die Deutschland AG war lange auch das Synonym für das deutsche

Modell im Generellen. Damit war eine Verflechtung von Industrieunternehmen, Banken und Versicherungen gemeint, die durch gegenseitige Kapitalbeteiligungen und Aufsichtsmandate miteinander verbunden waren. Nun führte aber auch hier die Internationalisierung des Kapitals, der Aufstieg des Investmentbankings und die Beschränkung der Aufsichtsratsmandate zu einem Machtverlust der Deutschland AG Manager. Und grundsätzlich wurde diesem Netzwerk von Managern aus neoliberaler Perspektive angelastet, Wettbewerb zu verhindern. So wurde die Deutschland AG vom neoliberalen Modell selbst angegriffen. Die feindliche Übernahme von Mannesmann durch Vodafone gilt dabei heute als symbolisches Ende der Deutschland AG.

Tatsächlich kommt die Diagnose der Erosion des deutschen Modells zu früh.

Denn erstens kommen die »Konzertierten Aktionen« langsam zurück. Zwei Beispiele: die »Konzertierte Aktion Pflege« und das »Bündnis: Zukunft der Industrie«. Die »Konzertierte Aktion Pflege« war eine »Konzertierte Aktion«, die den Namen verdient. Sie wurde im Juli 2018 vom Bundesgesundheits-, Bundesfamilien- und Bundesarbeitsministerium gestartet. Mit den Ländern, Pflegeberufs- und Pflegeberufsausbildungsverbänden, Verbänden der Pflegeeinrichtungen und Krankenhäuser, den Kirchen, Pflege- und Krankenkassen, Betroffenenverbänden, der Berufsgenossenschaft, der Bundesagentur für Arbeit sowie den Sozialpartnern waren viele Akteure involviert. Es gab ein Dachgremium und fünf Arbeitsgruppen, die konkrete Ergebnisse ausgearbeitet haben. Die Ergebnisse lassen sich sehen. Seit März 2015 arbeitete auch das Bündnis »Zukunft der Industrie«. Es wurde initiiert von der IG Metall, dem Bundeswirtschaftsministerium und dem BDI.

Zweitens ist die Macht der Gewerkschaften nicht in dem Maße erodiert, wie es gemeinhin unterstellt wird. Die IG Metall beispielsweise konnte in den letzten Jahren ihre Mitgliedschaft nicht nur stabil halten, sondern teilweise sogar leicht ausbauen. Die Dienstleistungsgesellschaft »Verdi« ist zwar deutlich schwächer als die IG Metall, aber sie hat sich zumindest konsolidiert. Und der DGB hat immer noch einen großen Einfluss auf Politik und Wirtschaft.

Drittens: Die Deutschland AG ist nicht komplett verschwunden und nach der Finanzkrise wuchs das Eingeständnis, dass ein neoliberal organisiertes kapitalistisches System massive Probleme und Strukturfehler hat. Der Staatseinstieg bei manchen deutschen Banken tat hier sein Übriges. Seitdem hat es zwar keine wirkliche Renaissance der Deutschland AG gegeben, aber die Erosion wurde zunächst gestoppt.

Nun steht das deutsche Modell allerdings vor einer neuen Prüfung. Zu viele Transformationen und Herausforderungen stehen vor der Tür, die ohne Koordinierung und Kooperation nicht gut gelöst werden können – wie Digitalisierung, Umbau der Autoindustrie und ihrer Zulieferer, Dekarbonisierung der deutschen

Industrie, Integration von Künstlicher Intelligenz in nahezu alle Industriegüter, Um- und Neuqualifizierung von Mitarbeitern, Schaffung neuer Bildungsabschlüsse, und notwendige finanzielle Impulse in Forschung und Entwicklung.

Die Veränderungen, die vor dem Land und dem europäischen Kontinent stehen, sind einfach zu umfassend, als dass sie jeder für selbst bewältigen könnte. Wenn jeder an sich denkt, ist eben noch nicht an alle gedacht. Die Wahrscheinlichkeit, dass sich die Interessen der Einzelnen besser maximieren lassen, wenn man vorher mal miteinander gesprochen hat, steigt zurzeit massiv. Wir sind 2020 an einem Scheideweg. Die Herausforderungen für die deutsche Wirtschaft sind durch das Auftreten neuer Technologien und neuer Wettbewerber aus Asien einfach so groß, dass ein »Wettbewerb als Entdeckungsverfahren« zu naiv und zu blauäugig wäre. Abwarten und auf die heilenden Kräfte des Marktes warten, wird sich als kindlicher und ideologischer Irrtum erweisen. Die Notwendigkeit zu einer Art Globalsteuerung, wie es das Programm unter Karl Schiller war, ist zurück. Niemand will den Geist der 1960er und 1970er Jahre einfach auf das Jahr 2020 übertragen. Aber wir brauchen diese Philosophie zurück. Denn Deutschland muss sich besser koordinieren. Es braucht mehr Planung. Mehr Industriepolitik – verstanden als gesamtwirtschaftliche Strategie und Marschrichtung.

Hinzu kommt, dass Veränderungen von EU-Regulierungen eine einigermaßen vereinte Stimme Deutschlands brauchen, die sich mit einer neoliberalen Philosophie hierzulande nicht finden lässt. Wenn Deutschland »seine« Interessen auf EU-Ebene noch nicht mal einigermaßen einheitlich formulieren kann, wie sollen dann deutsche Interessen gegenüber EU-Gesetzgebung anders als planlos und anarchisch einfließen? Und wie sollen EU-Regulierungen schlagkräftig sein, wenn das größte Mitgliedsland nicht klar artikulieren kann, was es will? Genau das ist zurzeit und schon länger der Fall.

Darüber hinaus ist es so, dass eine europäische Geopolitik zurzeit nicht stattfindet, weil man nicht in der Lage ist, seine eigenen Interessen innerhalb der EU ordentlich zu koordinieren. Dabei braucht es eine koordinierte industriepolitische EU-Strategie, um die europäische Souveränität zu sichern. Europa gerät in eine G2-Welt, die von dem bipolaren Kampf der USA und China um technologische und politische Hegemonie geprägt ist. Ein neoliberal zerfallenes Europa, in dem jeder seine eigenen Interessen maximieren will, hat auf weltpolitischer Bühne keine Durchschlagskraft mehr.

Stärke zieht man heute aus Klarheit. Planlosigkeit im Sinne des Neoliberalismus ist heute ganz und gar keine Stärke, sondern eine Schwäche – nicht nur deswegen, weil man ziemlich genau weiß, welche Technologien in naher Zukunft wichtiger werden. China etwa macht das zurzeit besser. Viel besser, weil sie vorausplanen wie mit ihrer »Made in China 2025 Strategie«. So eine Industriepolitik gibt es eben auch nur mit Koordinierung – mit dem Staat als Zentrum. Wozu hat Deutschland DGB, BDI, BDA, Gesamtmetall, IG Metall und IGBCE? Nur zur Interessenvertretung? Nein auch zur Koordinierung von Interessen.

Das deutsche Modell des Kapitalismus – gerade dann, wenn es sich in ganz Europa durchsetzt – ist geeignet, um die anstehenden Herausforderungen besser zu meistern. Aber dafür muss man selbstbewusst zum deutschen Modell zurückkehren. Das deutsche Modell des »Rheinischen Kapitalismus« könnte sogar selbst ein geopolitischer Faktor werden. Es könnte selbst beweisen, dass es letztlich das effektivere kapitalistische System ist. Koordinierung, Kooperation und mehr Planung könnten sich als dem angelsächsischen Modell des Kapitalismus als überlegen zeigen.

Wasserstoff – Der Gamechanger des 21. Jahrhunderts[16]

Der Wandel zu einer weitgehend CO2-neutralen Wirtschaft wird innerhalb der kommenden drei Jahrzehnte zweifellos vollzogen werden müssen. Auf dem Weg dahin stellt sich die Frage nach den Technologien, die genutzt und gefördert werden sollten.

Aus ökonomischer Sicht ist Technologieoffenheit zunächst einmal eine Tugend, denn es geht zwar auch, aber nicht nur um ingenieurswissenschaftliche Effizienz. Auch die aus Ingenieurssicht effizienteste Technologie nützt wenig, wenn sie in der Anwendung so umständlich ist, dass die Verbraucher Vorbehalte haben. Es ist also sinnvoll, den Verbrauchern verschiedene Angebote mit je eigenen Eigenschaften zu machen, in der Hoffnung, eine insgesamt breite Akzeptanz zu erreichen.

Außerdem ist die weitere technologische Entwicklung offen. Wer sich zu stark auf nur eine Technologie konzentriert, verschließt unnötig früh mögliche Entwicklungspfade in anderen Technologien, die noch zu Lösungen führen könnten, die sowohl technisch effizient, als auch für die Verbraucher akzeptabel sind.

Jüngst wurden nun insbesondere aus interessierten Lobbygruppen Stimmen laut, die das Prinzip der Technologieoffenheit infrage stellten. So solle beispielsweise bei der Individualmobilität ausschließlich auf batterieelektrische Antriebe gesetzt, der Wasserstoff aber außen vorgelassen werden, da letzterer aus Ingenieurssicht den Makel eines vergleichsweise geringeren Wirkungsgrades und damit höheren Gesamtenergieverbrauchs habe.

Auch im Bundesumweltministerium scheint eine gewisse Skepsis gegenüber dieser Anwendung von Wasserstoff zu herrschen. Der im Herbst veröffentlichte Entwurf zur Erneuerbare-Energien-Richtlinie wurde u.a. vom Automobilverband VDA stark dafür kritisiert, dass er die Anwendung von Wasserstoff in der Individualmobilität zu gering gewichtet. Dies wiederum steht im Widerspruch zur ambitionierten Nationalen Wasserstoffstrategie aus dem Wirtschaftsministerium, zu deren Maßnahmen auch der Aufbau einer umfangreichen Infrastruktur von Wasserstofftankstellen gehört.

Nimmt man das Gesamtbild in den Blick, so spricht viel dafür, auch beim Individualverkehr nicht ausschließlich auf batterieelektrische Mobilität zu setzen. Neben der schon angesprochenen Verbraucherakzeptanz ist hier auch an die Infrastruktur zu denken. Ein Netz von Wasserstofftankstellen wird man nämlich wohl ohnehin aufbauen müssen, da der Lastverkehr mit schweren Lasten und über lange Distanzen nach Einschätzung von Experten nur mit Brennstoffzellen, aber nicht batterieelektrisch zu bewältigen sein wird. Die hierfür nötige Infrastruktur könnte aber von PKW mitgenutzt werden – und ein weiterer Ausbau dann erfolgen, wenn die Nachfrage wächst.

Eine Rolle wird Wasserstoff ebenfalls beim Antrieb von Zügen auf nicht elektrifizierten Strecken spielen. Im Flugverkehr strebt Airbus an, bis 2035 ein mit Wasserstoff angetriebenes Passagierflugzeug anbieten zu können. In der Wärmeversorgung wird die Beimischung von Wasserstoff in Erdgasnetzen angestrebt.

Ingenieure gehen auch davon aus, dass es nicht mehr lang dauert, bis neuere Gasturbinen auch Wasserstoff verfeuern können. Hat sich der Kostenvorteil von Erdgas mittelfristig erschöpft, weil die Wasserstoffproduktion schnell hochgefahren wird, können wir in den 2030er Jahren Wasserstoff-Gasturbinen als Teil unserer nationalen Stromproduktion begreifen. Angesichts des notwendigen Kohleausstiegs und der hierzulande herrschenden Ablehnung der klimaneutralen Atomenergie, des bereits jetzt steigenden Anteils von Gaskraftwerken in der Stromproduktion, und den Schwierigkeiten beim Ausbau der Erneuerbaren, ist diese Möglichkeit, Erdgas mittelfristig durch Wasserstoff zu ersetzen, eine zentrale Nachricht für die realen Chancen einer schnellen Energiewende.

Für die schnelle Energiewende sollte das Bild der Brennstoffzelle als Antrieb für Fahrzeuge zudem einem Gesamtbild der Brennstoffzelle als Minikraftwerke weichen, die als stationäre Brennstoffzellen dezentral für Stromproduktion und als Heizgeräte eingesetzt werden können. Die Dezentralisierung des Energiemarktes ist die eigentliche Herausforderung und die eigentliche Trendwende, die mit den »Erneuerbaren Energien« und mit Wasserstoff einhergeht. Schon vor gut 20 Jahren hat der Ökonom Jeremy Rifkin in seinem Buch »Die H2-Revolution« die Implikationen einer Wasserstoffwirtschaft für die internationale Geopolitik analysiert und eine »Reglobalisierung von unten« in Aussicht gestellt, die zu einer »Demokratisierung der Energie« führen könnte – aber eben auch die Player der Öl- und fossilen Energie-Wirtschaft vor Ängste und besondere Herausforderungen stellt.

Elektrolyseure machen den Energieträger Wasserstoff überall verfügbar, weil dieser transportiert werden kann – über Gasleitungen und über den Verkehr – und überall wieder per Brennstoffzelle in elektrische Energie zurückgewandelt werden kann. Kraftwerke werden so in der Tat kleiner, sie werden mehr, und sie sind nicht mehr so kapitalintensiv, sodass nicht mehr nur große Energiekonzerne die Marktmacht haben, sondern Stadtwerke, Verbraucher, und regionale Energieversorger die Möglichkeit bekommen, die Energiewende zu bestimmen – wenn sie denn wollen. Elektrolyseure haben in der Regel nur wenige Megawatt und sind nicht riesig. Brennstoffzellen sind auch nicht groß. Jedes Dorf könnte im Prinzip auf ein paar Äckern der Umgebung Anlagen errichten – was aber eher für Brennstoffzellen und weniger für Elektrolyseure gilt.

Damit sich die Wasserstofftechnologie aber schnell durchsetzt und damit auch dessen Kosten schnell sinken, sollten industrielle Anwendungen zügig verbreitet werden. Die Dekarbonisierung vor allem der energieintensiven Industrien wird ohnehin nur mit Wasserstoff funktionieren. Aber hier setzt die Umstellung in den kommenden Jahren noch umfangreiche Investitionen in Forschung und Entwicklung voraus, die teils auch bereits angestoßen sind, etwa in Form von neuen Forschungsinstituten. Insbesondere die Planung und Entwicklung von Elektrolyseuren von mehreren hundert Megawatt sollten hierbei Kern der Entwicklungs- und Forschungsarbeit werden. Nur mit Großanlagen können industrielle Großkonzerne Wasserstoff sinnvoll und effizient nutzen.

Weitere universitäre und außeruniversitäre Wasserstoff-Forschungszentren in ganz Deutschland zu errichten, wäre angesichts der Dezentralisierung, die der Wasserstoff bedeutet, zudem ein zentraler Teil einer deutschen Forschungsstrategie. Das wird weitgehend den Bundesländern überantwortet werden müssen. Ein gesamtdeutsches Oberzentrum für Wasserstoffforschung, vergleichbar mit der Größe des Forschungszentrum Jülich, mit einem Jahresbudget von ungefähr einer Milliarde Euro, wäre zudem eine Vision für die deutsche Wissenschaft und Wirtschaft, über die zeitnah zu diskutieren wäre. Je schneller Wasserstoff als Basistechnologie der Dekarbonisierung in die Anwendung kommt, desto besser. Die »nationale Wasserstoffstrategie« war ein Anfang, könnte aber in vielen Punkten noch ambitionierter ausfallen.

Es spricht alles dafür, dass Wasserstoff für dekarbonisierte Industriegesellschaften an vielen Stellen essentiell sein wird, und auch dafür, dass in den nächsten Jahren und Jahrzehnten noch neue Anwendungsmöglichkeiten gefunden werden. Absehbar ist auch, dass die deutsche Industrie eine Chance hat, bei der Entwicklung entsprechender Technologien führend zu werden und neue Märkte zu erschließen.

Für den grünen Wasserstoff, der ausschließlich mit Strom aus erneuerbaren Energien erzeugt wird, wird Deutschland dagegen auf absehbare Zeit Nettoimporteur bleiben. Was auch die Notwendigkeit impliziert, sich mit der klimaneutralen Wasserstoff-Produktion aus Erdgas zu beschäftigen (sogenannter blauer Wasserstoff und türkiser Wasserstoff).

Die Abhängigkeit von sonnenreichen Regionen der Erde sollte man aber nicht als Problem auffassen, sondern als Chance. Der Übergang zur Wasserstoffwirtschaft bietet Chancen für Länder beispielsweise in Afrika, als Exporteure von grünem Wasserstoff stärker in die internationale Arbeitsteilung integriert zu werden und einen nachhaltigen Wachstumspfad einzuschlagen. Der Hochlauf der Wasserstoffwirtschaft könnte somit auch erhebliche positive Effekte auf die Entwicklungschancen solcher Länder haben.

Wasserstoff kann die Energieversorgung der Industrie, aber auch der Privathaushalte revolutionieren und wird die Dekarbonisierung in vielen Bereichen erst ermöglichen. Der schnelle Markthochlauf wird eine zentrale wirtschaftspolitische Aufgabe für die kommenden Jahre sein, auch um zu zeigen, dass wachsender Wohlstand und Klimaneutralität keine Widersprüche sind.

Deutschland hat die technischen Voraussetzungen und auch die politische Sensibilität für die Dringlichkeit der Aufgabe, dekarbonisierte Industrieproduktion zu ermöglichen, um in der Wasserstofftechnologie führend zu werden. Werden die forschungspolitischen Weichen entsprechend gestellt, kann man davon ausgehen, dass das Innovationspotential in den Unternehmen groß genug ist, um Anwendungen schnell voranzubringen.

Es besteht somit die Chance, mit einer schnellen Entwicklung der Wasserstoffwirtschaft unproduktiven Diskussionen um eine vermeintlich klimapolitisch gebotene Schrumpfung des materiellen Wohlstands den Wind aus den Segeln zu nehmen. Dafür wird es höchste Zeit.

Blauer und türkiser Wasserstoff – Deutschland hatte schon immer Angst vor risikobehafteten Technologien

»Wasserstoff hat viele Farben, und wir sollten alle nutzen.« Das sagte RWE-Chef Rolf Martin Schmitz im letzten Jahr. Was meinte er damit?

Wasserstoff gibt es in verschiedenen Herstellungsformen. Als grünen Wasserstoff, als grauen Wasserstoff, als blauen Wasserstoff, als türkisen Wasserstoff und gar als bunten Wasserstoff.

Grüner Wasserstoff – das ist der, über den man meist redet, wenn man über Wasserstoff redet – wird mittels Elektrolyse von Wasser produziert. Elektrolyseure spalten dabei mit grünem Strom Wasser in seine Bestandteile Sauerstoff und Wasserstoff. Elektrolyseure gibt es in verschiedenen Größen. Normalerweise mit Kapazitäten von ein paar Megawatt. Uniper und RWE aber planen auch schon Anlagen mit bis zu 100 Megawatt. Das Problem für grünen Wasserstoff ist aber: Er ist noch viel zu teuer. »Experten zufolge kostet er rund 5,50 bis sechs Euro je Kilogramm – gut doppelt so viel wie grauer Wasserstoff, der aus fossilen Brennstoffen gewonnen wird. Die Internationale Energieagentur glaubt, dass grüner Wasserstoff frühestens 2050 wettbewerbsfähig sein wird«, stellte man bei der Börsenredaktion der ARD unlängst klar.

Und das bringt uns zunächst zum grauen Wasserstoff. Hier drunter wird die Dampfreformierung verstanden. Erdgas wird unter Hitze in Wasserstoff und CO2 umgewandelt. Hier haben wir es also mit fossilen Brennstoffen zu tun, und hier wird auch CO2 beim Prozess freigegeben. Bei einer Tonne Wasserstoffproduktion entstehen etwa zehn Tonnen CO2.

Denen, die den grauen Wasserstoff für böse halten, bleibt aber der Ausweg des blauen Wasserstoffs. Auch dieser wird per Dampfreformierung aus Erdgas hergestellt. Hier wird das CO2 beim Produktionsprozess aber abgeschieden und mittels CCS (Carbon Capture and Storage) unter der Erde gespeichert – zum Beispiel in erschöpften Offshore-Erdgasfeldern.

Nun ist die CO2-Speicherung in Deutschland etwa so beliebt wie Fracking oder Atomkraft. Es ist außerdem weitgehend erschwert bzw. praktisch fast ausgeschlossen. Das deutsche CO2-Speicherungsgesetz ist eher ein CO2-Speicherungsverhinderungsgesetz. German Angst halt. Deutschland hatte schon immer Angst vor risikobehafteten Technologien.

Laut einer Analyse des Energiewirtschaftlichen Instituts an der Universität zu Köln (EWI) werde dieser blaue Wasserstoff aber noch bis 2030 günstiger sein.

Die Zahlen schwanken hier. Bis 2050 noch grauer Wasserstoff vor grünem (wie nach internationaler Energieagentur), bis mindestens um 2030 blauer Wasserstoff vor grünem (EWI). Licht ins Dunkel hat noch keine große Studie gegeben.

Aber Konsens scheint zu sein: Grüner Wasserstoff ist noch sehr lange nicht wettbewerbsfähig. Bedenkt man möglichen massiven Preisverfall für Erdgas durch Nord Stream2 in Deutschland und legt man einen eher moderaten CO_2-Preis zugrunde, spricht viel dafür, dass Wasserstoff aus Erdgas noch sehr lange günstiger sein wird – egal ob blau oder grau. Ein Desertec-ähnliches Wasserstoffprojekt wird auch nicht von heute auf morgen in Nordafrika entstehen. Der Bürgerwiderstand zu der Onshore-Windkraft plus fatale Abstandsregeln von Windrädern in Deutschland sind zudem auch bekannt.

In Deutschland könnten allenfalls Offshore-Windanlagen irgendwann wettbewerbsfähigen grünen Wasserstoff produzieren. Genug Fläche und Sonne für große Fotovoltaikanlagen haben wir hier auch nicht. Also mit grünem Wasserstoff aus Deutschland ist da eher nicht viel zu rechnen – was die deutsche Regierung auch zu Wasserstoffpartnerschaften mit Nordafrika oder Australien treibt. Nur hat das auch eher einen Planungshorizont von vielen Jahren.

So ist unverständlich, warum der blaue Wasserstoff in der Nationalen Wasserstoffstrategie nur eine unbedeutende Rolle spielt und man maximal auf grünen Wasserstoff setzt. Wasserstoff aus Erdgas – da wird man also Lösungen brauchen. Blauer Wasserstoff ist eigentlich eine Notwendigkeit für den Übergang in ein klimaneutraleres Wirtschaften und den schnellen Markthochlauf der Wasserstoffwirtschaft.

Nur weil die Gaslobby dafür wirbt, bedeutet das noch lange nicht, dass es falsch ist. Grüne Ideologie ist etwas für Kaminabende oder kurze Revoluzzerzeiten als Student, auf die man später mit Scham zurückblickt. Ein Industrieland kann sich so etwas jedenfalls nicht leisten – oder nur zum Preis ärmer zu werden. Jeder vernünftige erwachsene Mensch sollte das wissen.

Nun gibt es aber für die Gegner des blauen Wasserstoffs einen Ausweg, der den hochgesetzten moralischen Ansprüchen und grünen Stanzen von der schnellen Transformation ins grüne Wunderland nicht im Weg steht. Dieser Ausweg beim Thema Wasserstoff heißt »türkiser Wasserstoff«.

Türkiser Wasserstoff geht über thermische Spaltung von Methan (wie CO_2 auch ein Treibhausgas). Methan ist chemisch (CH_4) eine Verbindung von Kohlenstoff und Wasserstoff. Um hier keine Verwirrung aufkommen zu lassen: Auch für türkisen Wasserstoff ist Erdgas das Fundament, weil es vor allem aus Methan besteht.

Die Spaltung passiert mittels des Verfahrens Methanpyrolyse – wie etwa der Chemieriese BASF zu diesem forscht. Bei der Spaltung entsteht kein CO_2, sondern fester Kohlenstoff. Kohlenstoff kann man bedenkenlos deponieren oder noch besser: weiterverwenden. Man kann es in der Chemie- und Elektronikindustrie verwenden. Oder im Beton- und Straßenbau.

Oder zu Carbonfasern weiterverarbeiten – damit kann man Karosserien von Autos bauen, wie das BMW mit seinem reinen Elektroauto i3 gemacht hat. Carbonfasern machen Autos leichter. Im Fall von Verbrennern oder Hybriden verbrauchen sie also weniger Sprit. Für die Klimabilanz ist das auch nicht ganz unwichtig.

Auch nicht ganz unwichtig für die Klimabilanz: »Laut BASF werden bei der Herstellung von einer Tonne türkisem Wasserstoff mit Methanpyrolyse nur 10 MWh Energie verbraucht, beim grünen Wasserstoff sind es 55 MWh Energie«, wie ebenfalls die ARD berichtete. Das ist nicht nur eine positive Nachricht für die Klimabilanz, sondern auch für die Kostenreduktion.

Weniger Strom, weniger Stromkosten bei der Produktion von Wasserstoff. Methan ist schlicht sehr viel leichter zu spalten als Wasserstoff. Das spricht für das Verfahren mit Erdgas als Fundament. Und damit für türkisen Wasserstoff. Und noch ein Vorteil: Methan ist ein sehr viel gefährlicheres Treibhausgas als CO2. Mit der Methanpyrolyse tut man also dem Klima auch dahin gehend einen Gefallen, weil man Methan in seine völlig harmlosen Bestandteile Wasserstoff und Kohlenstoff zerlegt. Ist Chemie nicht toll?

Der Haken ist aber: Erst in gut fünf Jahren ist die Methanpyrolyse für den industriellen Großeinsatz reif, wie Stefan Stückrad vom Institute for Advanced Sustainability Studies in Potsdam sagte. Mit etwas politischem Willen vielleicht schneller.

Türkiser Wasserstoff ist weitgehend klimaneutral. Und Experten sind sich einig, dass die Massen an Wasserstoff, die für eine klimaneutrale Wirtschaft nötig sind, nicht ausreichend und schnell genug von grünem Wasserstoff kommen können. Anders gesagt: Wir brauchen so schnell so viel Wasserstoff wie möglich, und alle Verfahren, die schnell wettbewerbsfähige Preise erzeugen können und dabei gleichzeitig nicht das Klima verpesten, sind also als Teil des notwendigen Mixes zu verstehen.

Daher kommt hier, wie so oft, wieder politischer Wille ins Spiel. Die Nationale Wasserstoffstrategie hat einen blinden Fleck. Es ist die Methanpyrolyse – und auch der blaue Wasserstoff. Anders gesagt: Wann geben wir endlich Gas beim Wasserstoff?

Das Klimawahljahr und die Sehnsucht nach Antworten

Man muss schon reichlich ignorant sein, um die Masse an Nachrichten über Extremwetterereignisse in der Welt entweder abzutun oder ihnen keine sonderliche Bedeutung zuzumessen. 50 Grad in Kanada. Flut in Deutschland (mit Milliardenschäden). Brennendes Südeuropa. Ja sogar Rekordbrände in Sibirien. Wer diese Ereignisse nicht dem Klimawandel zuordnet, der hat wirklich ein Realitätsproblem.

Der neue Bericht des Weltklimarates IPCC untermalt nun die existenzielle Dringlichkeit nochmals. Laut dem Bericht droht bereits 2030 eine Erderwärmung um 1,5 Grad. Das sind zehn Jahre früher als bisher prognostiziert. Das Pariser 1,5-Grad-Ziel ist damit im Grunde kaum bis gar nicht mehr zu halten (unabhängig davon für wie realistisch man dieses Ziel überhaupt hielt).

Und doch sagen die Expertinnen und Experten des IPCC, dass jetzt schnelle Emissionsminderung noch schnell und viel bewirken könne. In diesen Tenor des »Wir müssen jetzt« reiht sich sogar der Gastgeber der nächsten Weltklimakonferenz COP26 im November in Glasgow, Boris Johnson, ein, indem er verlautbart »dass die nächste Dekade entscheidend für die Sicherung der Zukunft unseres Planeten sein wird«. Ein klimapolitisches Erweckungserlebnis ist wohl nicht in Johnson gefahren, sondern eher die nüchterne Erkenntnis des Regierungswilligen, dass wer auch immer im nächsten Jahrzehnt regieren wird, er grün regieren wird müssen.

Es wird ein **grünes Jahrzehnt** – egal wer regiert. Das hat vor dem Hintergrund der deutschen Bundestagswahl erhebliche Implikationen. Es wird eine **Klimawahl** werden. Denn nachdem dieser Wahlkampf bislang von Wahlkampfverweigerung, Nebensächlichkeiten, Hässlichkeiten und gegenseitigem *Negative Campaigning* geprägt war, scheint das einzig dominierende inhaltliche Thema nun der Klimawandel zu werden – oder sein zu müssen. Die Extremwetterereignisse setzen quasi selbst das Thema, während die politische Klasse sich offenbar nicht mehr zu Wahlkampf über andere Inhalte traut.

Natürlich frohlocken die Grünen angesichts dieser klimapolitischen Dominanz. Sie wittern die Fehler ihrer doch als zu leicht gewogenen Kanzlerkandidatin wettzumachen, indem sie nun die Gunst der Stunde nutzen, um sich als Retter in der klimatischen Not dem Wahlvolk anzubieten. Nun ist aber die Tendenz zur Klimawahl noch lange kein Selbstläufer für die Grünen. Denn was sind eigentlich die richtigen Antworten auf diese Klimakrise? Das Retweeten von schrecklichen Bildern ist ja schließlich noch keine Antwort. Symbolpolitik und emotionales Warnen, Plakate malen und Demonstrieren macht aufmerksam, löst aber halt noch nichts. Der Klimawahlkampf über das »wie« seiner Bekämpfung steht noch aus. Alle Parteien müssen hier liefern. Wer bei dieser Klimawahl keine klaren Antworten findet, der wird Prozente einbüßen.

Generell: Es ist viel Wasser den Rhein heruntergeflossen, ohne dass bei dem seit Jahren dominanten Klimathema erkennbar ein Debattendurchbruch gelungen wäre. Wie sieht dieser Durchbruch aber aus? Was braucht es?

Was es braucht, ist ein **Plan**. Sozusagen eine **Klimaagenda**, damit dieses wichtige Thema endlich aufhört, als polarisierendes Aufreizthema missbraucht zu werden, was die Gesellschaft nur spaltet, anstatt dass man gemeinsam nach einem Weg sucht.

Wie muss diese Agenda aussehen?

Erstens: Es gilt endlich Ökonomie und Ökologie sowie Soziales zusammenzuführen. Es kann doch nicht sein, dass man immer noch in der Symbolpolitik verharrt.

Zweitens: Der Weg zum Ziel der Klimaneutralität ist der Umbau der Industrie. Was einzelne Verbraucher mit ihrem Konsumverhalten tun, ist die Kirsche auf der Torte. Ganz nett, aber im Prinzip unbedeutend.

Drittens: Für die Transformation der Industrie braucht man **Industriepolitik**. Darüber wird aber kaum debattiert (weil zu viele von Wirtschaft keine Ahnung haben oder sich nicht dafür interessieren). So bleibt Symbolpolitik übrig, die nichts hilft (außer Polarisierung zu steigern)

Viertens: Wie geht (grüne bzw. ökologische) Industriepolitik? Diese Industriepolitik geht so: Sie spielt nicht gegeneinander aus, sondern verknüpft. Sie will Wachstum, aber grünes Wachstum. Verzicht und Degrowth erteilt diese Politik eine Absage und kümmert sich darum, dass vor allem die Industrie dekarbonisiert wird und dass das sogar zum Business Case wird – also die Wettbewerbsfähigkeit der Industrie steigert anstatt zu senken.

Fünftens: Deutschland trägt zwei Prozent zu den weltweiten Emissionen bei. Wir können die Welt nicht retten. Wir können nur Vorbild sein und zwar durch Transformation durch Technik.

Sechstens: Die technischen Innovationen kommen aber nicht einfach so durch den Markt. Wir haben auch keine Zeit auf den Markt zu warten. Wir brauchen den **Unternehmerstaat**, der Transformation ermöglicht. Mehr Investitionen und kluge Markteinführungsprogramme müssen sich da ergänzen. Die Zeit drängt. Der Staat muss anschieben. Warten ist keine Option.

Ein Unternehmerstaat ist alternativlos – Das Beispiel der Klimapolitik

Es gibt eine Ökonomin, deren Name in den letzten Jahren immer häufiger zu hören war: Mariana Mazzucato. Sie wird immer wieder genannt, wenn es darum geht, was sich in der ökonomischen Fachdebatte an Grundsatzwandel gerade ereignet. Mittlerweile finden ihre Ideen auch immer mehr in der Parteipolitik Gehör.

Mazzucatos Ideen stellen einen linken Perspektivenwechsel dar. Es geht weniger um Wohlstandsverteilung als um eine neue Form der Wohlstandsschaffung. Ihr Leitbild dafür: Der ***Unternehmerstaat***. Ein Staat, der sich als Pionier versteht. Als Pionier in Forschung und Entwicklung, als Pionier in der Finanzierung von Zukunftstechnologien – quasi als neue Art von Venture Capitalist, der geduldiger und langfristiger denkt als jeder private Risikokapitalgeber.

In ihrem Buch »Das Kapital des Staates« schreibt Mazzucato: »Ein Unternehmerstaat investiert in Bereiche, in die der private Sektor nie investieren würde, selbst wenn er die Mittel dazu hätte.« Sie entwirft damit eine Art ***linken Neo-Schumpeterismus***: »Einem großen Teil der keynesianischen Linken fehlt eine Wachstumsagenda, die Reichtümer schafft und zugleich umverteilt. Sie wird möglich, wenn man die Lehren von Keynes und Schumpeter kombiniert.« Das linke Narrativ ist somit weniger, dass der marktwirtschaftliche Ertrag *ex post* sozialverträglich verteilt werden müsse, sondern der Staat schafft quasi selbst Wohlstand.

Meine zentrale These dieses Beitrages ist, dass dieser von Mariana Mazzucato eingeführte Unternehmerstaat das zentrale Instrument für einen wirtschaftspolitischen Paradigmenwechsel und für eine neue europäische Strategie im zunehmenden geopolitischen und technologischen Wettbewerb mit China und den USA ist.

Wir brauchen eine ***strategische Industriepolitik*** und einen eigenen Weg zwischen dem staatskapitalistischen Modell chinesischer Prägung und dem US-amerikanischem System großer Digitalkonzerne und ihrer finanziellen Ökosysteme. Ziel der neuen Industriepolitik muss eine ***strategische Souveränität*** sein.

Diese Souveränität, die zuvorderst eine ***technologische Souveränität*** ist, ist insofern zentral, weil technologische Stärke zu einem immer relevanterem Kriterium für weltpolitisches Gewicht und Marktbeeinflussung wird. Technischer Fortschritt treibt Wachstum – dies wird zum dominierenden Wachstumsgrund. Dieser technische Fortschritt ist aber planbarer als es die ursprüngliche neoliberale Begründung nahelegt, die von Joseph Schumpeter abgeleitet ist. Denn für den

Ökonomen Joseph Schumpeter war der Unternehmer ein Erfinder, der mit neuen Technologien und disruptiven Geschäftsmodellen ganze Produktionsformen umgestalten und neu schaffen und damit »schöpferische Zerstörung« kreieren kann.

Dieser Fokus, der auf die Innovation Einzelner vertraut, die in einer freien Marktwirtschaft mit Ideen und Mut schon die Märkte umkrempeln, ist aber aus der Zeit gefallen und reichlich naiv angesichts der für Sprunginnovationen notwendigen Voraussetzungen an Kapital und Fachkräften. Markteintritte von Kleinen werden nämlich angesichts von Kapitalnotwendigkeiten und Fachkräftemangel immer schwieriger. Innovationen werden kaum mehr in Garagen möglich, wo mal eben Steve Jobs die Computerbranche revolutioniert. Innovationen kommen heute von massiv ausgestatteten Forschungsabteilungen, langjähriger Forschung in großen Universitäts- und Forschungsnetzwerken und sie brauchen vor allem eins: viel Kapital. Die zuletzt erfolgreiche Pionierrolle deutscher Unternehmen bei mRNA-Impfstoffen wäre so etwa ohne private langfristig investierte Kapitalgeber gar nicht möglich gewesen. Noch anders gesagt: Ohne Milliardäre im Hintergrund gäbe es heute weder BioNTech noch CureVac und damit keine COVID-19-Impfstoffe aus Deutschland. Die Leistung der Gründer von BioNTech und CureVac und deren individuelles Zutun zu den biotechnologischen Innovationen ist eine Bedingung für deren Erfolg, aber nicht die notwendige Bedingung. Die notwendige Bedingung liegt vielmehr in der Finanzierung und Begleitung der Innovation – und somit generell in dem Rahmen, in dem Innovationen stattfinden können.

Die zentralen Zukunftsfelder sind heute absehbar und demnach kann eine strategische Industriepolitik gezielt technischen Fortschritt ermöglichen. In jenen zentralen Zukunftsfeldern wie digitalen Produkten, Industrie 4.0 (also automatisierter Produktion), Cloud-Technologie, Künstlicher Intelligenz, Quantencomputing, Chipherstellung, Softwareentwicklung, Batteriezelltechnologie etc. geraten Deutschland und Europa aber zunehmend ins Hintertreffen, sodass technologische und politische Abhängigkeiten zu wachsen drohen.

Unternehmen mit einer Marktkapitalisierung wie Amazon gibt es in Europa kaum. Und so bestehen auch nicht deren Investitionsmöglichkeiten und das Ökosystem von Venture Capital- und Private Equity-Markt darum. Die Europäer sind auch nur partiell mit Staatsbanken wie der KfW oder der Europäischen Investitionsbank ausgestattet, die wie die chinesischen Staatsbanken über den Auftrag und das Kapital verfügen, langfristige Technologie- und Industriepolitik zu betreiben.

Eine neue Industriepolitik ist also alternativlos.

Ich werde die Begründung dieser These einer notwendigen neuen Industriepolitik nun stellvertretend ***am Beispiel der Energiewirtschaft*** verdeutlichen.

Der Status Quo der europäischen Klimapolitik sieht so aus:

Das deutsche Klimaschutzziel wurde unlängst bis 2030 auf 65 Prozent angehoben (also der Treibhausgas-Ausstoß soll um 65 Prozent gegenüber 1990 verringert werden). Für 2040 ist ein Zwischenziel von 88 Prozent anvisiert. 2045 soll Deutschland insgesamt klimaneutral sein.

Bislang steht für Deutschland eine Minderung von 40 Prozent im Jahre 2020. Dies aber nur durch die Corona-Pandemie, die zu kurzfristigen Stopps von Industrieproduktionen führte. Real sind bislang ca. 37 Prozent bis 38 Prozent Minderung im Vergleich zu 1990 erreicht worden. Bis 2030 sollen nun weitere ca. 27 Prozent reduziert und bis 2040 insgesamt eine zusätzliche Reduktion von ca. 50 Prozent erreicht werden. In 19 Jahren soll also weit mehr reduziert werden als in 31 Jahren geschafft wurde.

Das Ausmaß dieser Ziele für den Transformationsdruck wurde bislang nicht verstanden. Die sehr ambitionierten Klimaziele haben sich von deren Realisierungs-Maßnahmen entkoppelt. Die politischen Absichten und die dafür nötige Real-Politik passen gerade nicht zusammen.

Der Unternehmerstaat und eine strategische Industriepolitik werden hier relevant, um die Ziele überhaupt zu erreichen. Denn es müssen Technologien (wie z.B. Wasserstofftechnologien) genutzt werden, die gegenwärtig noch nicht wettbewerbsfähig sind. Ein ***kluger Policy-Mix***, der Investitionen fördert (Capex), Betriebskosten abfedert (Opex/Markteinführungsinstrumente), Forschung stärkt und der eine neue Regulatorik enthält, die Investitionssicherheit und Planbarkeit gibt, muss für das Gelingen der Dekarbonisierung etabliert werden. Ein Rahmen muss erst geschaffen werden, in dem es zur Innovation kommen kann.

Im Folgenden sind ***vier Beispiele*** für den notwendigen Policy-Mix im Bereich ***der Energiewirtschaft*** genannt, um die konkrete Gestalt eines Unternehmerstaates zu skizzieren, der zu einer strategischen Industriepolitik fähig ist.

1. Capex: Einen staatlichen Transformationsfonds einrichten

Dieser ***Transformationsfonds*** hat zur Aufgabe, Transformationsaufgaben nicht nur im Bereich der Dekarbonisierung zu finanzieren und sollte ein Volumen zwischen 45 Milliarden Euro pro Jahr (konservative Rechnung) und 70 Milliarden Euro pro Jahr (progressive Rechnung) für die nächsten zehn Jahre haben. Ein solcher Fonds könnte in einer neuen Finanzierungsfazilität angesiedelt und realisiert werden. Nur durch mehr staatliche Investitionen können im ausreichenden Maße private Investitionsausgaben der Unternehmen (Capex) ausgelöst werden. Das Ziel eines Transformationsfonds liegt also neben der Bedarfsdeckung notwendiger öffentlicher Investitionen in der Schaffung eines gesteigerten Investitionsklimas. Mehr öffentliche Investitionen ziehen mehr private Investitionen nach sich.

2. Opex: Markteinführungsprogramme für grünen Stahl

»Carbon Contracts for Difference« müssen zu einem neuen zentralen Element des Marktdesigns werden. Wer möchte, dass in der Stahlproduktion Kohle so schnell wie möglich durch Wasserstoff ersetzt wird, muss ***Klimaschutzverträge*** zwischen Staat und Unternehmen schließen, die höhere Kosten bei Betrieb klimaneutraler Anlagen ausgleichen. Damit muss eine Regulatorik verbunden sein, die Abnahmegarantien für grünen Stahl gibt – was zum Beispiel bedeutet, dass die deutsche Autoindustrie verpflichtet wird, einen steigenden Prozentsatz klimaneutralen Stahl in ihren Autos zu verbauen. Markteinführung und Markthochlauf werden in Zukunft öfter den Staat brauchen – ohne den Unternehmerstaat könnten sonst private Investoren zögern.

3. Regulatorik: Reform des europäischen Beihilfe- und Wettbewerbsrechts

Die von allen Seiten gewollte Dekarbonisierung der Industrie erfordert in den nächsten Jahren hochskalierte Investitionen. Doch staatliche Industriepolitik scheitert häufig am ***europäischen Beihilferecht***. Selbst wenn es also einen Willen zur Renaissance der Industriepolitik gibt, muss diese Renaissance auch bürokratisch und regulatorisch machbar sein. Das europäische Beihilferecht in seiner momentanen Form steht diesem im Weg. Großinvestitionen, wie sie etwa chinesische Wettbewerber mit ihrer Finanzarchitektur unternehmen können, sind im aktuellen europäischen Framework nicht möglich. Das ***europäische Wettbewerbsrecht*** steht der Innovation zudem ebenfalls im Weg. Denn die Dekarbonisierung erzwingt neue Technologien, etwa in der Auto- und Zuliefererindustrie. Ökosysteme für Elektrobatterieantrieb und Brennstoffzelle müssen zwischen Zulieferern und OEMs entstehen, die dafür zur vorwettbewerblichen Kooperation in der Lage sein dürfen. Diese vorwettbewerbliche Kooperation ist durch das aktuelle EU-Wettbewerbsrecht jedoch erschwert, sogar Kartellverfahren drohen. Entwicklung darf aber nicht durch einen überholten regulatorischen Rahmen gebremst oder gar verhindert werden.

4. Forschungspolitik ist auch Industriepolitik

Um die Energiewende zu schaffen, braucht es immer effizientere Green-Tech. Beispielsweise müssen die Anlagen für Elektrolyse, mit denen Wasserstoff gewonnen werden kann, schnell viel größer werden – was nicht einfach getan ist und intensive Forschung und Entwicklung braucht. Auch Fragen des Transports von Wasserstoff über Erdgaspipelines müssen intensiver erforscht werden. Neue Technologien brauchen generell Jahre der Grundlagenforschung. Diese Forschung muss gezielt stärker unterstützt werden. Im Bereich der Wasserstoffforschung sollte konkret ein ***gesamtdeutsches Oberzentrum für Wasserstoffforschung***, vergleichbar mit der Größe des Forschungszentrum Jülich, geschaffen werden und diesem Forschungszentrum ein Jahresbudget von etwa einer Milliarde Euro zur Verfügung gestellt werden. Die Forschungsausgaben für Batteriezellforschung sind ebenfalls deutlich auszuweiten.

Fazit:

So eine ***neue Industriepolitik und Industriestrategie*** sind alternativlos. Die deutsche und europäische Zukunft hängen davon ab.

Nachweis der Texte mit Datum

- Begreift die politische Elite eigentlich, was gerade vor sich geht?, *Die Welt*, 4.4.2019.
- Studiengebühren für Reiche wagen, *FAZ*, 1.5.2019.
- Die Klimadebatte – Eine Diskurskritik, *Cicero*, 15.5.2019.
- Die Leerstelle des Fortschritts, *Cicero*, 27.5.2019.
- Gesucht: eine grüne Industriepolitik, *taz*, 1./2.6.2019
- Deutschland hat den Anspruch an sich selbst verloren, *Die Welt*, 14.6.2019.
- Wach doch mal auf, Mensch, *Cicero*, 26.6.2019.
- Linker Realismus ist der Weg für die Sozialdemokratie, *Vorwärts*, 2.7.2019.
- Mehr Materialismus wagen, *Der Tagesspiegel*, 9.7.2019.
- Die grüne Projektionsplattform, *Der Standard*, 13.7.2019.
- Kritik am europäischen Flüchtlingsfonds, *IPG-Journal*, 11.9.2019.
- Debattenkultur – Wollen wir so enden wie die Chinesen?, *Die Welt*, 11.9.2019.
- Der SPD-Wutbürger, *Cicero*, 14.9.2019.
- Eine Verteidigung der deutschen Autoindustrie, *Die Welt*, 18.9.2019.
- Forschungspolitik ist auch Industriepolitik, *Makroskop*, 26.9.2019.
- Werde, was du bist, *IPG-Journal*, 13.10.2019.
- #techforfuture, *Cicero*, 19.10.2019.
- Bernd Ulrich – Neues vom Klima-Goethe, *Cicero*, 21.10.2019.
- Die Sehnsucht nach dem Positiven, *Cicero*, 22.10.2019.
- Schmidt-Schnauze fehlt, *Zeit Online*, 31.10.2019.
- Kernenergie ist doch die Zukunft [Die Zukunft liegt doch in der Kernenergie], *Die Welt*, 5.11.2019.
- SPD-Vorsitz – Nicht noch ein bisschen weniger [Darf's ein bisschen mehr sein?], *Cicero*, 6.11.2019.
- Wo bleibt der Sputnik-Moment?, *IPG-Journal*, 14.11.2019.
- Aufruhr im Ruhrgebiet, *Ruhrbarone*, 24.11.2019.
- SPD – Es braucht auch einen neuen Generalsekretär, *Cicero*, 29.11.2019.
- Nachdenken statt enteignen!, *Die Zeit*, Nr.3, 9.1.2020.
- Es geht um die Industrie, Dummkopf!, *IPG-Journal*, 13.1.2020.

- Hans-Peter Doskozil – der Avantgardist eines neuen Realismus, *Der Standard*, 27.1.2020.
- Christian Baron – Der Junge aus Kaiserslautern, *Cicero*, 8.2.2020.
- Die Lage ist ernst, Genossen, *Cicero*, 10.2.2020.
- Nietzsche und die SPD, *Ruhrbarone*, 6.3.2020.
- Sigmar Gabriel – Seine Linie heißt Emanzipation, *Ruhrbarone*, 9.3.2020.
- Kritik an Fridays for Future – Von der Empörung zu Lösungen, *Ruhrbarone*, 10.3.2020.
- Julian Nida-Rümelin – Mit Rationalität gegen die Krise, *Ruhrbarone*, 18.3.2020.
- Ulf Poschardt – Das heilige krumme Holz, *Salonkolumnisten*, 19.3.2020.
- Corononomics – Bloß keine Postwachstumsesoterik, *Cicero*, 27.3.2020.
- Wir retten das Klima nicht mit Moral, sondern mit Technologie, *Die Welt*, 22.4.2020
- Die Rückkehr der Verantwortung, *Ruhrbarone*, 29.4.2020
- Plädoyer für Jugendtechnikschulen – Jugend forscht? Jugend musiziert? Jugend schraubt!, *Wirtschaftswoche*, 30.4.2020.
- Corononomics – Sperrt die Läden auch sonntags auf!, *Die Zeit*, 6.5.2020
- Als Moralelite verliert man die Normalen, *Ruhrbarone*, 22.5.2020.
- Corona wird zum Brennglas für die digitale Schwäche Deutschlands, *Vorwärts*, 3.6.2020.
- Corona macht Wirtschaft zum Topthema, *Der Tagesspiegel*, 7.6.2020.
- Der SPÖ fehlt der Anti-Kurz, *Kleine Zeitung*, 14.6.2020
- Sozialdemokratie und Verantwortung, *Blog Solidarische Mitte*, 24.6.2020.
- Die SPD muss mehr 1998 wagen, *ThePioneer*, 1.7.2020.
- Plädoyer für die allgemeine Dienstpflicht – Dienen und erwachsen werden, *Die Welt*, 14.7.2020.
- Die Sozialdemokratie im elektoralen Niemandsland, *Der Standard*, 30.7.2020.
- Die Jakobiner überdrehen jetzt, *Die Welt*, 12.8.2020.
- Deutschland soll grüner werden, mit aller Macht, *Die Welt*, 16.10.2020.
- Der E-Auto-Hype und die Realität, *Cicero*, 25.10.2020.
- US-Wahlen – Die Illusion der Identitätspolitik, *Cicero*, 4.11.2020.
- SPD – Ohne Wirtschaftskompetenz wird es nichts, *Cicero*, 13.12.2020.
- Für einen linken Neo-Schumpeterismus, *Cicero*, 2.1.2021.
- Varianten des Kapitalismus – Die Rückkehr zum deutschen Modell, *Cicero*, 11.1.2021.

- Wasserstoff – Der Gamechanger des 21. Jahrhunderts, *Blog politische Ökonomie*, 27.1.2021.
- Blauer und türkiser Wasserstoff – Deutschland hatte schon immer Angst vor risikobehafteten Technologien, *Die Welt*, 28.1.2021.
- Das Klimawahljahr und die Sehnsucht nach Antworten, *ThePioneer*, 10.8.2021.
- Ein Unternehmerstaat ist alternativlos – Das Beispiel der Klimapolitik, *Blog politische Ökonomie*, 20.10.2021.

Anmerkungen

1 Diesen Text habe ich zusammen mit Christian Tribowski veröffentlicht.

2 Diesen Text habe ich zusammen mit Stefan Laurin verfasst.

3 Dies ist der Titel, den ich der Redaktion vorgeschlagen hatte. Ich finde ihn für den Text treffend. Aber als Titel des Online-Beitrages wurde dann »Vielleicht will die SPD gar nicht, dass es sie gibt« gewählt.

4 Diesen Text habe ich zusammen mit Stefan Laurin verfasst. Der Titel ist die ursprünglich der Redaktion empfohlene Titel. Als Titel wurde dann gewählt: Eine neue Öko-Religion, deren Antichrist das Auto ist.

5 Diesen Text habe ich zusammen mit Stefan Laurin verfasst.

6 Diesen Text habe ich zusammen mit Alice Greschkow verfasst.

7 Diesen Text habe ich zusammen mit Stefan Laurin verfasst.

8 Diesen Text habe ich zusammen mit Stefan Laurin verfasst.

9 Diesen Text habe ich zusammen mit Jan Schnellenbach verfasst.

10 Nils Heisterhagen: Verantwortung. Für einen neuen politischen Gemeinsinn in Zeiten des Wandels, Bonn 2020.

11 Diesen Text habe ich zusammen mit Stefan Laurin verfasst.

12 Dies ist der Titel, den ich empfohlen hatte. Die Redaktion der »Welt« hat den Titel »Aktive Demokratie – Warum wir keine Wehrpflicht brauchen« gewählt.

13 Diesen Text habe ich zusammen mit Roland Fürst veröffentlicht.

14 Diesen Text habe ich zusammen mit Stefan Laurin verfasst.

15 Der Titel, den die Redaktion gewählt hat, war »Das Umverteilungsprojekt ist zurück«. Das trifft es aber insofern nicht, weil das Plädoyer des Textes ist, sich jenseits von Umverteilung noch anderer linker Politik zu widmen.

16 Diesen Text habe ich gemeinsam mit Jan Schnellenbach verfasst.